Produkthaftung in der Volksrepublik China und Taiwan

Europäische Hochschulschriften
Publications Universitaires Européennes
European University Studies

Reihe II
Rechtswissenschaft

Série II   Series II
Droit
Law

Bd./Vol. 3409

PETER LANG

Frankfurt am Main · Berlin · Bern · Bruxelles · New York · Oxford · Wien

Genghiz Chen

Produkthaftung in der Volksrepublik China und Taiwan

Eine rechtsvergleichende Untersuchung

PETER LANG
Europäischer Verlag der Wissenschaften

Die Deutsche Bibliothek - CIP-Einheitsaufnahme

Chen, Genghiz:

Produkthaftung in der Volksrepublik China und Taiwan : eine
rechtsvergleichende Untersuchung / Genghiz Chen. - Frankfurt
am Main ; Berlin ; Bern ; Bruxelles ; New York ; Oxford ; Wien :
Lang, 2002
   (Europäische Hochschulschriften : Reihe 2,
   Rechtswissenschaft ; Bd. 3409)
   Zugl.: Frankfurt (Main), Univ., Diss., 2001
   ISBN 3-631-39064-5

Gedruckt auf alterungsbeständigem,
säurefreiem Papier.

D 30
ISSN 0531-7312
ISBN 3-631-39064-5

© Peter Lang GmbH
Europäischer Verlag der Wissenschaften
Frankfurt am Main 2002
Alle Rechte vorbehalten.

Printed in Germany 1 2 3 4 5 7

www.peterlang.de

Meinen lieben Eltern

Vorwort

Die vorliegende Arbeit wurde im Wintersemester 2000/01 vom Fachbereich Rechtswissenschaft der Johann Wolfgang Goethe-Universität in Frankfurt am Main als Dissertation angenommen. Die Ausführungen befinden sich im wesentlichen auf dem Stand 31.12.2000 oder früher, weshalb hinsichtlich der Verweise auf das deutsche Recht die am 1.1.2002 in Kraft getretene BGB-Schuldrechtsreform keine Berücksichtigung fand.

Ich danke zunächst meinem Doktorvater, Herrn Prof. Dr. Manfred Wandt, der zu dem Thema wesentlich anregte und das Vorhaben stets mit wertvollen Hinweisen und Vorschlägen gefördert hat.

Ferner danke ich Herrn Prof. Dr. Dung Pau-tseng von der National Chengchi University (Taipei), Herrn Prof. Dr. Jan Sen-lin von der National Taiwan University (Taipei), dem früheren Präsidenten des taiwanesischen *Judicial Yuan*, Herrn Prof. Dr. Shi Chi-yang, sowie den Herren Prof. Ling Bing und Prof. Wang Chenguang von der Hong Kong City University für die freundliche Unterstützung während meines Forschungsaufenthalts 1998 in Taipei bzw. Hong Kong.

Überhaupt danke ich all jenen, nicht zuletzt Freunden und Verwandten, die mir während meines Aufenthalts in Ostasien in irgendeiner Form behilflich waren und diese zwölf Monate zu einer tollen Erfahrung für mich machten.

Besonderen Dank schulde ich Herrn Alex Wu von der Firma *Wisefull Technology Ltd.* (Hong Kong) für organisatorische Unterstützung während meiner Zeit in Hong Kong. Herrn Prof. Lawrence Liu von der Anwaltskanzlei *Lee and Li* in Taipei danke ich für ergänzende Hinweise und die mir im Rahmen eines Sommerpraktikums gewährten Einblicke in die anwaltliche Tätigkeit in Taiwan.

Den größten Dank aber schulde ich zweifelsohne meinen Eltern, die mich während meiner gesamten Ausbildung maßgeblich unterstützt haben.

Bad Soden am Taunus, im Januar 2002

Genghiz Chen

7

Inhaltsverzeichnis

11

12

13

14

Literaturverzeichnis[*]

A) Literatur zum chinesischen Recht

An Jian: Untersuchung der Produkthaftungsvorschriften im Produktqualitätsgesetz, in: Zhongguo faxue (Chinesische Rechtswissenschaft), 1993, Nr. 5, S. 64 ff.

Cai Cheng/Xia Guoqiang: Probleme und Lösungen in der Anwendung des Zivilrechts, Guangming Ribao Verlag, Peking 1997 (zitiert: Anwendung des Zivilrechts)

Cai Zhiliang: Die Vollendung des chinesischen Produkthaftungsrechts, in: Zhongguo Shangye Fazhi (Das chinesische Handelsrechtssystem), 1996, Nr. 4, S. 3 ff.

Chen, Albert H.Y.: An Introduction to the Legal System of the People's Republic of China (engl.), Butterworths Verlag, Singapore 1992 (zitiert: Legal system of the PRC)

Chen Guozhu (Hrsg.): Zivilrechtslehre, Guilin Daxue Verlag, Guilin 1987

Dong Hao: Judizielle Auslegung, Zhongguo Zhengfa Daxue Verlag, Peking 1999

Dong Jingchun (Hrsg.): Ausgewählte Fälle der Volksgerichte (Renmin Fayuan Anli Xuan), Band Zivil- und Wirtschaftsrecht, 1992 bis 1996, Renmin fayuan Verlag, Peking 1997 (zitiert: Ausgewählte Fälle)

Epstein, Edward J.: Tortious Liability for Defective Products in the People's Republic of China (engl.), in: Symposium on General Principles of Civil Law of the People's Republic of China in Comparative Perspective, March 25-29, 1988, Hong Kong 1988

Etgen, Björn: Chinesisches Produkthaftungs- und Verbraucherschutzrecht (dt.), in: PHi 1996, S. 42 ff.

---

[*] Alle angegebenen Materialien zum chinesischen und taiwanesischen Recht sind in chinesischer Sprache erschienen. Ausnahme: Materialien in englischer Sprache sind durch die Abkürzung „engl.", Materialien in deutscher Sprache durch die Abkürzung „dt." gekennzeichnet.

Gao Yan/Ni Ruilan: Erläuterungen und Fallanalysen zum Verbraucherschutzrecht Renmin Fayuan Verlag, Peking 1996 (zitiert: Verbraucherschutzrecht)

Gu Ming/Gu Angran/Jiang Ping/Sun Wanzhong: Lexikon zum Recht der Volksrepublik China, Jilin Renmin Verlag, Jilin 1995

Gu Junling/Zhang Zhinan: Lehrbuch zum chinesischen Verbraucherschutzrecht, Gaige Verlag, Peking 1994 (zitiert: Verbraucherschutzrecht)

Guo Mingrui/Fang Shaokun/Yu Xiangping: Zivilrechtliche Haftung, Zhongguo Shehui Kexue Verlag, Hebei-Provinz 1991

Guo Jing/Yu Xinnian/Han Jinhe/Liu Li: 160 Fragen zum Verbraucherschutz, Renmin Fayuan Verlag, Peking 1995

Hu Jiaqiang: Einige Probleme der Produkthaftung, in: Politik und Recht (Zhengzhi yu falü), 1994, Nr. 3, S. 53 ff.

Keller, Perry: Sources of Order in Chinese Law (engl.), in: Am. J. of Comp. Law, Vol. 42 (1994), S. 711 ff.

Li Changqi: Produktqualität in juristischer Betrachtung, Sichuan Renmin Verlag, Sichuan 1995 (zitiert: Produktqualität)

Li Changqi/Xu Mingyue: Verbraucherschutzrecht, Falü Verlag, Peking 1997

Liang Huixing: Die strenge Haftung von Produktherstellern und -verkäufern, in: Faxue Yanjiu (Juristische Forschung, 1990, Nr. 5, S. 58 ff.

Liang Shuwen: Zivilprozess in China, Hebei Renmin Verlag, Shijiazhuang 1996

Liang Shuwen/Hui Huming/Yang Zhenshan: Neue Kommentierung zu den Allgemeinen Grundsätzen des Zivilrechts und ergänzenden Vorschriften, Renmin Fayuan Verlag, Peking 1996 (zitiert: AGZ)

Liang Zhiping (Hrsg.): Probleme der Gesetzesauslegung, Falü Verlag, Peking 1998

Lin Zhun: Auswahl zivilrechtlicher Fälle, Falü Verlag, Peking 1994

Liu Jingwei: Chinesisches Zivilrecht, Xiamen Daxue Verlag, Xiamen 1994

Liu Shiguo: Untersuchung zum modernen Deliktsschadensersatz, Falü Verlag, Peking 1998 (zitiert: Deliktischer Schadensersatz)

Liu Wenhua: Lehrbuch zum chinesischen Produktqualitätsgesetz, Gaige Verlag, Peking 1995 (zitiert: Lehrbuch zum PQG)

Liu Wenqi: Produkthaftungssysteme in rechtsvergleichender Untersuchung, Falü Verlag, Peking 1997 (zitiert: Produkthaftungssysteme)

Liu Wenqi/Wu Shengchun: Das System des Produkthaftungsrechts auf dem chinesischen Festland, in: Soochow Law Review (twn.), Juli 1997, S. 35 ff.

Liu Xiushan/Chen Yongmin: 102 Fragen zu Produkthaftung und Verbraucherrechten Renmin Fayuan Verlag, Peking 1995 (zitiert: Produkthaftung und Verbraucherrechte)

Lo, Carlos Wing-hun: China's Legal Awakening – Legal Theory and Criminal Justice in Deng's Era (engl.), Hong Kong University Press, Hong Kong 1995 (zitiert: China's legal awakening)

Lubman, Stanley: The WTO Debate: Chinese Justice on Trial (engl.), in: The Asian Wall Street Journal, 9. Mai 2000, S. J10

Potter, Pitman B. (Hrsg.): Domestic Law Reforms in Post-Mao China (engl.), Armonk (USA), 1994 (zitiert: Domestic law reforms)

Qi Tianchang: Kursbuch Verbraucherschutzgesetz, Zhongguo Zhengfa Daxue Verlag, Qinhuangdao 1994 (zitiert: Verbraucherschutzgesetz)

Shi Huirong: Der Begriff des Produktfehlers, in: Faxue Zazhi (Zeitschrift für Rechtswissenschaft), 1996, Nr. 4, S. 26-27

Shi Shulin: Ratgeber zur Unternehmerprodukthaftung, Renmin Fayuan Verlag, Peking 1994 (zitiert: Unternehmerprodukthaftung)

Tang Dehua: Zivilrechtlicher Lehrgang, Falü Verlag, Peking 1987

Tian Weihong/Zhu Kepeng: Der Produktbegriff aus rechtlicher Sicht, in: Zhengfa Luntan (Journal der Zhengfa-Universität), 1996, Heft 2, S. 70 ff.

Tong Rou: Einführung in die Allgemeinen Grundsätze des Zivilrechts, Zhongguo Zhengfa Daxue Verlag, Qinhuangdao 1987

Wang Chenguang/Zhang Xianchu (Hrsg.): Introduction to Chinese Law (engl.), Butterworths Verlag, Hong Kong 1997

Wang Liming: Neue Zivilrechtslehre, Erster Band, Zhengfa Daxue Verlag, Peking 1987

Wang Liming/Yang Lixin: Chinesisches Deliktsrecht, Sanliang Verlag, Hong Kong 1997 (zitiert: Deliktsrecht)

Wang Tze-chien: Die Aufnahme des europäischen Rechts in China (dt.), in: AcP 166 (1966), S. 343 ff.

Xie Bangyu/Li Jingtang: Zivilrechtliche Haftung, Falü Verlag, Peking 1991

Xu Kaibi: Einführung in die Allgemeinen Grundsätze des Zivilrechts, Qunzhong Verlag, Peking 1988

Yang Li/Liu Yanqiang: Fallanalysen zum rechtlichen Schutz von Hersteller-, Vertriebshändler- und Verbraucherinteressen, Zhongguo Zhengfa Daxue Verlag, Qinhuangdao 1996 (zitiert: Fallanalysen)

Yang Lixin: Untersuchung und Anwendung zivilrechtlicher Urteile, Band 3, Zhongguo Jiancha Verlag, Peking 1997 (zitiert: Zivilrechtliche Urteile) *ders.*: Kompendium der zivilgerichtlichen Praxis, Jilin Renmin Verlag, Jilin 1994

Zentrum der VR China für die Ausbildung hoher Richter / Juristische Fakultät der Zhongguo Renmin Universität (Hrsg.): Sammlung chinesischer Gerichtsentscheidungen (Zhungguo shenpan anli yaolan), Gesamtbände 1992, 1993, 1994, Zhungguo Renmin Gung An Daxue Verlag, Peking 1992-1994 (zitiert: Chinesische Gerichtsentscheidungen)

Zhang Mingshi (Hrsg.): Die Schadensersatzklage, Qunzhong Verlag, Peking 1997

Zhang Xinbao: Chinesisches Deliktsrecht, Zhongguo Shehui Kexue Verlag, Peking 1995

Zhao Hongying: Das Produktqualitätsgesetz in Theorie und Praxis, Beijing Verlag, Peking 1994 (zitiert: PQG in Theorie und Praxis)

Zhou Hanmin: Lang- und kurzfristige Trends in der internationalen Produkthaftungsgesetzgebung und die Lehren, die das chinesische Recht daraus ziehen kann, in: Minshang Faxue (Zivil- und Handelsrecht), 1998, Heft 1, S. 15 ff.

Zhuang Hongxing/Liu Zhixin: Begutachtung von Körperschäden und Produkthaftung, Renmin Fayuan Verlag, Peking 1997 (zitiert: Körperschäden und Produkthaftung)

B) Literatur zum taiwanesischen Recht

Cheng Yü-po: Schuldrecht Allgemeiner Teil, 13. Aufl., Taipei 1990

Chien Kuo-cheng: Nicht vollständige Leistung und Sachmangelgewährleistung, in: Faling Yuekan, Band 29-6 (1978), S. 3 ff.

Chiu Ching-hwa: Einführung in das Verbraucherschutzgesetz, Taipei 1994

Chiu Tsung-jr: Warenhaftung, in: Bericht des Sonderausschusses zum Verbraucherschutzgesetz, S. 45 ff., hrsg. v. der Verbraucherschutzkommission des Verwaltungs-Yuan, Taipei 1997 (zit.: Bericht des Sonderausschusses zum TwVSG)

ders.: Untersuchung der Warenhaftung nach dem Verbraucherschutzgesetz, in: Vorträge zum Symposium über rechtliche Probleme des Verbraucherschutzes, S. 195 ff., hrsg. v. der Verbraucherschutzkommission des Verwaltungs-Yuan, Taipei 1995 (zit.: Vorträge zum Symposium)

ders.: Allgemeiner Teil des Schuldrechts des Zivilgesetzbuches, 5. Auflage, Taipei 1991 (zit.: Schuldrecht AT)

Chu Peh-sung: Die deliktische Produzentenhaftung – eine rechtsvergleichende Untersuchung, Taipei 1991 (zit.: Deliktische Produzentenhaftung)

Chu Peh-sung: Eine Erörterung der Entstehung des Verbraucherschutzgesetzes, seiner Struktur und einiger seiner Probleme, in: China Law Journal (Faxue Congkan), Oktober 1994, S. 29 ff.

ders.: Anwendung und Auslegung der Vorschriften über die Warenherstellerhaftung nach dem Verbraucherschutzgesetz (Teil 1 und 2), in: National Taiwan University Law Journal (Tai Da Faxue Luncong), Vol. 24-1 (Dezember 1994), S. 353 ff. (Teil 1), bzw. Vol. 24-2 (Juni 1995), S. 457 ff.

Feng Jen-yu/Chiang Jr-jun/Hsieh Ying-tze/Chiang Bing-jun: Erläuterungen zum Verbraucherschutzgesetz, Taipei 1995

Feng Jen-yu: Wie die Regeln der Ausführungsverordnung zum Verbraucherschutzgesetz zu behandeln sind, in: Taiwan Law Review (Yuedan Faxue Zazhi), März 1995, S. 80 ff.

Ho Hsiao-yuan: Schuldrecht Allgemeiner Teil, 3. Aufl., Taipei 1988

Ho Yu-lee: Die Auswirkungen des Produkthaftungssystems auf die Gesellschaft, in: Taiwan Jingji Yanjiu Yuekan, Dezember 1997, S. 78 ff.

Hor, Spenser Y.: Commentary on 1994 Taiwan's Consumer Protection Law: Is it more rhetorical than realistic? (engl.), in: Hwa Kang Law Review (Huagang Facui), Oktober 1995, S. 126 ff.

Hsu Hsiao-po / Liu Shau-liang (Hrsg.): Eine vergleichende Untersuchung zum Institut der deliktischen Schadensersatzhaftung des Unternehmers gegenüber dem Verbraucher, hrsg. v. der Verbraucherschutzkommission des Verwaltungs-Yuan, Taipei 1995 (zit.: Vergleichende Untersuchung)

Hu Chang-ching: Schuldrecht Allgemeiner Teil (Band 1), Taipei 1976

Jan Sen-lin/Feng Jen-yu/Liu Ming-chu: Fragen und Antworten zum Verbraucherschutzgesetz, hrsg. v. der Verbraucherschutzkommission des Verwaltungs-Yuan, Taipei 1995

dies.: Einführung in das Verbraucherschutzgesetz, hrsg. v. der Verbraucherschutzkommission des Verwaltungs-Yuan, Taipei 1995

Jan Sheng-Lin [sic] / Etgen, Björn: Die Produkthaftung nach dem neuen taiwanesischen Verbraucherschutzgesetz (dt.), in: PHi 1995, S. 191 ff.

Kuo Li-jen: Produkthaftung nach dem Recht der Bundesrepublik Deutschland und dem Recht der Republik China (Taiwan) unter Berücksichtigung der EG-Produkthaftungsrichtlinie (dt.), Diss. Bochum 1993 (zit.: Produkthaftung)

dies.: Produkthaftung, in: Taipei Bar Journal (Lüshi Zazhi), 1997, Heft 7, S. 42 ff.

dies.: Das Problem der Produktsicherheit in der Produkthaftung – Eine Untersuchung des Entwurfs des § 191-1 zum allgemeinen Teil des Schuldrechts und der entsprechenden Vorschriften des Verbraucherschutzgesetzes und dessen Ausführungsverordnung (Teile 1 und 2), in: Chung Hsing Law Review (Zhongxing Faxue), Vol. 39 (Juli 1995), S. 231 ff. (Teil 1), bzw. Vol. 40 (März 1996), S. 341 ff. (Teil 2)

Kuo Li-jen (u.a.): Das Problem der Produktsicherheit in der Produkthaftung – Protokoll des 4. Symposiums der Gesellschaft für Zivilrechtliche Studien, in: China Law Journal (Faxue Congkan), Januar 1996, S. 87 ff.

Lee Shen-yi: Das Verbraucherschutzgesetz, Taipei 1995

Lin Chao-hsuen (Hrsg.): Entscheidungssammlung zum Verbraucherschutzgesetz (Band 1), Taipei 1998

Lin Rung-yau: Die zivilrechtliche Haftung des Lebensmittelunternehmers, in: China Law Journal (Faxue Congkan), September 1977, S. 73 ff.

Lin Shi-hwa (Hrsg.): Praxis des Verbraucherschutzgesetzes, Taipei 1996

Lin Shi-tsung: Die deliktische Haftung des Warenherstellers gegenüber dem Verbraucher, in: The Military Law Journal (Junfa Zhuankan), August 1983, S. 12 ff.

Lin Shi-tsung: Die Warenhaftung im Verbraucherschutzgesetz, Taipei 1996

Lin Yi-shan: Das Verbraucherschutzgesetz, Taipei 1994

Liu Chao-hsuen (Hrsg.): Entscheidungssammlung zum Verbraucherschutzgesetz (Band 1), hrsg. v. der Verbraucherschutzkommission des Exekutiv-Yuan, Taipei 1998

Liu Chun-tang: Verbraucherschutz und Verbraucherrecht, hrsg. v. der Verbraucherschutzkommission des Exekutiv-Yuan, Taipei 1996

Luo Yung-chia: Zivilrechtliche Studien, Taipei 1980

Mei Tsung-hsieh: Grundzüge des Zivilrechts, Taipei 1955

Oberster Gerichtshof Taiwan (Hrsg.): Auswahl zivil- und strafrechtlicher Entscheidungen des Obersten Gerichtshofs, Band 10/1, Taipei 1992

Shih Chi-yang: Zivilgesetzbuch Allgemeiner Teil, 3. Aufl., Taipei 1987

Shih Shang-kuan: Schuldrecht Allgemeiner Teil, Taipei 1990

ders.: Schuldrecht Besonderer Teil, Taipei 1986

Sun Sen-yen: Schuldrecht Allgemeiner Teil, 9. Auflage, Taipei 1990 (zit.: Schuldrecht AT)

Tsai Pei-ni: Einführung in das Arzneimittelschadenregulierungsgesetz, in: Taiwan bentu faxue (Rechtswissenschaft in Taiwan), Vol 14 (September 2000), S. 200 ff.

Tseng Lung-hsing: Modernes Schadensersatzrecht, Taipei 1992

Yang Chien-hua: Die Beweislast im Schadensersatzprozess nach dem Verbaucherschutzgesetz in der praktischen Anwendung, in: Judicial Weekly (Sifa Zhoukan), Nr. 679 (29. Juni 1994), S. 3

Yin Chang-hwa: Der Verbraucherschutz im nationalen Recht, Taipei 1997

Wang Po-chi: Schuldrecht Allgemeiner Teil, Taipei 1990

Wang Tsu-chung: Die Warenherstellerhaftung (Teil 1 und 2), in: China Law Journal (Faxue Congkan), August 1970, S. 19 ff. (Teil 1) und April 1971, S. 105 ff. (Teil 2)

Wang Tze-chien: Untersuchung zivilrechtlicher Lehrmeinungen und Gerichtsentscheidungen (Bd. 1, 2, 3), Taipei 1975, 1983, 1990 (zit.: Zivilrechtliche Lehrmeinungen Bd. ...)

ders.: Eine vergleichende Untersuchung spezieller Gesetze über die verschuldensunabhängige Haftung des Warenherstellers, in: China Law Journal (Faxue Congkan), Juni 1978, S. 1 ff.

ders.: Warenherstellerhaftung und rein wirtschaftliche Schäden (Teile 1 und 2), in: China Law Journal (Faxue Congkan), Oktober 1994, S. 17 ff. (Teil 1) und Januar 1995, S. 13 ff. (Teil 2)

Wu Chien-liang: Ärztliche Heilbehandlungen und rechtliche Probleme (Magisterarbeit Soochow Universität Taipei), Taipei 1994

C) Sonstige Literatur

Bogdan, Michael: Comparative Law, Den Haag 1994

Cotrell, Jil: Product Liability, in: Law Lectures for Practitioners 1993 (Hong Kong), S. 71 ff.

Ferdinand, Peter (Hrsg.), Take-off for Taiwan?, London 1996

Harland, David: Recent developments in product and service liability in the Asia-Pacific region, in: Consumer Law Journal, 1998, S. 21 ff.

Kegel, Gerhard/Schurig, Klaus: Internationales Privatrecht, 8. Auflage, München 2000

Kellam, Jocelyn (Hrsg.): Product Liability in the Asia-Pacific, Sydney 1995

dies.: Die Produkthaftung im asiatisch-pazifischen Raum, in: PHi 1998, S. 2 ff.

Kingdon, Mark D./Zhang, Janet: Retailing in China: Poised for an Explosion, in: East Asian Executive Reports, 15. Januar 1995, S. 9 ff.

The Law Reform Commission of Hong Kong: Report on Civil Liability for Unsafe Products, Hong Kong 1998

Palandt, Otto: Bürgerliches Gesetzbuch, 59. Aufl., München 2000 (zitiert: Palandt-Bearbeiter)

Schmidt-Salzer, Joachim: Die EG-Produkthaftungsrichtlinie, in: BB 1986, S. 1103 ff.

Schmidt-Salzer, Joachim/Hollmann, Hermann: Produkthaftung, Band III/1: Deliktsrecht, 1. Teil, 2. Aufl., Heidelberg 1990

Taschner, Hans Claudius: Internationale Entwicklung in der Produkthaftung, insbesondere Stand der Umsetzung der EG-Richtlinie zur Produkthaftung, in: PHi 1997, S. 68 ff.

Taschner, Hans Claudius/Frietsch, Edwin: Produkthaftungsgesetz und EG-Produkthaftungsrichtlinie, 2. Aufl., München 1990

Wandt, Manfred: Internationale Produkthaftung, Heidelberg 1995

Graf von Westphalen, Friedrich: Produkthaftungshandbuch, Band I: Vertragliche und deliktische Haftung, Strafrecht und Produkt-Haftpflichtversicherung, 2. Aufl., München 1997

ders.: Produkthaftungshandbuch, Band II: Das deutsche Produkthaftungsgesetz, Produktsicherheit, Internationales Privat- und Prozessrecht, Länderberichte zum Produkthaftungsrecht, 2. Aufl., München 1999

Abkürzungsverzeichnis

a.A.	andere(r) Ansicht
Abs.	Absatz
A.C.	Appeal Cases Law Reports (England)
AcP	Archiv für die civilistische Praxis
AGZ	Allgemeine Grundsätze des Zivilrechts (VR China)
a.F.	alte Fassung
Am. J. of Comp. Law	American Journal of Comparative Law
Art., Artt.	Artikel
Aufl.	Auflage
AusfVO	Ausführungsverordnung zum Verbraucherschutzgesetz (Taiwan)
BB	Betriebs-Berater
Bd.	Band
BGB	Bürgerliches Gesetzbuch
BGH	Bundesgerichtshof
BGHZ	Entscheidungen des Bundesgerichtshofs in Zivilsachen
bzw.	beziehungsweise
chn.	chinesisch
Diss.	Dissertation
d.h.	das heißt
dt.	deutsch
ders.	derselbe
dies.	dieselbe(n)
engl.	englisch
EG	Europäische Gemeinschaft
EG-R	EG-Richtlinie zur Produkthaftung (Nr. 85/374/EWG)
etc.	etcetera
evt.	eventuell

f., ff.	folgend(e)
Fn.	Fußnote(n)
h.M.	herrschende Meinung
Hrsg.	Herausgeber
hrsg. v.	herausgegeben von
i.d.R.	in der Regel
i.e.S.	im engeren Sinne
i.H.v.	in Höhe von
IPR	Internationales Privatrecht
i.S.	im Sinne
i.w.S.	im weiteren Sinne
i.V.m.	in Verbindung mit
KP	Kommunistische Partei
lit.	litera
m.E.	meines Erachtens
m.w.N.	mit weiteren Nachweisen
n.F.	neue Fassung
NJW	Neue Juristische Wochenschrift
Nr.	Nummer
NT$	New Taiwan Dollar
PHi	Produkthaftpflicht international
PQG	Produktqualitätsgesetz (VR China)
PRC	People's Republic of China
pVV	positive Vertragsverletzung
ProdHaftG	Produkthaftungsgesetz
RHQI	Regelungen über die Haftung für die Qualität von Industrieprodukten (VR China)
RMB	Renminbi (Währung der VR China)

Rn.	Randnummer
S.	Satz, Seite
SAR	Special Administrative Region
sog.	so genannte
str.	streitig
twn.	taiwanesisch
TwASHG	Arzneimittelschadenhilfegesetz (Taiwan)
TwVSG	Verbraucherschutzgesetz (Taiwan)
TwZGB	Zivilgesetzbuch (Taiwan)
TwZPG	Zivilprozessgesetz (Taiwan)
u.	und
u.a.	und andere, unter anderem
US	United States
v.	versus, vom, von
VertrG	Vertragsgesetz (VR China)
vgl.	vergleiche
Vol.	volume
VR China	Volksrepublik China
VSG	Verbraucherschutzgesetz (VR China)
WVG	Wirtschaftsvertragsgesetz (VR China)
z.B.	zum Beispiel
Ziff.	Ziffer
ZPG	Zivilprozessgesetz (VR China)

Einleitung

1. Problemstellung

Das Thema Produkthaftung hat auch über 30 Jahre nach Beginn der intensiven Produkthaftungsdiskussion, die vor allem in den USA und in Europa geführt wurde, nicht an Aktualität verloren. Dies gilt insbesondere für die rechtsvergleichende Auseinandersetzung mit dem Thema. Während sich nämlich in der Vergangenheit das Augenmerk insoweit auf die Rechtsordnungen der Europäischen Union und Nordamerikas konzentriert hatte, kann seit einigen Jahren eine gewisse Verlagerung der Diskussion auf das Produkthaftungsrecht in anderen Regionen der Welt beobachtet werden, allen voran die Asien-Pazifik Region.[1]

Diese Entwicklung hängt im wesentlichen mit der allmählichen Konsolidierung des Produkthaftungsrechts in den westlichen Industrienationen zusammen, wo sich die verschuldensunabhängige Haftung inzwischen als Standard der Produkthaftung etabliert hat. In der Europäischen Union geschah diese Konsolidierung vornehmlich durch die Einführung und schrittweise Umsetzung der EG-Richtlinie[2] zur Produkthaftung durch die Mitgliedstaaten.[3] Gleichzeitig begann sich der Einfluss der EG-Richtlinie in anderen Rechtsordnungen auszuwirken. Besonders naheliegend war dies in den mittelosteuropäischen Staaten, die im Zuge ihrer Bemühungen um einen Beitritt in die Europäische Union eine weitgehende Umsetzung der Richtlinie vorgenommen haben.[4]

Doch auch im asiatisch-pazifischen Raum hat die EG-Produkthaftungsrichtlinie maßgeblichen Einfluss auf dortige Reformen des Produkthaftungsrechts genommen.[5] Mittlerweile kann auch dort von einem Trend hin zu einer verschuldensunab-

---

[1] Vgl. *Kellam, Jocelyn*, PHi 1998, 2 ff.; *dies.*, Product Liability in the Asia-Pacific, Sydney 1995; *Harland, David*, Consumer Law Journal, 1998, 21 ff.

[2] „Richtlinie des Rates vom 25. Juli 1985 zur Angleichung der Rechts- und Verwaltungsvorschriften der Mitgliedstaaten über die Haftung für fehlerhafte Produkte" (Nr. 85/374/EWG, zuletzt geändert durch die Richtlinie 99/34/EG vom 10. Mai 1999). Im folgenden „EG-Richtlinie" oder „EG-Produkthaftungsrichtlinie".

[3] Vgl. *Taschner, Hans Claudius*, PHi 1997, 68 f.

[4] Vgl. *Taschner, Hans Claudius*, PHi 1997, 68, 70 f.

[5] Vgl. *Harland, David*, Consumer Law Journal, 1998, 21 u. 30; *Kellam, Jocelyn*, PHi 1998, 2, 5 f.; *Taschner, Hans Claudius*, PHi 1997, 68, 72 ff.

hängigen Haftung des Herstellers gesprochen werden.[6] Zur Zeit sind es nur etwa fünf Staaten dieser Region, die innerhalb der vergangenen zehn Jahre eine verschuldensunabhängige Produkthaftung eingeführt haben.[7] Doch ist damit zu rechnen, dass andere Staaten folgen werden. Als Vorreiter dieses Trends gelten die Philippinen und Australien, deren Produkthaftungsgesetze aus dem Jahre 1992 nahe an der EG-Produkthaftungsrichtlinie orientiert sind.[8] Keineswegs zu vernachlässigen ist jedoch, dass auch die „zwei Chinas", die Volksrepublik China[9] und die Republik China (Taiwan)[10], vergleichbare Reformanstrengungen unternommen haben, die in den Jahren 1993 und 1994 im Erlass des chinesischen Produktqualitätsgesetzes (PQG) bzw. des taiwanesischen Verbrauscherschutzgesetzes (TwVSG) resultierten.[11]

Hintergrund der Reform des Produkthaftungsrechts in beiden chinesischen Staaten ist die rapide wirtschaftliche und auch wirtschaftspolitische Entwicklung, die dort in den letzten 20 Jahren stattgefunden hat. Der wirtschaftliche Erfolg beider Länder hat eine gesellschaftliche Veränderung ausgelöst, die maßgeblich durch den Konsumgedanken geprägt ist.

In Taiwan ist dieser Prozess bereits vergleichsweise weit fortgeschritten. Auf der kleinen Inselrepublik mit einer Bevölkerung von 23 Mio. Einwohnern hat sich innerhalb der vergangenen zehn bis fünfzehn Jahre, unterstützt durch die 1988 einsetzende Demokratisierung des Landes, eine selbstbewusste Verbrauchergesellschaft westlichen Stils herausgebildet. Eine Verbesserung des Verbraucherschutzes durch eine Anpassung der Gesetzeslage an westliche Standards wurde infolgedessen von weiten Teilen der Gesellschaft gefordert. Die Entstehung des taiwanesischen Verbraucherschutzgesetzes ist auch tatsächlich zu einem großen Teil einer Initiative der Verbraucherbewegung in Taiwan zu verdanken.[12]

---

[6] Vgl. *Harland, David*, Consumer Law Journal, 1998, 21.

[7] Namentlich Australien, Philippinen, Japan, VR China und Taiwan; siehe *Harland, David*, Consumer Law Journal, 1998, 21 ff.

[8] Vgl. *Harland, David*, Consumer Law Journal, 1998, 21, 23 ff.; *Kellam, Jocelyn*, PHi 1998, 2, 5 ff.

[9] Im folgenden „VR China".

[10] Im folgenden „Taiwan". Die Bezeichnungen „Taiwan" und „taiwanesisch" werden innerhalb dieser Arbeit der Klarheit wegen anstelle „Republik China" bzw. „chinesisch" verwendet, ohne dass darin eine politische Meinung zum Ausdruck kommen soll.

[11] Siehe unten Erster Teil, A. II. 2. (Produktqualitätsgesetz) und Zweiter Teil, B. I. (twn. Verbraucherschutzgesetz).

[12] Siehe unten Zweiter Teil, B. I.

Eine ähnliche Entwicklung wie in Taiwan hin zu einer modernen Verbrauchergesellschaft kann mittel- und langfristig auch in der VR China erwartet werden. Die florierenden Küstenregionen im Osten und Südosten der VR China und dort vor allem die Großstädte, wie z.b. Shanghai, Guangzhou und Beijing (Peking), machen diesen Trend schon heute deutlich.[13] Jedoch ist trotz des beeindruckenden wirtschaftlichen Aufstiegs in diesen Regionen nicht zu vergessen, dass die VR China, anders als Taiwan, noch als Entwicklungsland einzustufen ist. Die Landbevölkerung, die etwa 90% der 1,26 Milliarden zählenden Gesamtbevölkerung Chinas ausmacht, liegt in der Einkommensentwicklung weit hinter der Stadtbevölkerung zurück. Tatsächlich steht daher nur ein relativ geringer Teil der chinesischen Bevölkerung ein nennenswertes Angebot an Konsumgütern zur Verfügung. Gleichzeitig leidet die inländische Industrie an einem weit verbreiteten Problem der niedrigen Produktqualität und Produktsicherheit, das die Bevölkerung einer erhöhten Gefahr durch fehlerhafte Produkte aussetzt. Infolgedessen kam die chinesische Regierung dem sozialen und wirtschaftspolitischen Bedürfnis nach einer gesetzlichen Regelung der Produktqualität einschließlich der Produkthaftung im Jahre 1993 durch den Erlass des Produktqualitätsgesetzes entgegen.[14]

2. Zielsetzung und Aufbau der Untersuchung

Im Mittelpunkt der vorliegenden Arbeit steht eine analytische Darstellung des Produkthaftungsrechts[15] der VR China[16] und Taiwans. Dabei soll jeweils zunächst die

---

[13] Vgl. *Kingdon, Mark D./Zhang, Janet,* East Asian Executive Reports, 15. Januar 1995, 9 f.
[14] Siehe unten Erster Teil, A. II. 2.
[15] Anzumerken ist, dass sich die Untersuchung auf die Produkthaftung im eigentlichen Sinn beschränkt. Untersucht werden daher lediglich zivilrechtliche Ansprüche von Geschädigten gegenüber Unternehmern, während verwaltungsrechtliche und strafrechtliche Aspekte unberücksichtigt bleiben.
[16] Ausgenommen von der vorliegenden Untersuchung ist das jeweilige Produkthaftungsrecht in den Sonderverwaltungsregionen Hong Kong und Macau, die auch nach dem Souveränitätswechsel in den Jahren 1997 bzw. 1999 grundsätzlich eigenständige Rechtsordnungen darstellen, siehe Art. 8 Basic Law of the Hong Kong SAR (in kraft seit dem 1. Juli 1997) bzw. Art. 8 Basic Law of the Macau SAR (in kraft seit dem 20. Dezember 1999). In der Sonderverwaltungsregion Hong Kong gilt also im Bereich der Produkthaftung weiterhin britisches common law, d.h. eine Haftung nach den Grundsätzen des *breach of contract* bzw. *breach of duty of care in tort.* Im ersteren Fall, der nur bei bestehendem Vertragsverhältnis zwischen dem Geschädigten und dem Verkäufer oder Hersteller in Betracht kommt, findet zudem die Sale of Goods Ordinance (Cap. 26) Anwendung. Danach haftet der Verkäufer dem Käufer verschuldensunabhängig dafür, dass die verkaufte Ware dem Standard der *merchantable quality* entspricht, section 16 der Sale of Goods Or-

Entwicklung dieses Rechtsinstituts in beiden Rechtsordnungen aufgezeigt werden, wobei auch das frühere, also vor 1993 bzw. 1994 bestehende Produkthaftungsrecht in Grundzügen beschrieben werden soll. Dem folgt als Schwerpunkt eine eingehende Darstellung und Analyse der nach 1993/94 entstandenen, heute geltenden Gesetzeslage. Darstellung und Analyse geschehen auch unter Einbeziehung der deutschen Perspektive, so dass inzident auch Vergleiche zum deutschen Produkthaftungsrecht hergestellt werden.

Die analytische Darstellung des chinesischen und taiwanesischen Produkthaftungsrechts bezweckt in erster Linie, Lücken in der deutschen Rechtsliteratur zu schließen. Gleichzeitig soll die Arbeit auch einem wachsenden Interesse seitens der deutschen Exportindustrie entgegenkommen, die auf dem expandierenden chinesischen Markt für Konsumgüter in ständig stärkerem Maße vertreten sein wird.

Im Anschluss an den darstellenden Teil der Arbeit erfolgt im dritten Teil der Arbeit eine rechtsvergleichende Gegenüberstellung des geltenden Produkthaftungsrechts in beiden Ländern. Gemeinsamkeiten und Unterschiede sollen in bezug auf einzelne Regelungspunkte zusammenfassend herausgearbeitet werden. Ein solcher Vergleich ist aus verschiedenen Gesichtspunkten interessant:

(1) Taiwan wird als das „kleinere China" in mancher Hinsicht als ein mögliches Modell für das chinesische Festland angesehen. Dies gilt nicht nur für die Demokratisierung, sondern auch für andere Bereiche. In diesem Zusammenhang stellt sich die Frage, ob Taiwan auch auf dem Gebiet des Verbraucherschutzes, hier am Beispiel der Produkthaftung, als mögliches Modell für die VR China dienen kann.

---

dinance. Das bedeutet nach der Fassung dieser Ordinance von 1994, dass die verkauften Waren frei von Fehlern sein müssen und diejenige Sicherheit aufweisen müssen, die vernünftigerweise erwartet werden kann, unter Zugrundelegung der Beschreibung, des Preises und aller anderen relevanten Umstände. Auf eine Kenntnis des Verkäufers vom Fehler soll es dabei nicht ankommen. Im Fall der breach of duty of care in tort (deliktische Haftung aufgrund Sorgfaltspflichtverletzung), die im Falle fehlenden Vertragsverhältnisses (*privity of contract*) zur Anwendung kommt, gilt eine reine Verschuldenshaftung nach Grundsätzen der Entscheidung *Donoghue v. Stevenson* [1932] A.C. 562. Dabei sind jedoch auch die Grundsätze von *res ipsa loquitur* zu beachten, die häufig zu einer Beweislastumkehr zu Lasten des beklagten Herstellers führen. Siehe zum Hongkonger Produkthaftungsrecht *Cotrell, Jill*, Law Lectures for Practitioners 1993, 70 ff. sowie Kapitel 2 in *The Law Reform Commission of Hong Kong*, Report on Civil Liability for Unsafe Products, Hong Kong 1998.

(2) Die VR China und Taiwan haben ungeachtet entgegengesetzter politischer Systeme einige Parallelen in der Rechtsentwicklung und folglich auch im geltenden Recht aufzuweisen. Hierzu zählt vor allem die umfangreiche Rezeption deutschen Rechts, die bereits lange vor der Gründung der VR China im Jahr 1949 begonnen hatte und deren Einfluss daher in beiden Rechtsordnungen präsent ist.[17] Im Bereich der Produkthaftung ist eine Parallele darin zu sehen, dass sowohl das Produktqualitätsgesetz als auch das taiwanesische Verbraucherschutzgesetz maßgeblich durch die EG-Produkthaftungsrichtlinie beeinflusst wurden. Es bietet sich daher an, den Grad der „Umsetzung" europäischen Rechts in beiden chinesischen Rechtsordnungen zu vergleichen.

(3) Ein Rechtsvergleich zwischen der VR China und Taiwan ist nicht zuletzt auch im Hinblick auf eine eventuelle Rechtsangleichung zwischen beiden Staaten von Bedeutung. Denn die Frage einer Wiedervereinigung Taiwans mit dem chinesischen Festland wird insbesondere seit dem Souveränitätswechsel in Hong Kong (1997) und Macao (1999) beiderseits der Formosastraße immer häufiger gestellt.[18]

3. Kultureller und geschichtlicher Hintergrund des chinesischen Rechts

Die vorliegende rechtsvergleichende Arbeit ist, wie schon erwähnt, unter besonderer Berücksichtigung der deutschen Perspektive verfasst. Dabei wird das in Deutschland geltende Recht zur Produkthaftung grundsätzlich als bekannt vorausgesetzt und als allgemeiner Vergleichsmaßstab herangezogen. Gleichzeitig wird bei der Analyse der chinesischen und taiwanesischen Rechtsnormen und Urteile deutsche Methodik angewendet. Während diese Vorgehensweise den Vorteil hat, dass der deutsche Leser sich in einem vertrauten Rahmen bewegt (was eine kritische Betrachtung erst möglich macht), so besteht andererseits die Gefahr, dass ein verwirrendes oder gar unrealistisches Bild vom chinesischen oder taiwanesischen Recht vermittelt wird. Um dieser Gefahr zu begegnen, ist es notwendig, den kulturellen und geschichtli-

---

[17] Vgl. zur Rezeption deutschen Rechts in China: *Wang Tze-chien*, AcP 166 (1966), 343 ff.; *Ling Bing*, in: *Wang Chenguang/Zhang Xianchu* (Hrsg.), Introduction to Chinese Law, S. 169.
[18] Der fragliche völkerrechtliche Status Taiwans sowie das brisante, durch die Frage einer Wiedervereinigung bestimmte Verhältnis zwischen Taiwan und der VR China sollen in der vorliegenden Arbeit jedoch nicht thematisiert werden. Siehe dazu z.B. *Henckaerts, Jean-Marie*, The International Status of Taiwan in the New World Order, London 1996.

chen Hintergrund des chinesischen und taiwanesischen Rechts zu durchleuchten.[19] Angesprochen ist hierbei die Frage der Rechtskultur in beiden Ländern.

Einen bis heute spürbaren Einfluss auf das Rechtsdenken der chinesischen Gesellschaft, sowohl in Taiwan als auch auf dem chinesischen Festland, haben die Lehren des chinesischen Philosophen Konfuzius (551-479 v. Chr.) gehabt. Die konfuzianischen Lehren über Ethik und Moral wurden schon früh in ganz China fast zu einer Art Staatsreligion erhoben, die auch von der breiten Masse der Bevölkerung als solche angenommen wurde.[20]

Ein Grundpfeiler der konfuzianischen Philosophie ist das Konzept der „kosmischen Harmonie", wonach von den Menschen ein harmonisch geordnetes, friedliches und ausgeglichenes Universum anzustreben sei.[21] Der moralische Verhaltenskodex verlangte daher, dass Streitigkeiten zwischen Einzelnen nicht durch offenen Konflikt und staatliche Macht beigelegt werden sollten, sondern durch Kompromissbereitschaft und beiderseitiges Entgegenkommen der Streitparteien.[22] Dagegen erkannte der Konfuzianismus dem Recht als Instrument der Konfliktlösung eine untergeordnete Rolle zu. Höhere Priorität als Rechtsnormen besaßen vielmehr (ungeschriebene) gesellschaftliche und moralische Verhaltensregeln, in deren Kontext Gesetze stets zu verstehen waren.[23] Das traditionelle chinesische Rechtsdenken steht daher im Gegensatz zur Idee der Begriffsjurisprudenz, die auf einer rein logisch-formalen Anwendung von Gesetzen beruht, ohne die gesellschaftliche Wirklichkeit mit einzubeziehen. Tatsächlich ist in der Bevölkerung, als Konsequenz der konfuzianischen Auffassung von Recht, ein genereller Mangel an Achtung vor dem Gesetz sowie ein gewisses Misstrauen gegenüber der Justiz vorhanden.[24] Diese Erscheinungen müssen, da sie auch in der heutigen chinesischen Gesellschaft Gültigkeit besitzen, bei

---

[19] Vgl. *Wang Chenguang* , in: *Wang Chenguang/Zhang Xianchu* (Hrsg.), Introduction to Chinese Law, S. 9; *Keller, Perry*, Am. J. of Comp. Law, Vol. 42 (1994), 711, 712: „Indeed, any evaluation of the legislative and regulatory documents which compose China's positive law must inevitably include reference to the equally difficult issues of legal interpretation and doctrinal development. In addition, there are well known aspects of Chinese state administration and legal culture which work against the uniform application of legal rules."
[20] *Bogdan, Michael*, Comparative law, S. 210 f.; *Wang Chenguan*, in: *Wang Chenguang/Zhang Xianchu* (Hrsg.), Introduction to Chinese Law, S. 4.
[21] *Bogdan, Michael*, Comparative law, S. 210.
[22] *Bogdan, Michael*, Comparative law, S. 211.
[23] *Keller, Perry*, Am. J. of Comp. Law, Vol. 42 (1994), 711, 715.
[24] *Chen, Albert*, Legal system of the PRC, S. 38.

der Betrachtung des chinesischen Rechts stets im Auge behalten werden.[25] In der VR China ist darüberhinaus eine Verstärkung dieser Tendenz durch den Marxismus-Leninismus zu beobachten.[26] Wie noch dargestellt wird, liegt hierin eine Hauptursache für die gegenwärtigen Probleme des chinesischen Rechts.

Die konfuzianische Gesellschaftsordnung sorgte über viele Jahrhunderte hinweg für ein geregeltes Zusammenleben der Menschen, ohne dass es der Schaffung eines Privatrechts im westlichen Sinne bedurfte. Erst mit dem Fall des letzten Kaisers im Jahre 1911, wodurch die republikanische Ära Chinas (1911-1949) eingeleitet wurde, stellte sich das auf sozialem Druck aufbauende Rechtssystem als hoffnungslos unzeitgemäß und unzureichend heraus.[27] Infolge einer ersten Modernisierung des Landes führte die Kuomintang[28]-Regierung in dieser Zeit eine Zahl von Gesetzeswerken ein, die auf dem kontinental-europäischen Modell beruhten und als die „Sechs Gesetze" (*liu fa*) bezeichnet wurden. Unter anderem wurde in den Jahren 1929-1931 ein chinesisches Zivilgesetzbuch geschaffen, das in vielen Punkten den Einfluss des deutschen Bürgerlichen Gesetzbuches erkennen lässt und heute noch auf Taiwan Geltung besitzt.

Tatsächlich basiert das heutige taiwanesische Rechtssystem auf den „Sechs Gesetzen", die 1949 nach dem verlorenen Bürgerkrieg von der flüchtenden Kuomintang-Regierung und deren Juristen auf Taiwan beibehalten wurden.[29] Viele dieser Juristen studierten zwischen den Weltkriegen an deutschen oder französischen Universitäten, worin ein wichtiger Grund für die „Europäisierung" des Rechtssystems auf Taiwan zu sehen ist.[30] Das Interesse insbesondere am deutschen Recht ist in der Rechtswissenschaft Taiwans auch heute ungebrochen, weshalb das moderne taiwanesische Recht klar erkennbare Parallelen zum deutschen Recht aufweist. Dazu beigetragen hat sicherlich auch die im Vergleich zur VR China erheblich geringere geographische Größe und Bevölkerungszahl Taiwans, was eine schnellere Modernisierung des Rechts ermöglichte.

---

[25] Vgl. *Keller, Perry*, Am. J. of Comp. Law, Vol. 42 (1994), 711, 715: „Chinese law has in many respects held to this contextualist approach to law. There continues to be a widely held belief that the application of positive law should be subject to extra legal considerations, such as the relationship of the parties and circumstances and the demands of commonly held standards of justice."
[26] *Chen, Albert*, Legal system of the PRC, S. 38.
[27] *Bogdan, Michael*, Comparative law, S. 212.
[28] „Nationale Partei".
[29] *Epstein, Edward*, in: Potter, Pitman (Hrsg.), Domestic law reforms, S. 32.
[30] *Bogdan, Michael*, Comparative law, S. 212.

Komplexer stellt sich dagegen die Situation auf dem chinesischen Festland dar. Die gegenwärtig in der VR China zu beobachtenden Probleme im Rechtswesen, wie etwa der Mangel an ausgebildeten Juristen, die wenig entwickelte Rechtskultur, die Dominanz des Parteiapparats gegenüber dem Staat und die Nichtanerkennung rechtsstaatlicher Prinzipien durch die Parteiführung, haben ihren Ursprung in der rechtsgeschichtlichen Entwicklung der VR China.

Unmittelbar mit der Gründung der Volksrepublik (1949) durch die Kommunistische Partei Chinas wurde die Abschaffung der bis dato geltenden „Sechs Gesetze" sowie des gesamten republikanischen Rechtssystems angeordnet.[31] Gleichzeitig wurde mit dem Aufbau einer sozialistischen Rechtsordnung begonnen.[32] Diese sollte entsprechend der Maximen der Kommunistischen Partei maßgeblich durch die marxistisch-leninistische Ideologie geprägt sein. Ein wichtiges Merkmal der neuen Rechtskultur war der Gedanke, dass politische Richtlinien der Partei höheren Stellenwert haben sollten als geschriebene Rechtsnormen sowie die Tendenz, Rechtsnormen zugunsten der gesellschaftlichen Reform zu vernachlässigen oder gar völlig zu missachten.[33] Letztendlich wurden Gesetze als biegsam und manipulierbar angesehen. Diese Grundeinstellung, die sich mit der konfuzianischen Denkweise zum Recht teilweise deckt, ist - in abgeschwächter Form - auch heute noch Teil der chinesischen Rechtskultur.[34] Eine Radikalisierung in diese Richtung erfolgte 1957 durch die von Mao Zedong eingeleitete „Anti-rechts-Bewegung".[35] Im Laufe dieser Kampagne, die auf sog. rechte Reaktionäre abzielte, wurden Juristen wegen angeblicherAngriffe auf die Partei bestraft. Gleichzeitig wurde das Recht als Institution in Frage gestellt, was schließlich dazu führte, dass wichtige Grundkonzepte, etwa das Prinzip der Gesetzmäßigkeit, die Gleichheit vor dem Gesetz sowie die Unabhängigkeit der Justiz als bourgeoise Ideen verurteilt und daher aufgegeben wurden. Die Parteiführung betrachtete nunmehr das Recht primär als ein Instrument der Klassenherrschaft, das der Diktatur des Proletariats und der Unterdrückung der Gegner des Sozialismus dienen sollte.[36] Recht und Gesetz verloren damit offiziell ihre Rolle als notwendiges

---

[31] *Chen, Albert,* Legal system of the PRC, S. 24; *Bogdan, Michael,* Comparative law, S. 212.

[32] So wird noch heute in vielen juristischen Lehrbüchern in der VR China Recht als ein Instrument der Klassenherrschaft dargestellt, das in erster Linie der Diktatur des Proletariats und der Unterdrückung der Gegner des Sozialismus diene. Vgl. *Chen, Albert,* Legal System of the PRC, S. 38.

[33] *Wang Chenguang* , in: *Wang Chenguang/Zhang Xianchu* (Hrsg.), Introduction to Chinese Law, S. 10; *Chen, Albert,* Legal system of the PRC, S. 94.

[34] *Chen, Albert,* Legal system of the PRC, S. 38, 94.

[35] *Bogdan, Michael,* Comparative law, S. 212 f.; *Chen, Albert,* Legal system of the PRC, S. 28.

Instrument zur Regelung des gesellschaftlichen Lebens. In der Folge wurden 1959 das Justizministerium und andere Justizbehörden aufgelöst.[37] An die Stelle einer unabhängigen Justiz trat rasch die staatliche Bürokratie, die unmittelbar der Parteiführung untergeordnet war.[38]

Erst nach dem Tode Maos (1976) und nach dem Ende der für ganz China verheerenden Kulturrevolution (1966-1976), begann sich im Jahre 1978 eine Trendwende abzuzeichnen, deren Auslöser die von *Deng Xiaoping,* dem damalig führenden chinesischen Politiker, im gleichen Jahr eingeleiteten Reformbestrebungen waren. Ziel dieser Reformbestrebungen war es, die während der Kulturrevolution stark in Mitleidenschaft gezogene Volkswirtschaft wiederherzustellen und aus der VR China einen modernen Industriestaat zu machen.[39] Dazu war die Einführung grundlegender struktureller Reformen (Aufbau einer „sozialistischen Marktwirtschaft", Anerkennung von Privateigentum, etc.) sowie eine Öffnung des Landes für das Ausland erforderlich. Die erschreckende Erfahrung der Kulturrevolution bewegte die neue Führungsschicht auch dazu, einen Neuaufbau des Rechtssystems zu initiieren und das Recht als Institution zu rehabilitieren. Es fand ein umfassender ideologischer Wandel an der Führungsspitze statt. Das Recht wurde nunmehr als Mittel zur Sicherung der „Volksdemokratie" und als Garant für die wirtschaftliche Entwicklung des Landes angesehen.[40] In der Folge wurden auf dem Gebiet der Gesetzgebung große Anstrengungen unternommen, um die rechtlichen Rahmenbedingungen für eine Modernisierung des Landes zu schaffen.[41] Dagegen rückte der „Klassenkampf" immer weiter in den Hintergrund der politischen Diskussion.[42] Bemerkenswert ist insbe-

---

[36] Wang Chenguang , in: *Wang Chenguang/Zhang Xianchu* (Hrsg.), Introduction to Chinese Law, S. 11.
[37] *Chen, Albert,* Legal system of the PRC, S. 39. Das Justizministerium wurde 1978 mit Beginn der Rechtsreformen wieder eingerichtet.
[38] *Chen, Albert,* Legal system of the PRC, S. 29; *Wang Chenguang* , in: *Wang Chenguang/Zhang Xianchu* (Hrsg.), Introduction to Chinese Law, S. 11.
[39] *Bogdan, Michael,* Comparative law, S. 214; *Keller, Perry,* Am. J. of Comp. Law, Vol. 42 (1994), 711, 713, 725.
[40] *Wang Chenguang* , in: *Wang Chenguang/Zhang Xianchu* (Hrsg.), Introduction to Chinese Law, S. 12; *Chen, Albert,* Legal system of the PRC, S. 34.
[41] So wurden seit 1979 über 200 formelle Gesetze und über 80 „Entscheidungen" vom Nationalen Volkskongress erlassen, außerdem über 700 Verwaltungsverordnungen des Staatsrats und seiner Ministerien, Ausschüsse, etc., sowie über 10.000 lokale Verwaltungsvorschriften der lokalen Regierungen. Vgl. *Wang Chenguang* , in: *Wang Chenguang/Zhang Xianchu* (Hrsg.), Introduction to Chinese Law, S. 13.
[42] *Wang Chenguang* , in: *Wang Chenguang/Zhang Xianchu* (Hrsg.), Introduction to Chinese Law, S. 12.

sondere auch, dass das in der Mao-Ära dominierende Prinzip des Vorrangs der Parteirichtlinien (*supremacy of party policies*) erstmals durch *Dengs* Reformen in Frage gestellt wurde und ansatzweise durch das Prinzip des Vorrangs des Rechts (*supremacy of law* oder *rule of law*) verdrängt wurde.[43] Letzteres Prinzip wurde durch die Aufnahme in die chinesische Verfassung im Jahre 1999 offziell anerkannt und institutionalisiert. Gleichzeitig bewirkten die Reformen auch, dass in der Bevölkerung wie auch in der Regierung das Bewusstsein von der Notwendigkeit des Rechts erhöht und verbreitet wurde.[44]

4. Gegenwärtige Probleme im chinesischen Rechtswesen

Trotz der Errungenschaften der (noch andauernden) Rechtsreform bestehen heute, über 20 Jahre nach deren Beginn, noch viele ernsthafte Probleme im chinesischen Rechtssystem. Diese Probleme und Schwierigkeiten haben ihren Ursprung, wie gesehen, in der von politischen und gesellschaftlichen Umwälzungen gezeichneten chinesischen Geschichte des 20. Jahrhunderts, die eine geordnete Entwicklung des Rechts erschwerte. Ein Hauptproblem liegt momentan in der Frage der Effektivität und Angemessenheit des chinesischen Rechts, womit letztendlich dessen Glaubwürdigkeit berührt ist. In der Literatur wird eine auffällige Diskrepanz zwischen dem gesetzten Recht und der Rechtswirklichkeit, also der Anwendung und Durchsetzung von Recht in der Praxis bemängelt. [45] Die Erscheinungsformen dieses Problems sind vielfältig, genauso wie ihre einzelnen Gründe. Sie lassen sich wie folgt zusammenfassen:

(1) Vorrang der Parteipolitik

Das Gesetzmäßigkeitsprinzip war schon im traditionellen China nie von zentraler Bedeutung gewesen. So gab es auch zu keiner Zeit eine Rechtskultur in China, die durch die strikte Beachtung von Gesetzen durch den Staat oder durch ein Rechts-

---

[43] *Chen, Albert*, Legal system of the PRC, S. 37; *Wang Chenguang* , in: *Wang Chenguang/Zhang Xianchu* (Hrsg.), Introduction to Chinese Law, S. 13 f.

[44] *Wang Chenguang* , in: *Wang Chenguang/Zhang Xianchu* (Hrsg.), Introduction to Chinese Law, S. 12; *Epstein, Edward*, in: Potter, Pitman (Hrsg.), Domestic law reforms, S. 35.

[45] *Chen, Albert*, Legal system of the PRC, S. 92 ff.; *Wang Chenguang* , in: *Wang Chenguang/Zhang Xianchu* (Hrsg.), Introduction to Chinese Law, S. 14.

bewusstsein der Bürger gekennzeichnet war.[46] An dieser Situation änderte sich auch nach der Gründung der VR China kaum etwas. Denn die Ideologie des Marxismus-Leninismus selbst trifft keine klare Aussage darüber, welche positive Rolle dem Recht zukommen soll. Propagiert wurde von Anfang an lediglich eine erzieherische Funktion, so vor allem bei der Bekämpfung von „Klassenfeinden" und Kriminellen.[47] Im Zuge der Rechtsreformen wurde von *Deng* erstmals der Grundsatz vom Vorrang des Gesetzes in die rechtspolitische Diskussion eingeführt.[48] Trotz einer langjährigen theoretischen Debatte um die Verwirklichung dieses Grundsatzes im chinesischen Recht,[49] die schließlich zugunsten der Befürworter ausfiel, bleibt der Vorrang des Gesetzes in der VR China unklar und bislang scheinbar ohne jede Konsequenz für die Praxis.[50]

In der Rechtswirklichkeit ist der Einfluss der Parteiführung auf die Verwaltung, die Gesetzgebung und die Rechtsprechung derart groß, dass eher von einem Vorrang der Parteiführung als von einem Vorrang des Gesetzes gesprochen werden kann.[51] Zudem wird darin der Gegensatz zum westlichen Prinzip der Gewaltenteilung erkennbar. Anders als etwa in Deutschland genießen chinesische Gerichte de facto keine Unabhängigkeit in ihren Entscheidungen, obwohl die chinesische Verfassung in Artikel 126 ausdrücklich die unabhängige Ausübung der richterlichen Gewalt gemäß dem Recht garantiert.[52] In der Praxis unterstehen z.B. einfache Volksgerichte direkt den Weisungen und Meinungen höherer Gerichte, insbesondere denen des Obersten Volksgerichts.[53] Es ist auch üblich, dass einzelne Richter oder Richtergremien, bevor in einem konkreten Fall eine Entscheidung ergeht, die Zustimmung des Gerichtspräsidenten einholen und bei Rechtsfragen auch höhere Gerichte

---

[46] *Chen, Albert*, Legal system of the PRC, S. 93.

[47] *Chen, Albert*, Legal system of the PRC, S. 113.

[48] *Lo, Carlos*, China's Legal Awakening, S. 34.

[49] Vgl. *Lo, Carlos*, China's Legal Awakening, S. 45 ff.

[50] Vgl. *Wang Chenguang* , in: *Wang Chenguang/Zhang Xianchu* (Hrsg.), Introduction to Chinese Law, S. 14, 26.

[51] Die quasi Gesetzesfunktion politischer Richtlinien wird auch in den Allgemeinen Grundsätzen des Zivilrechts (AGZ) ausdrücklich anerkannt. § 6 der AGZ bestimmt, dass zivilrechtliche Handlungen mit dem Gesetz und, soweit keine einschlägigen Vorschriften existieren, mit relevanten politischen Richtlinien des Staates vereinbar sein müssen. Vgl. *Chen, Albert*, Legal system of the PRC, S. 94.

[52] Vgl. *Chen, Albert*, Legal system of the PRC, S. 37, S. 106 f.; *Wang Chenguang* , in: *Wang Chenguang/Zhang Xianchu* (Hrsg.), Introduction to Chinese Law, S. 25.

[53] *Chen, Albert*, Legal system of the PRC, S. 101.

um Rat ersuchen (müssen).[54] Diese Vorgehensweise lässt freilich in vielen Fällen das Berufungs- oder Revisionsverfahren überflüssig werden, da intern bereits eine Vorentscheidung getroffen wurde.[55]

Doch auch ein (direktes oder indirektes) Eingreifen der Parteiführung in das Prozessgeschehen, insbesondere bei Stafprozessen oder politisch motivierten Prozessen, ist ein oft zu beobachtendes Phänomen, das zusätzlich die faktische Abhängigkeit der chinesischen Gerichte unterstreicht.[56] Die Bedeutung der Gesetze als primäre Rechtsquelle wird dadurch erheblich relativiert.

Aus westlicher Sicht muss all dies unbegreiflich und inakzeptabel erscheinen. Jedoch stellt zumindest die gerichtsinterne Abstimmung von Entscheidungen aus chinesischer Sicht eine notwendige Methode der „Qualitätskontrolle" dar, dies vor allem vor dem Hintergrund mangelnder Erfahrung und Qualifikation vieler Richter.[57]

(2) Mangelnde juristische Erfahrung und Professionalität

Eine weitere Ursache für die gegenwärtigen Probleme im chinesischen Recht ist in der mangelnden juristischen Erfahrung und Professionalität im Staat und in der Gesellschaft zu sehen.[58] Es ist hierbei zu beachten, dass zwischen 1957 und 1978 eine formale Juristenausbildung in der VR China nicht existierte. Erst mit Einleitung der Reformbewegung 1978 begann der Wiederaufbau juristischer Fakultäten an chinesischen Hochschulen.[59] Und erst seit 1983 wird für Richter eine formale juristische Ausbildung vorausgesetzt. Bis zu diesem Zeitpunkt war es gängige Praxis, Nichtjuristen aus den Bereichen der Bürokratie oder des Militärs als Richter einzusetzen.[60] Auch die Anwaltschaft begann sich erst in den 80er Jahren langsam zu formieren. Die Zahl der zugelassenen Rechtsanwälte stieg von ca. 12.000 im Jahre 1983[61] auf

---

[54] Wang Chenguang , in: *Wang Chenguang/Zhang Xianchu* (Hrsg.), Introduction to Chinese Law, S. 23; *Chen, Albert*, Legal system of the PRC, S. 120.

[55] *Epstein, Edward*, in: Potter, Pitman (Hrsg.), Domestic law reforms, S. 40.

[56] *Chen, Albert*, Legal system of the PRC, S. 119.

[57] *Epstein, Edward*, in: Potter, Pitman (Hrsg.), Domestic law reforms, S. 40 f.; *Chen, Albert*, Legal system of the PRC, S. 112.

[58] *Epstein, Edward*, in: Potter, Pitman (Hrsg.), Domestic law reforms, S. 27 f.

[59] *Bogdan, Michael*, Comparative law, S. 216.

[60] *Chen, Albert*, Legal system of the PRC, S. 37.

[61] *Bogdan, Michael*, Comparative law, S. 216.

heute über 120.000[62]. Aber tatsächlich ist diese Zahl im Verhältnis zur enormen Bevölkerung der VR China als gering anzusehen. Sie kann nicht über den akuten Mangel an ausgebildeten Juristen hinwegtäuschen. Angesichts dessen ist es nicht verwunderlich, dass sich in der VR China innerhalb der letzten zwei Jahrzehnte noch keine Rechtskultur herausbilden konnte, die einem Vergleich mit derjenigen in westlichen Rechtsordnungen standhielte.

(3) Defizite in der Gesetzgebung

Die seit Ende der 70er Jahre entstandenen zahlreichen Gesetze, Verordnungen und Verwaltungsvorschriften wurden, vor allem in der Anfangsphase der Reformbewegung, ganz bewusst in sehr kurzer Zeit erlassen. Ziel war es, für das entstehende Rechtssystem zunächst ein Grundgerüst zu schaffen, weshalb auf detailliertere Regelungen verzichtet wurde.[63] Dieses Vorgehen hatte unweigerlich auch Unregelmäßigkeiten und Widersprüche zwischen verschiedenen Normen, insbesondere zwischen Normen verschiedenen Ranges, zur Folge.[64] Die Tendenz des chinesischen Gesetzgebers, Rechtsnormen unpräzise und skizzenhaft zu formulieren, besteht aber weiterhin, weshalb viele Vorschriften beliebig dehnbar und zudem manipulierbar erscheinen.[65] Ein weiteres Problem innerhalb der chinesischen Gesetzgebung stellt die undurchsichtige Verteilung der Gesetzgebungskompetenzen dar.[66] Die von verschiedenen Staatsorganen zu demselben Regelungsgegenstand erlassenen Bestimmungen sind oft nicht miteinander in Einklang zu bringen. Häufig sind Rechtsnormen aufgrund solcher Widersprüche nicht anwendbar oder wegen ausschließlicher Wiedergabe einer anderen Norm schlichtweg redundant.[67]

---

[62] *Lubman, Stanley*, Asian Wall Street Journal, 9. Mai 2000, J10.

[63] *Lo, Carlos*, China's Legal Awakening, S. 38.

[64] *Keller, Perry*, Am. J. of Comp. Law, Vol. 42 (1994), 711, 745.

[65] Vgl. *Chen, Albert*, Legal system of the PRC, S. 37.

[66] *Keller, Perry*, Am. J. of Comp. Law, Vol. 42 (1994), 711, 734; *Wang Chenguang* , in: *Wang Chenguang/Zhang Xianchu* (Hrsg.), Introduction to Chinese Law, S. 14.

[67] *Wang Chenguang* , in: *Wang Chenguang/Zhang Xianchu* (Hrsg.), Introduction to Chinese Law, S. 14.

(4) Das Sonderproblem der Rechtsmethodologie

Betrachtet man die Gesetzesanwendung durch die Gerichte, so ist auffällig, dass es in der VR China eine juristische Methodenlehre im westlichen Sinne praktisch nicht gibt. Zwar haben in jüngster Zeit die im kontinental-europäischen und angloamerikanischen Recht gängigen Auslegungsmethoden Eingang in die chinesische Rechtswissenschaft gefunden.[68] In der richterlichen Praxis scheinen solche formalen Auslegungsmethoden dagegen weitgehend unbekannt zu sein. Die richterlichen Befugnisse zur Auslegung von Gesetzen sind in Wirklichkeit sehr begrenzt.[69] Anstelle formaler Auslegungsmethoden hat sich in der VR China nämlich ein eigenes Konzept der „Gesetzesauslegung" herausgebildet, das als funktionales Äquivalent zum Fallrecht oder *case law* in anderen Rechtsordnungen betrachtet werden kann.[70] Die in diesem Zusammenhang erlassene „Resolution des Ständigen Komitees des Nationalen Volkskongresses über die Stärkung der Gesetzesauslegungsarbeit" von 1981 weist die Befugnis zur Auslegung von Gesetzen grundsätzlich drei Staatsorganen zu, nämlich dem Ständigen Komitee des Nationalen Volkskongresses selbst, dem Obersten Volksgericht (zusammen mit der Oberstaatsanwaltschaft) sowie dem Staatsrat. Dementsprechend ist zwischen der legislativen Auslegung (*lifa jieshi*), der judiziellen Auslegung (*sifa jieshi*) und der administrativen Auslegung (*xingzheng jieshi*) zu unterscheiden.[71] Es geht hierbei genau genommen um die Befugnis, bindende Auslegungen und Erklärungen von Gesetzestexten in schriftlicher, i.d.R. gesetzesähnlicher Form oder als „Fragen und Antworten" zu verfassen. In der Praxis kommt quantitativ und qualitativ die größte Bedeutung den Auslegungsmaterialien des Obersten Volksgerichts zu, wobei diese Materialien zumeist einen klar legislativen Charakter besitzen.[72] Ein Beispiel hierfür sind die „Meinungen des Obersten Volksgerichts zu verschiedenen Fragen über die Anwendung der Allgemeinen Grundsätze des Zivilrechts", deren Funktion vergleichbar der einer Ausführungsverordnung ist. Das chinesische System geht mithin gar nicht von der Befugnis des ein-

---

[68] Vgl. *Chen Hongyi*, in: *Liang Zhiping* (Hrsg.), Probleme der Gesetzesauslegung, S. 3 ff.; *Dong Hao*, Judizielle Auslegung, S. 146 ff.

[69] Eine wichtige Ausnahme bildet hierbei das Oberste Volksgericht, das gegenüber den übrigen Gerichten eine Sonderstellung einnimmt. Denn es hat neben der eigentlichen rechtsprechenden Funktion gleichzeitig auch administrative und legislative Aufgaben. Vgl. *Chen, Albert*, Legal system of the PRC, S. 100.

[70] Vgl. *Chen, Albert*, Legal system of the PRC, S. 95.

[71] Vgl. *Chen, Albert*, Legal system of the PRC, S. 95 f.; *Zhang Zhiming*, in: *Liang Zhiping* (Hrsg.), Probleme der Gesetzesauslegung, S. 165, 166 f.

[72] *Chen, Albert*, Legal system of the PRC, S. 98.

zelnen Richters zur Auslegung von Gesetzestexten aus.[73] Stattdessen soll diese „Gesetzesauslegungskompetenz", die oft einer verdeckten Gesetzgebungskompetenz gleichkommt, den genannten Staatsorganen vorbehalten sein. Einer unabhängigen und verantwortungsvollen Gesetzesanwendung durch die (einfachen) Volksgerichte ist das chinesische System damit gerade entgegengesetzt.[74]

5. Methodik der Arbeit

Die vorliegende Arbeit basiert im wesentlichen auf einer umfassenden Auswertung der chinesischen und taiwanesischen rechtswissenschaftlichen Literatur zur Produkthaftung. Ebenfalls berücksichtigt wurde die einschlägige Rechtsprechung beider Länder. Es ist jedoch zu beachten, dass es, insbesondere in Taiwan, bisher nur relativ wenige veröffentlichte Urteile zur Produkthaftung gibt. Der Rechtsprechung kommt daher im Rahmen der vorliegenden Untersuchung eine eher untergeordnete Rolle zu. Problematisch erwiesen sich insoweit auch die im Vergleich zum deutschen Standard sehr viel knapperen und daher oft wenig aufschlussreichen Urteile chinesischer und taiwanesischer Gerichte.[75]

Einer ähnlichen Schwierigkeit begegnet man bei der Durcharbeit chinesischer und taiwanesischer Rechtsliteratur. Augenfällig ist das, insbesondere im Vergleich zu Deutschland, weit niedrigere Niveau der rechtswissenschaftlichen Auseinandersetzung in der Literatur, jedenfalls soweit die Bereiche Verbraucherschutz und Produkthaftung betroffen sind. Diese Tendenz ist im Ergebnis sowohl in der chinesischen als auch der taiwanesischen Rechtsliteratur zu beobachten. Tiefgehende Analysen zur Produkthaftung findet man vor allem in der chinesischen Literatur

---

[73] Jedoch wird von einigen Autoren die Meinung vertreten, dass die Anwendung von Gesetzen notwendigerweise auch die Auslegung der Gesetze miteinschließt und daher für den einzelnen Richter ein gewisser Auslegungsspielraum gegeben sei. Vgl. *Chen, Albert*, Legal system of the PRC, S. 101.

[74] Zu beachten ist jedoch, dass nach dem chinesischen Verständnis die Gerichte Teil eines umfassenden bürokratischen Systems bilden. Die Aufgabe der Justiz wird prinzipiell darin gesehen, Gesetze und Verordnungen „so wie sie sind" anzuwenden und bei Zweifeln hinsichtlich der Bedeutung von Vorschriften idealerweise beim Gesetzgeber nachzufragen. Vgl. *Keller, Perry*, Am. J. of Comp. Law, Vol. 42 (1994), 711, 753.

[75] Vgl. *Chen, Albert*, Legal system of the PRC, S. 114: „The typical judgment of a Chinese court is short and does not set out lines or steps of legal reasoning and logical analysis in a way as detailed as in judgments of common law courts. Relevant statutory provisions may be referred to,

kaum oder nur ansatzweise. Charakteristisch für die Literatur in beiden Rechtsordnungen ist auch eine deutliche Zurückhaltung in der Abgabe eigener Stellungnahmen. So erschöpft sich die Darstellung in Lehrbüchern und Aufsätzen gelegentlich in der Beschreibung ausländischen (häufig deutschen) Rechts, ohne jedoch einen Bezug zum inländischen Recht herzustellen. Daher erwies sich die Auswertung der Literatur in einigen Fällen als wenig ergiebig. Eine besondere Schwierigkeit bereitete insoweit auch die Ermittlung des Streitstandes zu einzelnen Fragen.

Als Konsequenz dieser im Ausgangsmaterial begründeten Schwierigkeiten war es grundsätzlich erforderlich, die bestehenden Ansichten in der Literatur, namentlich hinsichtlich der Auslegung der Gesetzestexte, durch eigene analytische Gedankengänge zu ergänzen. Die vorliegende Arbeit hat daher auch in den ersten beiden Teilen, in denen es um die Darstellung der jeweiligen Produkthaftungssysteme geht, nicht lediglich deskriptiven Charakter. Vielmehr wurde daneben auch auf eine unabhängige Beurteilung von Gesetzestext, Literatur und Rechtsprechung Wert gelegt.

6. Anmerkungen zur Orthographie

Für die Transkription chinesischer Laute existieren grundsätzlich zwei Methoden, nämlich zum einen die in der VR China seit 1970 offiziell verwendete Umschrift (sog. Pinyin-Umschrift) und zum anderen die sog. Wade-Giles Umschrift, die heute hauptsächlich noch in Taiwan im Gebrauch ist. Dementsprechend wurde hinsichtlich chinesischer Personennamen innerhalb dieser Arbeit je nach Herkunft (bei Autorennamen) bzw. Erscheinungsort des Textes entweder die festländische Pinyin Umschrift oder die Wade-Giles Methode verwendet. Wie im Chinesischen üblich, wurden dabei auch Familiennamen dem Vornamen vorangestellt. Bei taiwanesischen Zeitschriften wurde, soweit vorhanden, die offizielle englische Übersetzung angegeben, um die Herkunft zu kennzeichnen. Dagegen wurde für alle (festländisch-) chinesischen Zeitschriftentitel und alle sonstigen Bezeichnungen, unabhängig von der Zugehörigkeit, der festländischen Pinyin-Umschrift der Vorzug gegeben, die auch im Westen weitgehend als Standard anerkannt ist.

---

but the precise relationship between them in their application to the case will not usually be discussed at length."

Erster Teil: Die Produkthaftung im Recht der VR China

A. Grundlagen

I. Der Begriff „Produkthaftung" *(chanpin zeren)* im chinesischen Recht

Um das chinesische Produkthaftungsrecht verstehen zu können, ist es unerlässlich, den Begriff „Produkthaftung" i.S. der chinesischen Terminologie zu erläutern.

Der im Chinesischen wörtlich entsprechende Begriff für „Produkthaftung", *chanpin zeren*, ist ähnlich wie im Deutschen aus dem US-amerikanischen Rechtswortschatz *(products liability* bzw. *product liability)* abgeleitet worden und deckt sich in den meisten Fällen weitgehend mit der Bedeutung, die der Begriff „Produkthaftung" im deutschen Recht hat.[76]

Im Schrifttum wird nämlich *chanpin zeren* meist definiert als die von Hersteller und Vertriebshändler zu tragende zivilrechtliche Haftung für Körper- und Vermögensschäden, die bei Verbrauchern infolge fehlerhafter Produkte entstehen.[77]

Jedoch ist darauf hinzuweisen, dass diese Definition nur *eine* Bedeutung von *chanpin zeren* aufzeigt. Der Begriff kann weitaus umfassender verstanden werden, als er zunächst vermuten lässt.

Denn „Produkthaftung" *(chanpin zeren)* wird im chinesischen Recht gewöhnlicherweise im Zusammenhang mit der sog. „Produktqualitätshaftung" *(chanpin zhiliang*

---

[76] Produkthaftung in diesem Sinne z.B. bei *Guo Mingrui* (u.a.), Zivilrechtliche Haftung, S. 278; *Liu Jingwei*, Chinesisches Zivilrecht, S. 500; *Xie Banyu/Li Jingtang*, Zivilrechtliche Haftung, S. 346; *Wang Liming/Yang Lixin*, Deliktsrecht, S. 131; *Gao Yan/Ni Ruilan*, Verbraucherschutzrecht, S. 239; *Liu Xiushan/Chen Yongmin*, Produkthaftung und Verbraucherrechte, S. 38; *Li Changqi/Xu Mingyue*, Verbraucherschutzrecht, S. 201; *Zhang Mingshi (Hrsg.)*, Schadensersatzklage, S. 229; *Cai Zhiliang*, Zhongguo Shangye Fazhi, 1996/4, 3 ff.

[77] So oder ähnlich: *Liu Wenhua*, Lehrbuch zum PQG, S. 163; *Zhang Xinbao*, Chinesisches Deliktsrecht, S. 297; *Wang Liming/Yang Lixin*, Deliktsrecht, S. 131; *Liu Xiushan/Chen Yongmin*, Produkthaftung und Verbraucherrechte, S. 38.

zeren) verstanden, wobei letzterer Begriff zumeist als Oberbegriff dient,[78] beide Begriffe aber häufig auch synonym gebraucht werden.[79]

Unter Produktqualitätshaftung versteht man in der VR China die verwaltungsrechtliche, zivilrechtliche und strafrechtliche Verantwortlichkeit für Verstöße gegen „produktqualitätsrelevante" Bestimmungen, insbesondere gegen das Produktqualitätsgesetz von 1993.[80] Sie umfasst also im Gegensatz zur Produkthaftung im eigentlichen (d.h. westlichen) Sinne nicht nur die zivilrechtliche (i.d.R. deliktische) Haftung, sondern vor allem auch umfassende administrative Regelungsmechanismen zur Steuerung und Überwachung von Produktqualität. Hierzu gehören als produktqualitätsrelevante Vorschriften solche der Standardisierung und Lizensierung von Produkten, der Qualitätsverwaltung und -steuerung, genauso wie Regeln betreffend unlauteren Wettbewerb, Produktwerbung und Verbraucherschutz.[81]

Hierbei wird zum einen deutlich, dass in der VR China Produkthaftung, eingebettet im Konzept einer weitergehenden Produktqualitätshaftung, vorrangig den Aspekt der Produktqualität als Bezugspunkt ansieht.[82] Zum anderen wird erkennbar, dass die Produkthaftung (in diesem weitem Sinne) in der VR China einen stark verwaltungsrechtlichen, und zwar zumeist sanktionierenden Charakter besitzt und die zivilrechtliche Komponente, insbesondere in Form von Schadensersatzansprüchen des Verbrauchers, nur einen Teil dieses Systems darstellt.

Unter dem Schlagwort *chanpin zeren* werden in der VR China daher regelmäßig auch Fragen der Qualitätskontrolle durch zuständige Behörden, Beschlagnahmen von Imitationen, der Entzug von Herstellungslizenzen und andere verwaltungsrechtliche Aspekte behandelt, die über den Bereich der Produkthaftung, wie sie in Deutschland verstanden wird, weit hinausgehen und dort eher in den Anwendungsbereich des Produktsicherheitsgesetzes fallen.

---

[78] *Liu Xinshan/Chen Yongmin*, Produkthaftung und Verbraucherrechte, S. 40; *Liu Wenhua*, Lehrbuch zum PQG, S. 156, 158, 166; *Gao Yan/Ni Ruilan*, Verbraucherschutzrecht, S. 239.
[79] *Guo Mingrui* (u.a.), Zivilrechtliche Haftung, S. 278; *Shi Shulin*, Unternehmerprodukthaftung, S. 114.
[80] *Liu Xiushan/Chen Yongmin*, Produkthaftung und Verbraucherrechte, S. 40; *Gao Yan/Ni Ruilan*, Verbraucherschutzrecht, S. 238; *Liu Wenhua*, Lehrbuch zum PQG, S. 156; *Zhao Hongying*, PQG in Theorie und Praxis, S. 22 u. 82.
[81] *Li Changqi*, Produktqualität, S. 332; *Liu Wenhua*, Lehrbuch zum PQG, S. 158.
[82] D.h., anstelle der Produktsicherheit, die in Deutschland den Hauptanknüpfungspunkt der Produkthaftung darstellt (vgl. § 3 ProdHaftG) und darüberhinaus auch Gegenstand des deutschen Produktsicherheitsgesetzes von 1993 ist.

Dementsprechend wird in der chinesischen Rechtslehre häufig unterschieden zwischen einer Produkthaftung i.e.S und einer Produkthaftung i.w.S.[83] Dabei wird mit „Produkthaftung i.w.S." die verwaltungsrechtliche, strafrechtliche und zivilrechtliche „Produkthaftung", also der gesamte Komplex der Produktqualitätshaftung *(chanpin zhiliang zeren)* bezeichnet, während Produkthaftung i.e.S. demgegenüber nur für den rein zivilrechtlichen Teil steht.

Der zivilrechtliche Bereich wird ähnlich wie in Deutschland in eine vertragliche und eine deliktische Haftung unterteilt, wobei jedoch bezüglich der vertraglichen Haftung meist nur eine Sachmängelgewährleistungshaftung von Hersteller oder Vertriebshändler für das mangelhafte Produkt selbst diskutiert wird.[84] Das chinesische Sachmängelgewährleistungsrecht sieht vor allem Ansprüche des Käufers auf Reparatur, Umtausch (i.S. einer Neulieferung) oder Wandlung vor, darüberhinaus auch Ersatz der Vertragskosten, jedoch gerade keinen Schadensersatzanspruch für solche Mangelfolgeschäden, die typisch für Produkthaftungssachverhalte sind.[85]

Typische Produkthaftungssachverhalte werden stattdessen vorrangig dem Deliktsrecht zugeordnet.[86] Gelegentlich wird zwecks begrifflicher Klarheit den Begriffen „Produktdeliktshaftung" *(chanpin qinquan zeren)*[87] oder „deliktische Produktqualitätshaftung" *(chanpin zhiliang qinquan zeren)*[88] der Vorzug gegeben, was inhaltlich dem westlichen Begriff von Produkthaftung am nächsten kommt.

---

[83] *Liu Shiguo*, Deliktischer Schadensersatz, S. 221; *Guo Mingrui* (u.a.), Zivilrechtliche Haftung, S. 279; *Liu Xiushan/Chen Yongmin*, Produkthaftung und Verbraucherrechte, S. 40.

[84] Vgl. *Liu Wenqi*, Produkthaftungssysteme, S. 113; *Liu Wenhua*, Lehrbuch zum PQG, S. 156; *Gao Yan/Ni Ruilan*, Verbraucherschutzrecht, S. 242.

[85] Vgl. *Liu Wenqi/Wu Shengchun*, Soochow Law Review, Juli 1997, 35, 44 ff.; *Shi Shulin*, Unternehmerprodukthaftung, S. 133; *Gu Ming* (u.a.), Lexikon zum Recht der VR China, S. 333.

[86] Vgl für das deutsche Recht BGHZ 51, 91 ff. (Hühnerpestentscheidung). Die Haftung nach dem Produkthaftungsgesetz (ProdHaftG) wird im deutschen Recht allerdings der Gefährdungshaftung zugerechnet. Statt von einer Gefährdungshaftung, spricht man im chinesischen Recht dagegen von „besonderer Deliktshaftung" *(teshu qinquan minshi zeren)*, vgl. *Zhang Mingshi* (Hrsg.), Schadensersatzklage, S. 222 ff.

[87] *Yang Lixin*, Zivilrechtliche Urteile, S. 59; *Liu Xiushan/Chen Yongmin*, Produkthaftung und Verbraucherrechte, S. 41; *Liang Shuwen*, Zivilprozess in China, S. 463.

[88] *Zhuang Hongxing/Liu Zhixin*, Körperschäden und Produkthaftung, S. 71.

II. Entwicklung des chinesischen Produkthaftungsrechts und Gesetzeslage

1. Allgemeine Rechtsentwicklung

Die Thematik der Produkthaftung ist in der VR China erst relativ spät, nämlich Anfang bis Mitte der 80er Jahre entdeckt und aufgegriffen worden, als umfassende Reformen zur Modernisierung des Landes begonnen wurden. Bis dahin existierte im chinesischen Recht weder in der Gesetzgebung noch in der gerichtlichen Praxis das Institut der Produkthaftung.[89]

Ein Grund dafür war die Orientierung des chinesischen Rechts am Rechtssystem der Sowjetunion, die insoweit Vorbildfunktion besaß.[90] Dort wiederum war die Produkthaftung ebenfalls noch ein unbehandeltes Rechtsgebiet.[91] Zudem war Anfang der 80er Jahre das chinesische Rechtswesen insgesamt noch im Aufbau begriffen und daher noch sehr unvollständig.[92]

Ein weiterer Grund für das späte Auftauchen der Produkthaftungsproblematik in der VR China war der niedrige Stand der wirtschaftlichen Entwicklung, insbesondere der geringe Grad der Industrialisierung. Das strenge Einhalten der Plan- und Kollektivwirtschaft bewirkte, dass Konsumgüter nur in geringer Menge vorhanden waren. Diese wurden von der Regierung rationiert und über ein Markensystem an die Bevölkerung abgegeben.[93] Komplizierte hochwertige Produkte, wie etwa Fernsehgeräte, waren zu dieser Zeit noch äußerste Mangelware. Das Problem der Produkthaftung trat auch aus diesem Grunde insgesamt nur sehr vereinzelt in Erscheinung.[94] Die Frage nach einer umfassenden rechtlichen Regelung dieses Problems stellte sich infolgedessen lange Zeit nicht.

Dies änderte sich jedoch mit dem Fortschreiten der von *Deng Xiaoping* im Jahre 1979 ins Leben gerufenen Reformpolitik. Nach außen hin manifestierte sich diese

---

[89] *Yang Lixin*, Zivilrechtliche Urteile, S. 63 f.; *Liu Shiguo*, Deliktischer Schadensersatz, S. 228, *Guo Mingrui* (u.a.), Zivilrechtliche Haftung, S. 284.
[90] *Yang Lixin*, Zivilrechtliche Urteile, S. 63 f.; *Lo, Carlos Wing-hun*, China's Legal Awakening, S. 3.
[91] *Liu Shiguo*, Deliktischer Schadensersatz, S. 228.
[92] *Yang Lixin*, Zivilrechtliche Urteile, S. 63 f.; vgl. auch oben Einleitung.
[93] *Liu Shiguo*, Deliktischer Schadensersatz, S. 228.

Politik in einer Öffnung des Landes für ausländische Waren und Direktinvestitionen.[95] Parallel dazu setzte im Jahre 1984 eine Wirtschaftsreform ein,[96] die eine Hebung der wirtschaftlich-technischen Leistungsfähigkeit und des Lebensstandards in der VR China zum Ziel hatte. Diese wirtschaftlichen Reformbestrebungen, die auch unter den Schlagworten „sozialistische Marktwirtschaft", „planmäßige Marktwirtschaft" und „Sozialismus mit chinesischen Charakteristiken"[97] bekannt geworden sind, haben einschneidende Veränderungen des chinesischen Wirtschaftssystems bewirkt, was schließlich einen Wandel von einer reinen Planwirtschaft weitgehend hin zu einer Marktwirtschaft westlichen Stils zur Folge hatte. Als Resultat wurden nun in- und ausländische Waren aller Art zunehmend über den freien Markt verkauft und mit allmählich steigendenden Einkommen für größere Teile der Bevölkerung erreichbar, so dass das Problem schadenverursachender Produkte und andere Verbraucherschutzfragen schnell an Bedeutung gewannen.[98]

Gekoppelt war die Wirtschaftsreform an eine Rechtsreform, zu der *Deng Xiaoping* im Dezember 1978 aufrief und die vor allem das Ziel hatte, die rechtlichen Voraussetzungen für die wirtschaftlichen Umwandlungen zu schaffen.[99] Nach der Zeit des rechtlichen Nihilismus während der chinesischen Kulturrevolution (1966-1976) wurde der Aufbau eines zunehmend am westlichen Vorbild orientierten Rechtswesens angestrebt.[100]

2. Entwicklung der Produkthaftungsgesetzgebung in der VR China

Vor diesem Hintergrund begann sich die Regierung der VR China ab 1985 für eine Verbesserung der Produktqualität einzusetzen. Dies führte zunächst zu einer un-

---

[94] *Liu Shiguo*, Deliktischer Schadensersatz, S. 228.
[95] *Epstein, Edward J.*, in: Potter, Pitman B. (Hrsg.), Domestic Law Reforms, S. 36.
[96] Eingeleitet durch den Erlass der Entscheidung des Zentralkommittees der kommunistischen Partei (KP) Chinas über die Reform des Wirtschaftssystems in der 12. Vollversammlung der KP Chinas im Oktober 1984.
[97] Vgl. *Lubman, Stanley B*, in: Potter, Pitman B. (Hrsg.), Domestic Law Reforms, S. 3, *Liu Wenqi/Wu Shengchun*, Soochow Law Review, Juli 1997, 35, 36.
[98] *Liu Shiguo*, Deliktischer Schadensersatz, S. 228.
[99] Vgl. *Epstein, Edward J.*, in: Potter, Pitman B. (Hrsg.), Domestic Law Reforms, S.38; *Chen, Albert*, Legal System of the PRC, S. 33.
[100] Zur Zerstörung des Rechtsystems während der Kulturrevolution, siehe *Chen, Albert*, Legal System of the PRC, S. 29-32; *Wang Chenguang*, in: *Wang Chenguang/Zhang Xianchu* (Hrsg.), Introduction to Chinese Law, S. 11 f.

überschaubaren Flut sog. „Produktqualitätsgesetzgebung", die aus Gesetzen, Rechtsverordnungen sowie Verwaltungsvorschriften bestand und oft technischer und administrativer Natur waren, ohne subjektive Ansprüche von Verbrauchern zu statuieren.[101] Diese Regelwerke spielen jedoch indirekt eine Rolle, sofern sie Produktqualitätsstandards formulieren, die zur Bestimmung der Fehlereigenschaft von Produkten herangezogen werden können. Insoweit erfüllen sie eine Hilfsfunktion bei der Feststellung von Ansprüchen des Verbrauchers aus anderen Gesetzen.

Am 5. April 1986 erließ das oberste Exekutivorgan der VR China, der Staatsrat, die „Regelungen über die Haftung für die Qualität von Industrieprodukten" (RHQI), eine Verwaltungsverordnung[102]. Sie stellten einen ersten konkreten Schritt in Richtung einer echten Produkthaftung dar. Denn erstmals wurden dem Endverbraucher zivilrechtliche Schadensersatzansprüche gegen Hersteller und Vertriebshändler zugesprochen. Jedoch war die Auswirkung dieser Verordnung in der gerichtlichen Praxis und der Rechtslehre eher gering, was nicht zuletzt auf den niedrigen Rang der „Regelungen über die Haftung für die Qualität von Industrieprodukten" als Verwaltungsverordung zurückzuführen war.

Am 12.4.1986 verabschiedete der Nationale Volkskongress, das höchste Legislativorgan der VR China, die Allgemeinen Grundsätze des Zivilrechts[103] (AGZ). Sie traten am 1.1.1987 in Kraft. Dabei handelt es sich um eine Art zivilrechtliches „Grundgesetz" der VR China, bestehend aus nur 156 Paragraphen.[104] Es hat den

---

[101] Beispiele dafür sind u.a.das Nahrungsmittelhygienegesetz vom 19.11.1982, das Arzneimittelregulierungsgesetz vom 20.9.1984, das Warenausfuhrkontrollgesetz vom 21.2.1989, die Provisorischen Maßnahmen zur Qualitätskontrolle in Industrie und Unternehmen vom 10.3.1980, die Maßnahmen zur Untersuchung und Standardisierung neuer elektrischer Geräte vom 14.3.1981, die Maßnahmen zur Übernahme und Anwendung ausländischer Standards vom 27.3.1984, die Maßnahmen bezüglich der Lizensierung der Herstellung von Industrieprodukten vom 7.7.1984, die Vorübergehenden Maßnahmen zur Überwachung der Produktqualität vom 15.3.1985; für eine umfassende Auflistung, siehe *Liu Wenqi/Wu Shengchun*, Soochow Law Review, Juli 1997, 35, 39-41 oder *Liu Wenqi*, Produkthaftungssysteme, S. 104-106.

[102] Verwaltungsverordnungen (*xingzheng guizhang*), die grundsätzlich vom Staatsrat erlassen werden, tragen je nach Umfang des Regelungsgegenstands die Bezeichnung „Regelungen" (*tiaoli*), „Vorschriften" (*guiding*) oder „Maßnahmen" (*banfa*); vgl. *Chen, Albert*, Legal System of the PRC, S. 84.

[103] Veröffentlicht in: Gazette des Ständigen Kommitees des Nationalen Volkskongresses der VR China, 1986, Bd. 4, S. 3 ff.; die authorisierte englischsprachige Übersetzung ist veröffentlicht in: The Laws of the People's Republic of China, 1983-1986, S. 225 ff. (Peking 1986).

[104] Der Erlass der Allgemeinen Grundsätze des Zivilrechts stellte einen Meilenstein in der Entwicklung des modernen chinesischen Rechts dar. Sie gelten allgemein als das wichtigste zivilrechtliche Gesetzgebungswerk in der chinesischen Geschichte. Inhaltlich sind die Allgemeinen

Rang eines formellen Gesetzes und beinhaltet in § 122 einen Schadensersatzanspruch des Geschädigten aufgrund Produkthaftung. Diese Norm gilt als Grundtatbestand der chinesischen Produkthaftung.

Dasjenige Regelwerk, das in seiner Funktion am ehesten einem Produkthaftungsgesetz entspricht, ist allerdings das am 22. Februar 1993 vom Nationalen Volkskongress verabschiedete und am 1. September 1993 in Kraft getretene Produktqualitätsgesetz[105] (PQG), das zuletzt mit Wirkung zum 1. September 2000 geändert wurde. Dieses Gesetz basiert auf den bereits erwähnten „Regelungen über die Haftung für die Qualität von Industrieprodukten", weshalb sich die Regelungsbereiche beider Regelwerke weitgehend decken. Das Produktqualitätsgesetz kann daher als formellgesetzlicher Nachfolger der „Regelungen über die Haftung für die Qualität von Industrieprodukten" bezeichnet werden.[106] Gemäß § 1 PQG bezweckt der Erlass des Produktqualitätsgesetzes in erster Linie eine Stärkung der Überwachung und Verwaltung der Produktqualität sowie eine Definition und Normierung der Produktqualitätshaftung. Gleichzeitig soll mittels dieser Instrumente der Schutz legitimer Verbraucherinteressen sowie die Wahrung der sozio-ökonomischen Ordnung erreicht werden (§ 1 PQG). Der Auslöser für die Einführung des Produktqualitätsgesetzes ist

---

Grundsätze des Zivilrechts nicht zu verwechseln mit einem allgemeinen Teil i.S. des Allgemeinen Teils des BGB, vielmehr gehen sie darüber hinaus indem sie auch sachenrechtliche, schuldrechtliche und familienrechtliche Regelungen enthalten, vgl. *Ling Bing*, in: *Wang Chenguang/Zhang Xianchu* (Hrsg.), Introduction to Chinese Law, S. 172.

[105] Veröffentlicht in: Gazette des Ständigen Kommitees des Nationalen Volkskongresses der VR China, 1993, Bd. 1, S. 37 ff.; die autorisierte englischsprachige Übersetzung ist veröffentlicht in: The Laws of the People's Republic of China, 1993, S. 69 ff. (Peking 1995). Das Produktqualitätsgesetz wurde durch den Erlass der "Entscheidung über die Reform des Produktqualitätsgesetzes der VR China" des Ständigen Kommitees des Nationalen Volkskongresses vom 8.7.2000, die am 1.9.2000 in Kraft trat, reformiert. Im Rahmen der Reform wurden u.a. 23 neue Paragraphen eingeführt, die in erster Linie auf eine Angleichung der staatlichen Qualitätsnormen an internationale Standards hinwirken sollen. Die produkthaftungsrechtliche Regelung im Produktqualitätsgesetz blieb jedoch im wesentlichen von der Reform unberührt. Lediglich die früher lückenhafte Regelung des Schadensersatzumfangs in § 32 PQG a.F. wurde vervollständigt. Im folgenden nimmt die Arbeit grundsätzlich auf die Fassung des Produktqualitätsgesetzes vom 8.7.2000 Bezug. Der Leser sei jedoch darauf hingewiesen, dass der weitaus überwiegende Teil der chinesischen Produkthaftungsliteratur vor diesem Datum erschienen ist und sich somit auf die fühere Fassung des Produktqualitätsgesetz bezieht. So ist etwa § 29 PQG a.F. nun § 41 PQG n.F., usw. Da die Produkthaftungsvorschriften, mit der genannten Ausnahme, unverändert geblieben sind, ist dieser Umstand jedoch nur als Schönheitsfehler anzusehen.

[106] Vgl. *Liu Shiguo*, Deliktischer Schadensersatz, S. 229. Unerheblich scheint hierbei zu sein, dass die „Regelungen über die Haftung für die Qualität von Industrieprodukten" noch nicht formell außer Kraft getreten sind. Es ergibt sich der Eindruck, dass diese Regelungen mit Einführung des Produktqualitätsgesetzes obsolet geworden sind. Vgl. *Etgen, Björn*, PHi 1996, 42, 43.

in dem immer noch sehr unbefriedigendem allgemeinen Qualitätsniveau chinesischer Produkte zu sehen. So wird von Experten geschätzt, dass der Rückstand der VR China auf die entwickelten Industriestaaten hinsichtlich der allgemeinen Produktqualität ca. 10 bis 20 Jahre beträgt.[107] Mitte der 90er Jahre erreichte der Prozentsatz der Produkte, deren Qualität dem internationalen Niveau der 80er und frühen 90er Jahre entsprach nicht einmal 10 %.[108] Stichprobenuntersuchungen haben zudem gezeigt, dass der Prozentsatz der qualitativ normgemäßen Produkte in den Jahren zwischen 1985 und 1991 nur etwa 55-75 % betrug.[109] Diese schwerwiegenden Defizite in der Produktqualität stellen dabei sowohl ein ernsthaftes Problem für die zunehmend exportorientierte chinesische Volkswirtschaft als auch für die inländischen Verbraucher dar, die in vielfältiger Weise durch qualitativ minderwertige Produkte Schäden erleiden.[110] So ist es nicht verwunderlich, dass im Jahre 1988 der Ruf nach einem umfassenden Produktqualitätsgesetz immer lauter wurde, was schließlich zum Erlass des Produktqualitätsgesetzes im Februar 1993 führte.[111]

In für das chinesische Recht typischer Weise vereint das Produktqualitätsgesetz Aspekte des Verwaltungsrechts, des Zivilrechts und des Strafrechts. Der öffentlichrechtliche Charakter des Gesetzes ist in unterschiedlichem Maße in allen sechs Kapiteln erkennbar, insbesondere in Kapitel 2 („Überwachung und Verwaltung von Produktqualität") und Kapitel 5 („Strafvorschriften").

Für die Produkthaftung maßgeblich ist Kapitel 4 („Ausgleich für Schäden"). Es enthält neben vertraglichen Mangelgewährleistungsansprüchen auf Reparatur, Umtausch und Rückgabe von Produkten (§ 40 PQG) auch Vorschriften, die dem deliktischen Produkthaftungsrecht zuzuordnen sind (§§ 41 ff. PQG). Im Unterschied zu den übrigen Kapiteln tritt hier der öffentlichrechtliche Charakter des Gesetzes in den Hintergrund. Im Verhältnis zu der allgemeineren Produkthaftungsnorm § 122 AGZ, stellen die §§ 41 ff. PQG eine spezialgesetzliche Konkretisierung dar.[112] Zusammengenommen bilden sie die Hauptrechtsquelle des chinesischen Produkthaftungsrechts.

---

[107] *Gao Yan/Ni Ruilan*, Verbraucherschutzrecht, S. 215; *Li Changqi*, Produktqualität, S. 18.
[108] *Gao Yan/Ni Ruilan*, Verbraucherschutzrecht, S. 215; *Li Changqi*, Produktqualität, S. 18.
[109] *Shi Shulin*, Unternehmerprodukthaftung, S. 124.
[110] *Li Changqi*, Produktqualität, S. 22; *Epstein, Edward*, Tortious Liability for Defective Products in the PRC, S. 8.
[111] Ausführlich zur Entstehungsgeschichte des PQG, siehe z.B. *Shi Shulin*, Unternehmerprodukthaftung, S. 123-127.
[112] Vgl. *An Jian*, Zhongguo Faxue, 1993/5, 64, 68.

Die von Anfang an im Zusammenhang mit der Produkthaftung in China vieldiskutierte Frage nach dem Haftungs- oder Zurechnungsprinzip wird vom Produktqualitätsgesetz zwar noch immer nicht endgültig und eindeutig beantwortet, da der Gesetzestext an entscheidenden Stellen potenziell missverständlich ist. Jedoch werden die §§ 41 bis 43 PQG (bzw. früher die §§ 29 bis 31 PQG a.F.) überwiegend dahingehend interpretiert, dass dort eine verschuldensunabhängige Haftung sowohl des Herstellers als auch des Vertriebshändlers statuiert wird.[113]

Ergänzende Funktion kommt dem Verbraucherschutzgesetz[114] (VSG) vom 1. Januar 1994 zu, das in seinem Kapitel 7 („Rechtliche Haftung") auch die Haftung von Unternehmern formuliert. Inwieweit es hierbei zu Konkurrenzproblemen zu anderen Vorschriften, insbesondere des Produktqualitätsgesetzes kommen kann, ist jedoch unklar und bedarf der Untersuchung.[115]

---

[113] Ausführlich zu dieser Thematik, unten B. III. 2.
[114] Veröffentlicht in: Gazette des Ständigen Kommittees des Nationalen Volkskongresses der VR China, 1993, Bd. 5, S. 7 ff.; die authorisierte englischsprachige Übersetzung ist veröffentlicht in: The Laws of the People's Republic of China, 1993, S. 203 ff. (Peking 1995).
[115] Siehe unten B. III. 1. c) bb).

B. Das geltende Produkthaftungsrecht der VR China

I. Die vertragliche Produkthaftung

Wie schon erwähnt, wird die Produkthaftung im chinesischen Recht nach h.M. fast ausschließlich dem Deliktsrecht zugeordnet.[116] Eine vertragliche Produkthaftung, wie sie in Deutschland (und auch Taiwan[117]) über den Weg der Eigenschaftszusicherung oder der pVV möglich ist, ist dem chinesischen Recht dagegen weitgehend fremd. Im Schrifttum ist zwar zuweilen die Rede von einer vertraglichen Haftung im Zusammenhang mit der Produkthaftung oder Produktqualitätshaftung.[118] Jedoch ist damit in vielen Fällen lediglich eine Sachmängelgewährleistungshaftung gemeint, die in § 40 PQG geregelt ist.

Nach § 40 Abs. 1 PQG haftet der Verkäufer eines Produkts gegenüber dem Verbraucher (oder Benutzer), der gleichzeitig Käufer des Produkts ist, wenn

(1) der Verkäufer Produkte verkauft, die nicht die Gebrauchseigenschaften besitzen, welche sie haben sollten, und er auf das Fehlen derartiger Gebrauchseigenschaften nicht deutlich hinweist;

(2) die verkaufte Ware nicht dem auf ihr selbst oder ihrer Verpackung angegebenen Standard entspricht;

(3) die Qualität des Produkts nicht mit der Produktbeschreibung oder einem Verkaufsmuster übereinstimmt.

Der Verkäufer hat in diesen Fällen die Ware zu reparieren *(xiouli)*, gegen eine andere umzutauschen *(genghuan)* oder gegen Erstattung des Kaufpreises zurückzunehmen *(tuihuo)*.

---

[116] Vgl. *Yang Lixin*, Zivilrechtliche Urteile, S. 72; *Xie Banyu/Li Jingtang*, Zivilrechtliche Haftung, S. 349.

[117] Siehe unten Zweiter Teil, A. II. 2. a).

[118] Vgl. *Shi Shulin*, Unternehmerprodukthaftung, S. 132 ff.; *Li Changqi*, Produktqualität, S. 334; *Yang Lixin*, Zivilrechtliche Urteile, S. 71 f; *Zhao Hongying*, PQG in Theorie und Praxis, S. 105 ff.; *Liu Wenqi*, Produkthaftungssysteme, S. 113 ff.; *Gao Yan/Ni Ruilan*, Verbraucherschutzrecht, S. 242 ff.

Ihm steht gemäß § 40 Abs. 2 PQG ein Rückgriffsanspruch gegen den Hersteller oder Zulieferer zu, falls der Mangel im Produkt vom Hersteller oder Zulieferer zu verantworten war.

§ 40 Abs. 1 S. 2 PQG statuiert darüberhinaus eine Schadensersatzpflicht des Verkäufers für Schäden, die dem Käufer infolge des Mangels entstanden sind. Diese Vorschrift darf jedoch nicht als Produkthaftungsregelung missverstanden werden. Denn der darin enthaltene Schadensersatzanspruch bezieht sich lediglich auf Vertragskosten sowie solche Kosten, die im Rahmen der Geltendmachung und Durchführung des Sachmängelgewährleistungsanspruchs entstanden sind, so z.B. Transport- und Kommunikationskosten, usw.[119] Schäden, die an anderen Sachen als der mangelbehafteten Sache entstanden sind, werden von § 40 Abs. 1 S. 2 PQG also gerade nicht erfasst.

Von einigen Autoren wird auf die Möglichkeit einer vertraglichen Produkthaftung auch i.e.S. hingewiesen.[120] Der genaue Inhalt dieser sog. Produkthaftung wegen Vertragsverletzung (*weiyue chanpin zeren*) und die Voraussetzungen hierfür sind jedoch äußerst verschwommen. *Shi Shulin* sieht die Grundlage für eine solche Haftung in § 106 Abs. 1 AGZ i.V.m. § 29 des Wirtschaftsvertragsgesetzes (WVG). § 106 Abs. 1 AGZ besagt generalklauselartig, dass Bürger und juristische Personen die zivilrechtliche Haftung zu tragen haben, falls sie gegen Verträge verstoßen oder andere Pflichten nicht erfüllen. Nach § 29 WVG haftet eine Vertragspartei wegen Vertragsverletzung, wenn sie schuldhaft bewirkt, dass ein Wirtschaftsvertrag nicht oder nicht vollständig erfüllt werden kann.

Aus § 106 AGZ, § 29 WVG leitet *Shu Shilin* eine vertragliche Produkthaftung ab, für die folgende Voraussetzungen vorliegen müssen:[121]

(1) Es muss ein **Vertragsverhältnis** zwischen dem Geschädigten und dem Verkäufer oder Hersteller des Produkts bestehen.

[119] *Gao Yan/Ni Ruilan*, Verbraucherschutzrecht, S. 244; *Zhao Hongying*, PQG in Theorie und Praxis, S. 110 f.
[120] Vgl. *Zhao Hongying*, PQG in Theorie und Praxis, S. 106, 108; *Yang Lixin*, Zivilrechtliche Urteile, S. 71 f.; *Shi Shulin*, Unternehmerprodukthaftung, S. 135 f.
[121] *Shi Shulin*, Unternehmerprodukthaftung, S. 136 f.

(2) Es muss eine **Vertragsverletzung**, d.h. eine Nichterfüllung oder Schlechterfüllung im Hinblick auf vertragliche Vereinbarungen betreffend der qualitäts- oder mengenmäßigen Beschaffenheit des Produkts eingetreten sein.

(3) Die Vertragsverletzung muss beim Vertragspartner kausal einen **Vermögensschaden herbeigeführt** haben. Hiervon sollen sowohl direkte Vermögenseinbußen (Schäden am bestehenden Vermögen) als auch solche indirekter Art (z.B. entgangener Gewinn) umfasst sein.

(4) Subjektiverseits muss bezüglich der Vertragsverletzung ein **Verschulden** vorliegen.

Danach stellt die Produkthaftung wegen Vertragsverletzung eine Haftung für die schuldhafte Verletzung vertraglicher Pflichten dar, die im Gegensatz zur pVV im deutschen Recht jedoch lediglich Vermögensschäden umfasst. Der Ersatz von Körperschäden ist im Rahmen der Haftung wegen Vertragsverletzung nicht möglich. Insoweit kann der Geschädigte also nur über das Deliktsrecht zu einem Schadensausgleich kommen.[122]

Die chinesischen Gerichte wurden bisher, soweit ersichtlich, noch nicht mit dem Thema der vertraglichen Produkthaftung befasst. Eine Stellungnahme der chinesischen Gerichte zu diesem Thema liegt daher nicht vor. Im Schrifttum ist dagegen eine allgemeine Unsicherheit in der Behandlung dieser Frage zu beobachten.

An dieser Situation vermag auch das 1999 eingeführte Vertragsgesetz (VertrG) nichts zu ändern. Zwar lässt § 122 VertrG die Möglichkeit einer vertraglichen Schadensersatzhaftung für Körper- und Vermögensschäden nach dem Vertragsgesetz erkennen. Unklar bleibt jedoch, welche Vorschrift als Anspruchsgrundlage für eine vertragliche Produkthaftung heranzuziehen ist. In Betracht kommt § 155 i.V.m. § 111 VertrG. Gemäß § 155 VertrG kann der Käufer, soweit die vom Verkäufer übergebene Kaufsache nicht den (vereinbarten) Qualitätsanforderungen entspricht, gemäß § 111 VertrG vom Verkäufer Haftung wegen Vertragsverletzung verlangen. § 111 VertrG stellt zunächst auf eine eventuelle vertragliche Vereinbarung zur Haftung ab. Falls eine entsprechende Vereinbarung nicht besteht, kann der Geschädigte je nach Art des Vertragsgegenstands und der Größe des Schadens vom Vertrags-

---

[122] *Yang Lixin*, Zivilrechtliche Urteile, S. 73; *Zhao Hongying*, PQG in Theorie und Praxis, S. 104.

partner Reparatur, Umtausch, Rücknahme, Neuherstellung oder Minderung der Gegenleistung als Haftung wegen Vertragsverletzung verlangen (§ 111 S. 2 VertrG). Einen Schadensersatzanspruch sehen §§ 155, 111 VertrG dagegen nicht vor. Erkennbar soll § 111 VertrG das Wertinteresse des Käufers, jedoch nicht auch dessen Integritätsinteresse schützen. Etwas anderes könnte sich nach § 113 VertrG ergeben. Denn nach dieser Vorschrift soll die Höhe des Schadensersatzes im Falle der Nichterfüllung einer vertraglichen Pflicht dem Schaden, der infolge der Vertragsverletzung entstanden ist, entsprechen. Zum Schaden in diesem Sinne zählt auch der entgangene Gewinn, jedoch nur soweit die betroffene Vertragspartei den Schaden nicht vorhersehen konnte oder musste.

Ob § 113 VertrG eine Anspruchsgrundlage für eine vertragliche Produkthaftung darstellt und was die einzelnen Voraussetzungen dafür sind, kann zum gegenwärtigen Zeitpunkt nicht eindeutig gesagt werden. Jedoch ist zu bezweifeln, dass sich in der Literatur zum Thema vertragliche Produkthaftung in absehbarer Zeit ein klareres Bild ergeben wird. Denn der Schwerpunkt der Diskussion liegt im chinesischen Produkthaftungsrecht eindeutig im Deliktsrecht. Die vertragliche Produkthaftung wird im Vergleich dazu vernachlässigt. Der Grund hierfür ist zum einen darin zu sehen, dass im chinesischen Recht Körperschäden, die bei Produkthaftungsfällen im Mittelpunkt stehen, nur auf deliktischer, nicht jedoch auf vertraglicher Grundlage ersetzt werden können. Zum anderen sind die Anforderungen an die deliktische Produkthaftung (§ 122 AGZ, §§ 41 ff. PQG) weitaus niedriger, da hierfür sowohl das Bestehen eines Vertragsverhältnisses als auch ein Verschulden (jedenfalls des Herstellers) entbehrlich sind. Ein Vorteil der vertraglichen gegenüber der deliktischen Haftung kann allenfalls in dem weitergehenden Ersatz von reinen Vermögensschäden erblickt werden.[123] Es ist daher davon auszugehen, dass die Produkthaftung in der VR China weiterhin fest im Deliktsrecht verankert sein wird.

---

[123] *Yang Lixin*, Zivilrechtliche Urteile, S. 73; *Shi Shulin*, Unternehmerprodukthaftung, S. 139.

II. Die deliktische Produkthaftung nach § 122 der Allgemeinen Grundsätze des Zivilrechts (AGZ)

1. Die Grundnorm § 122 AGZ im System der chinesischen Produkthaftung

Die 1986 aufgestellten Allgemeinen Grundsätze des Zivilrechts enthalten in § 122 die erste formellgesetzliche Normierung der Produkthaftung im chinesischen Recht. Die Vorschrift befindet sich im sechsten Kapitel („Zivilrechtliche Haftung") der Allgemeinen Grundsätze des Zivilrechts und dort im dritten Abschnitt, der mit „Deliktische Zivilrechtshaftung" betitelt ist.

Gemäß § 122 AGZ haben Hersteller und Vertriebshändler von Produkten die zivilrechtliche Haftung dem Recht gemäß zu tragen, wenn die Qualität ihrer Produkte nicht normgemäß ist und dadurch Schäden am Vermögen oder am Körper eines anderen entstehen. Hersteller und Vertriebshändler haben nach S. 2 der Vorschrift das Recht, den Transporteur oder den Lagerverwalter in Regress zu nehmen, falls letztere für den Schaden verantwortlich sind.

Dieser Paragraph gilt seit dem Inkrafttreten der Allgemeinen Grundsätze des Zivilrechts am 1. Januar 1987 als die zentrale Norm der chinesischen Produkthaftung und ist seitdem der Ausgangspunkt der chinesischen Produkthaftungsdogmatik.[124] Trotz der im Jahre 1993 erfolgten Einführung konkreterer Produkthaftungsnormen im Produktqualitätsgesetz, ist § 122 AGZ keinesfalls völlig bedeutungslos geworden. Denn der Einfluss der zu § 122 AGZ entwickelten Dogmatik ist auch innerhalb des Produktqualitätsgesetzes deutlich vorhanden. Wie noch gezeigt wird, erfolgt die Auslegung des Produktqualitätsgesetzes in Rechtsprechung und Lehre grundsätzlich konform zu § 122 AGZ. Dementsprechend wird auch im neueren Schrifttum die Produkthaftung regelmäßig im Zusammenhang des § 122 AGZ dargestellt.[125] Ähnliches ist teilweise auch in der Rechtsprechung[126] zu beobachten.

---

[124] Vgl. *Zhou Hanmin*, Minshang Faxue 1998/1, 15, 22.

[125] Vgl. *Li Changqi/Xu Mingyue*, Verbraucherschutzrecht, S. 203; *Zhang Mingshi* (Hrsg.), Schadensersatzklage, S. 229 ff., *Yang Lixin*, Zivilrechtliche Urteile, S. 64 f., *Wang Liming/ Yang Lixin*, Deliktsrecht, S. 134 f. Für die Rechtsprechung vgl. den Fall *Yao Yutang* (explodierende Bierflasche), Chinesische Gerichtsentscheidungen (1992), S. 807, 809.

[126] Vgl. die Entscheidung zum Fall *Zhang Shoufu* (Tierfutter) aus dem Jahre 1995, in: Ausgewählte Fälle (1992-1996), S. 705, 707.

Die Stellung des § 122 AGZ im Gesetz, nämlich im Unterabschnitt „Deliktische Zivilrechtshaftung" macht deutlich, dass die Produkthaftung in der VR China fest im Deliktsrecht verankert ist. Folglich ist ein Vertragsverhältnis zwischen dem Geschädigten und dem Schädiger nicht notwendig. Als potenzielle Kläger kommen daher nicht nur der Käufer des Produkts in Betracht, sondern auch der bloße Verbraucher sowie jeder Dritte, der durch das fehlerhafte Produkt kausal einen Schaden erleidet.[127]

§ 122 AGZ wird genauer dem sog. „besonderen Deliktsrecht" zugeordnet.[128] Unter diesem Oberbegriff werden die in den §§ 121 bis 127, 133 AGZ enthaltenen acht Deliktstatbestände zusammengefasst, die vom Gesetz speziell geregelt worden sind.[129]

An der Zuordnung der (zivilrechtlichen) Produkthaftung zum Deliktsrecht hat sich auch nach Einführung des Produktqualitätsgesetzes nichts geändert. Jedoch wird eine Zweiteilung des Produkthaftungsrechts wie in Deutschland, wo es die Haftung nach dem Produkthaftungsgesetz (ProdHaftG) und parallel dazu die Haftung nach allgemeinem Deliktsrecht (§§ 823 ff. BGB) gibt, im chinesischen Recht nicht vollzogen. Stattdessen hat sich die Praxis durchgesetzt, § 122 AGZ in Verbindung mit den Vorschriften des Produktqualitätsgesetzes als Rechtsgrundlage der Produkthaftung heranzuziehen.[130] Da die §§ 41 ff. PQG als *lex specialis* gegenüber § 122 AGZ anzusehen sind und den Regelungsbereich des § 122 S. 1 AGZ vollständig abdekken,[131] reduziert sich die Bedeutung des § 122 S. 1 AGZ gesetzestechnisch auf seine deklaratorische Funktion. So gesehen ordnet § 122 AGZ den Tatbestand der Produkthaftung dem „besonderen Deliktsrecht" zu und verweist im übrigen auf die

---

[127] *Liang Shuwen/Hui Huming/Yang Zhenshan*, AGZ, S. 936. Vgl. in diesem Zusammenhang den von *Epstein* zitierten Fall: Ein Kind erlitt Verbrühungen, als eine von einem Passanten getragene Thermosflasche aufgrund nicht normgemäßer Produktqualität zerbarst und heißes Wasser umhergeschleudert wurde. Der Hersteller soll in diesem Fall auch gegenüber dem Kind als „innocent bystander" schadensersatzpflichtig sein. Siehe *Epstein, Edward*, Tortious Liability for Defective Products in the PRC, S. 33.

[128] *Xie Banyu/Li Jingtang*, Zivilrechtliche Haftung, S. 349; *Wang Liming/Yang Lixin*, Deliktsrecht, S. 132; *Yang Lixin*, Zivilrechtliche Urteile, S. 60; *Guo Mingrui*, Zivilrechtliche Haftung, S. 289.

[129] Neben der Produkthaftung zählen zu dieser Gruppe unter anderem die Beamtenhaftung (§ 121 AGZ), die Haftung für hochgefährliche Unternehmungen (§ 123 AGZ), die Umwelthaftung (§ 124 AGZ) und die Haftung für Tiere (§ 127 AGZ).

[130] Für die Rechtsprechung vgl. den Fall *Yao Yutang* (explodierende Bierflasche), Chinesische Gerichtsentscheidungen (1994), S. 807, 809.

[131] *Liu Xiushan/Chen Yongmin*, Produkthaftung und Verbraucherrechte, S. 50.

§§ 41 ff. PQG. Daneben hat nur § 122 S. 2 AGZ eigenständige Bedeutung, als darin die Verantwortlichkeit des Transporteurs und des Lagerhalters geregelt wird.

Dem Wortlaut des § 122 AGZ zufolge müssen für eine Haftung des Herstellers und des Vertriebshändlers grundsätzlich folgende drei Merkmale gegeben sein:

1. Nicht normgemäße Produktqualität *(bu hege chanpin zhiliang)*.
2. Schaden an Körper oder Vermögen.
3. Kausalität zwischen der nicht normgemäßen Produktqualität und dem eingetretenen Schaden.

Diese Grundvoraussetzungen finden ihre Parallelen im Produkthaftungsrecht anderer Länder. Aufgrund des bloß generalklauselartigen Charakters der Vorschrift, bleiben jedoch viele Einzelfragen offen. So stellt sich z.B. die Frage, was genau unter nicht normgemäßer Produktqualität *(bu hege chanpin zhiliang)* zu verstehen ist. Vieldiskutiert ist auch die Frage nach dem Haftungsprinzip, ob nämlich Hersteller und Vertriebshändler jeweils nur bei Vorliegen von Verschulden oder verschuldensunabhängig haften sollen.

Diese Fragen wurden durch die Einführung der konkreteren Vorschriften des Produktqualitätsgesetzes zwar teilweise geklärt, u.a. wurde der Begriff „nicht normgemäße Produktqualität" durch den Begriff „Fehler" *(quexian)* ersetzt. Im folgenden wird auf beide genannten Aspekte des § 122 AGZ trotzdem etwas näher eingegangen, da sie für das Gesamtverständnis des chinesischen Produkthaftungsrechts von Bedeutung sind und besondere Streitpunkte darstellen.

2. „Nicht normgemäße Produktqualität" als Anknüpfungspunkt der Haftung

Anstelle des im Produkthaftungsrecht der meisten anderen Ländern üblichen Begriffs vom „Fehler",[132] verwendet § 122 AGZ den Ausdruck „nicht normgemäße Produktqualität". Eine Legaldefinition hierfür besteht nicht. Der Ausdruck selbst ist derart konturenlos, dass es abweichende Ansichten darüber gibt, was konkret darunter zu verstehen sei.

Nach allgemeiner Auffassung liegt diese Voraussetzung jedenfalls dann vor, wenn die Produktqualität von einschlägigen Rechtsnormen, Qualitätsstandards oder vertraglichen Vereinbarungen abweicht, in denen Anforderungen an den Gebrauch des Produkts, die Produktsicherheit und andere Kriterien enthalten sind.[133]

In der Praxis kommen hierbei vor allem die in großer Zahl vom Staatsamt für Standards und anderer zuständiger Behörden erlassenen Qualitätsstandards zur Anwendung, die sich aus administrativen und technischen Bestimmungen zusammensetzen.[134] Solche Standards werden i.d.R. mit Blick auf eine Gewährleistung der Sicherheit des Verbrauchers und der Funktionsfähigkeit des Produkts aufgestellt, ohne sich jedoch auf diese Gesichtspunkte zu beschränken.[135]

Die im Vergleich etwa zum deutschen Produkthaftungsgesetz unterschiedliche Formulierung spiegelt also nicht bloß eine andere Wortwahl bei gleichem Inhalt wider, sondern ein vom „Fehler" grundsätzlich abweichendes Konzept. Anders als nämlich das Kriterium des Fehlers, das von berechtigten Erwartungen des Verbrauchers an die Sicherheit des Produkts abhängt,[136] macht § 122 AGZ die Nichteinhaltung von Normen zum Anknüpfungspunkt der Haftung.

Maßgeblich für die vom Gesetzgeber gewählte Formulierung dürfte die Überlegung gewesen sein, dass die Bestimmung eines Fehlers anhand feststehender Normen für den Richter bzw. den von diesem eingesetzten Sachverständigen problemloser durchzuführen sein würde als das auf den ersten Blick weniger griffig erscheinende Konzept der Sicherheit des Produkts, bei dem das Risiko einer Schadenszufügung beim Gebrauch des Produkts zu ermitteln ist.[137] Die Festmachung der Produkthaftung an die Produktqualität, die wiederum an klaren administrativen Vorgaben zu messen war, sollte den Gerichten eine solide Grundlage für die Entscheidung von Produkthaftungsfällen an die Hand geben, zumal das Institut der Produkthaftung im chinesischen Recht noch nicht etabliert und es daher auch nicht möglich war, auf Grundsatzentscheidungen anderer Gerichte zurückzugreifen.[138]

[132] Vgl. § 3 ProdHaftG; Art. 6 EG-Produkthaftungsrichtlinie.
[133] *Guo Mingrui*, Zivilrechtliche Haftung, S. 289; *Yang Lixin*, Zivilrechtliche Urteile, S. 65; *Liang Shuwen*, Zivilprozess in China, S. 463.
[134] *Zhang Mingshi* (Hrsg.), Schadensersatzklage, S. 231.
[135] Vgl. den Fall *He Rung* (Duschwassererhitzer), Ausgewählte Fälle (1992-1996), S. 681, 684.
[136] Vgl. § 3 ProdHaftG.
[137] Vgl. *Epstein, Edward*, Tortious Liability for Defective Products in the PRC, S. 30.
[138] Vgl. *Epstein, Edward*, Tortious Liability for Defective Products in the PRC, S. 30.

Die Überlegung erwies sich indes als nicht praktikabel, da mit den bestehenden, oftmals veralteten Qualitätsstandards und anderen relevanten Normen das Problem der schädlichen Produkte nicht angemessen bewältigt werden konnte.[139] Zwar enthielten nicht normgemäße Produkte regelmäßig auch ein Sicherheitsrisiko, so dass in den meisten Fällen im Ergebnis zutreffende Entscheidungen zu erwarten waren. Andererseits hatte aber eine streng wortlautgetreue Anwendung des § 122 AGZ die Folge, dass dann, wenn kein Qualitätsstandard für das betreffende Produkt existierte, § 122 AGZ trotz einer im Produkt bestehenden Gefahr nicht greifen konnte und eine Haftung von vorneherein verneint werden mußte.[140] Grund dafür ist, dass § 122 AGZ keine allgemeine Auffangregelung für diejenigen Fälle vorsieht, in denen für bestimmte Produktarten noch keine Qualitätsstandards normiert worden sind.

Ebenfalls problematisch ist der umgekehrte Fall, dass zwar ein einschlägiger Qualitätsstandards besteht, dieser auch vom Produkt erfüllt wird, es aber trotzdem aufgrund einer vom Qualitätsstandard nicht erfassten Gefährlichkeit im Produkt zu einem Personen- oder Sachschäden kommt.[141]

Das alleinige Abstellen auf normierte Standards kann also zu einer trügerischen Sicherheit bei den Gerichten führen. Hierbei besteht im besonderen die Gefahr, dass bei Vorliegen einer Normabweichung voreilig eine Haftung nach § 122 AGZ bejaht wird, ohne im Anschluss daran den Kausalzusammenhang sorgfältig zu prüfen.[142]

Um obige Regelungslücken zu vermeiden wird die Tatbestandsvoraussetzung „nicht normgemäße Produktqualität" in der Literatur regelmäßig als „Fehler" *(quexian)* interpretiert. Nämlich soll eine nicht normgemäße Produktqualität jedenfalls auch dann anzunehmen sei, wenn eine unangemessene Gefahr *(bu heli weixian)* für Per-

---

[139] *Liang Huixing*, Faxue Yanjiu 1990/5, 58, 67.

[140] *Yang Lixin*, Zivilrechtliche Urteile, S. 65.

[141] *Zhang Mingshi* (Hrsg.), Schadensersatzklage, S. 231.

[142] Siehe die insoweit typische Entscheidung im Fall *Li Fengming* (explodierende Bierflasche), Chinesische Gerichtsentscheidungen (1992), S. 793, 795; engl. Übersetzung in: China Law Report (1991), Civil Law, Vol. 2, S. 606, 609: In dem im Jahre 1991 vom Volksgericht der Stadt Lanxi (Provinz Zhejiang) entschiedenen Fall ging es um eine explodierende Bierflasche, die einen Traktorfahrer, der für einen Getränkemarktes tätig war, an einem Auge verletzte. Das Gericht hielt die Qualität des *Bieres* für nicht normgemäß nachdem das Qualitätsüberwachungs- und kontrollinstitut der Provinz Zhejiang eine Qualitätskontrolle der gesamten Bierladung vorgenommen hatte und das Ergebnis negativ ausfiel. Das Gericht stellte daraufhin fest, dass durch die derart nicht normgemäße Produktqualität dem Kläger der besagte Schaden entstanden sei. Die Frage, ob

sonen oder Vermögen vom Produkt ausgeht.[143] In Anlehnung an westliche Produkthaftungsdogmatik wird dabei auch nach Fehlerarten, nämlich Konstruktions-, Fabri-
kations-, Instruktions- und Entwicklungsfehler unterschieden.[144]

Die Unsicherheiten, die infolge der „missglückten Wortwahl"[145] des § 122 AGZ
verursacht worden sind, wurden schließlich durch die Einführung des Begriffs
„Fehler" *(quexian)* im Produktqualitätsgesetz beseitigt, der an die Stelle der Voraussetzung „nicht normgemäße Produktqualität" tritt.[146] Nach § 46 PQG sind nunmehr sowohl Normabweichungen als auch das Vorliegen einer unangemessenen
Gefahr im Produkt maßgebend.[147]

3. Das Haftungsprinzip des § 122 S. 1 AGZ

Die Frage des Haftungsprinzips, bei der es grundsätzlich darum geht, ob ein Verschulden Tatbestandsvoraussetzung der Produkthaftung sein soll oder nicht, wird in
der chinesischen Rechtswissenschaft kontrovers diskutiert. Dies ist zum einen auf
den Wortlaut des § 122 AGZ zurückzuführen, der darüber keine eindeutige Aussage
trifft, zum anderen darauf, dass keine Gesetzgebungsmaterialien zu den Allgmeinen
Grundsätzen des Zivilrechts, etwa vergleichbar mit den Motiven zum deutschen
Bürgerlichen Gesetzbuch, existieren.[148] Abweichende Auffassungen bei der Interpretation des § 122 AGZ sind die Folge.

---

tatsächlich allein der Inhalt der Bierflasche oder aber erst ein Fehler in der Flasche selbst, etwa ein
sog. Haarriss, ursächlich für die Verletzung des Klägers gewesen war, stellte das Gericht nicht.
[143] Vgl. *Liang Huixing*, Faxue Yanjiu, 1990/5, 58, 67; *Guo Mingrui* (u.a.), Zivilrechtliche Haftung, S. 289 f.; *Yang Lixin*, Kompendium der zivilgerichtlichen Praxis, S. 344; *Xie Banyu/Li
Jingtang*, Zivilrechtliche Haftung, S. 350; mehr dazu unten III. 3. a).
[144] *Guo Mingrui* (u.a.), Zivilrechtliche Haftung, S. 290 f., *Yang Lixin*, Zivilrechtliche Urteile, S.
66; *Xie Banyu/Li Jingtang*, Zivilrechtliche Haftung, S. 350.
[145] *Liang Huixing*, Faxue Yanjiu, 1990/5, 58, 67.
[146] Zur Methode sei hier betont, dass das Produktqualitätsgesetz als Fortentwicklung und Konkretisierung zu § 122 S. 1 AGZ betrachtet wird , der nach 1993 praktisch obsolet geworden ist.
Eine völlig losgelöste Anwendung des § 122 AGZ ohne Berücksichtigung der Vorschriften des
Produktqualitätsgesetzes ist daher nicht möglich und entspricht jedenfalls nicht der Systematik des
chinesischen Rechts.
[147] Jedoch bestehen hinsichtlich der Auslegung des Fehlerbegriffs ähnliche Meinungsdifferenzen,
wie im Rahmen des § 122 AGZ, was vor allem mit einem Festhalten der Literatur an § 122 AGZ
und der dazugehörigen Dogmatik zusammenhängt. Siehe im einzelnen dazu unten III. 3. a).
[148] Vgl. *Liang Huixing*, Faxue Yanjiu 1990/5, 58, 59.

Grundsätzlich werden drei Standpunkte zur Frage des Haftungsprinzips in § 122 AGZ vertreten. Danach ist die Produkthaftung i.s. des § 122 AGZ entweder eine reine Verschuldenshaftung, eine Haftung aus vermutetem Verschulden oder eine verschuldensunabhängige Haftung, wobei sich die h.M. in der Literatur[149] sowie die Rechtsprechung[150] für letztere Ansicht aussprechen.

a) Reine Verschuldenshaftung

Hauptvertreter der ersten Theorie, die in § 122 AGZ eine reine Verschuldenshaftung erblicken, ist *Tong Rou*.[151] Nach seiner Auffassung ist die Produkthaftung dem allgemeinen Deliktsrecht zuzuordnen, dessen zentrale Norm § 106 Abs. 2 AGZ darstellt.

§ 106 Abs. 2 AGZ bestimmt, dass Bürger und juristische Personen, die durch ihr Verschulden Staats- oder Kollektivvermögen oder das Vermögen oder den Körper anderer Personen beschädigen zivilrechtlich haften sollen. Als Ausnahme hierzu soll nach § 106 Abs. 3 AGZ die zivilrechtliche Haftung auch ohne Vorliegen von Verschulden getragen werden, falls das Gesetz dies bestimmt.

Grundsätzlich wird im chinesischen Deliktsrecht also nur bei Verschulden, d.h. bei Vorsatz oder Fahrlässigkeit gehaftet.[152] Dieses Prinzip soll nach *Tong Rou* auch auf die Produkthaftung Anwendung finden. Die Funktion des § 122 AGZ würde dann neben einer allgemeinen Anerkennung der Produkthaftung im Deliktsrecht vor allem in der Festschreibung der speziellen Tatbestandsvoraussetzung „nicht normgemäße Produktqualität" liegen. Ein Verschulden nach § 106 Abs. 2 AGZ sei jedoch weiterhin erforderlich, was in prozessualer Sicht auch eine Beweispflicht des Geschädigten hinsichtlich Vorsatz oder Fahrlässigkeit seitens des Herstellers oder Ver-

---

[149] *Xie Banyu/Li Jingtang*, Zivilrechtliche Haftung, S. 349; *Liang Huixing*, Faxue Yanjiu 1990/5, 58 ff.; *Wang Liming/Yang Lixin*, Deliktsrecht, S. 133; *Tang Dehua*, Zivilrechtlicher Lehrgang, S. 447; *Chen Guozhu* (Hrsg.), Zivilrechtslehre, S. 473; *Xu Kaibi*, Einführung in die AGZ, S. 242 f.; *Guo Mingrui* (u.a.), Zivilrechtliche Haftung, S. 295; *Wang Liming*, Neue Zivilrechtslehre, S. 527.
[150] Entscheidung im Fall *Yao Yutang* (explodierende Bierflasche), Chinesische Gerichtsentscheidungen (1994), S. 807, 809; Entscheidung im Fall *Shen Fengying* (u.a.) (einstürzende Hausdecke), Chinesische Gerichtsentscheidungen (1994), S. 809, 813.
[151] *Tong Rou*, Einführung in die AGZ, S. 264.
[152] Vgl. *Xie Banyu/Li Jingtang*, Zivilrechtliche Haftung, S. 349.

triebshändlers zur Folge hätte.[153] Diese Auffassung kann sich auf den Wortlaut des § 122 AGZ stützen, der eine Haftung „dem Recht gemäß" *(yi fa)* vorsieht. Dies könnte neben einem Verweis auf die §§ 117, 119 AGZ, die den Umfang des Schadensersatzes regeln, auch ein Verweis auf die allgemeine Deliktsnorm § 106 AGZ und insoweit auf das Verschuldenserfordernis bedeuten.

Anhänger einer Verschuldenshaftung lehnen die von der h.M. vertretene verschuldensunabhängige oder strenge Haftung in rechtspolitischer Hinsicht vor allem mit dem Argument ab, dass der gegenwärtige Stand der gesellschaftlichen und wirtschaftlichen Entwicklung in der VR China eine solch weitgehende Haftung der Unternehmer noch nicht erlaube.[154] Man sei noch zu weit von dem wirtschaftlichen Standard der westlichen Industriestaaten entfernt, so dass eine unbedachte Übernahme der verschuldensunabhängigen Haftung in das chinesische Produkthaftungsrecht den tatsächlichen Verhältnissen der VR China nicht entspreche. Es wird vor allem befürchtet, dass sich eine strenge Haftung in Verbindung mit einer Flut von Produkthaftungsklagen im ganzen Land hemmend auf die inländische Produktionswirtschaft und die gesamtwirtschaftliche Entwicklung der VR China auswirken könnte.[155]

Eine reine Verschuldenshaftung, wie sie in obiger Form beschrieben worden ist, dürfte heute allerdings kaum mehr vertretbar sein. Denn es gilt als allgemein anerkannt, dass die Beweisschwierigkeiten, denen der Geschädigte in Produkthaftungsfällen typischerweise gegenübersteht und die vor allem beim Beweis des gegnerischen Verschuldens auftreten, durch Beweiserleichterungen beseitigt werden sollen.[156]

---

[153] Vgl. *Liang Huixing*, Faxue Yanjiu 1990/5, 58 f.; *Tong Rou*, Einführung in die AGZ, S. 266.

[154] Vgl. *Wang Liming/Yang Lixin*, Deliktsrecht, S. 133.

[155] Diese Befürchtung dürfte sich inzwischen als unbegründet erwiesen haben. Urteilt man anhand der relativ begrenzten Zahl veröffentlichter Gerichtsentscheidungen zur Produkthaftung, so kann von einer Klageflut keinesfalls die Rede sei (vgl. *Li Changqi*, Produktqualität, S. 363). Auch die bislang zumeist geringen Schadensersatzsummen in Produkthaftungsprozessen sprechen gegen eine unangemessene Belastung der Unternehmer.

[156] *Liu Wenqi*, Produkthaftungssysteme, S. 125; *Yang Lixin*, Zivilrechtliche Urteile, S. 67.

b) Haftung aus vermutetem Verschulden

Nach dem Vorbild u.a. der Hühnerpestentscheidung des Bundesgerichtshofes[157] wird von den Vertretern der Theorie der Verschuldensvermutung eine Beweislastumkehr verlangt.[158] Diese Theorie ordnet die Produkthaftung ebenfalls grundsätzlich in den Bereich der Verschuldenshaftung ein. Argumentiert wird hierbei teilweise, dass die Tatbestandsvoraussetzung „nicht normgemäße Produktqualität" eine Sorgfaltspflichtverletzung enthalte, die ein subjektives Verschulden voraussetze. Es soll allein der Umstand, dass die Qualität des Produkts nicht normgemäß i.S. des § 122 AGZ ist, ein Verschulden des Herstellers indizieren. Letzteres könne vom Gericht dann ohne weiteres vermutet werden. Zur Folge hätte diese Auffassung, dass sich die Beweispflicht des Geschädigten auf die übrigen Tatbestandsvoraussetzungen, nämlich die Nichtnormgemäßheit der Produktqualität, den Schaden und die Kausalität (zwischen Nichtnormgemäßheit und Schaden) beschränken würde.[159] Der Hersteller könnte sich demnach nur entlasten, indem er seine Schuldlosigkeit beweist.[160] Für Vertriebshändler wird teilweise ebenfalls eine Verschuldensvermutung vorgeschlagen.[161]

Hinsichtlich der Herstellerhaftung geht z.B. *Liang Huixin* noch einen Schritt weiter, indem er von einer unwiderlegbaren Verschuldensvermutung ausgeht.[162] Nach dieser Auffassung kann sich der Hersteller also auch nicht durch einen Gegenbeweis entlasten. Im Ergebnis entspricht diese Theorie derjenigen der verschuldensunabhängigen Haftung, weil danach das Verschuldenserfordernis keine eigenständige

---

[157] BGHZ 51, 91 ff.; zur Hühnerpestentscheidung in der chinesischen Literatur vgl. z.B. *Liang Huixing*, Faxue Yanjiu 1990/5, 58, 62.
[158] Vgl. *Zhang Mingshi* (Hrsg.), Schadensersatzklage, S. 234; *Liu Wenqi*, Produkthaftungssysteme, S. 125, *Guo Mingrui* (u.a.), Zivilrechtliche Haftung, S. 295.
[159] In der gerichtlichen Praxis werden zur Beweisführung vom Gericht üblicherweise Sachverständige beauftragt. Daher obliegt dem Geschädigten i.d.R. nicht, das Vorhandensein des Produktfehlers bzw. der Nichtnormgemäßheit und die Kausalität streng wissenschaftlich zu beweisen. Es genügt normalerweise, dass Fehler und Kausalität vom Geschädigten auf vernünftige Weise dargelegt werden, so dass deren Vorliegen nach der Lebenserfahrung wahrscheinlich erscheint. Der endgültige Beweis erfolgt dann durch vom Gericht beauftragte Sachverständige, wobei aber auch hier i.d.R. die Prinzipien des *prima-facie* Beweises zur Anwendung kommen. Siehe den Fall *Li Fengming* (explodierende Bierflasche), Chinesische Gerichtsentscheidungen (1992), S. 793, 796; vgl. *Li Changqi*, Produktqualität, S. 340. Mehr zur Beweislast unten III. 6.
[160] Ein solcher Gegenbeweis wird jedoch als schwer durchführbar angesehen, vgl. *Guo Mingrui* (u.a.), Zivilrechtliche Haftung, S. 295; *Gu Ming* (u.a.), Lexikon zum Recht der VR China, S. 326
[161] *Zhang Mingshi* (Hrsg.), Schadensersatzklage, S. 233.
[162] Vgl. *Liang Huixing*, Faxue Yanjiu 1990/5, 58, 59.

Funktion mehr erfüllt, sondern mit der Nichtnormgemäßheit des Produkts eine Einheit bildet.

c) Verschuldensunabhängige Haftung

Die Theorie der verschuldensunabhängigen Haftung, die, wie bereits erwähnt, von der h.M. in der Literatur und der Rechtsprechung vertreten wird, [163] verzichtet schließlich ganz auf ein Verschulden des Haftenden. Sie sieht die Produkthaftung nach § 122 AGZ als reine Gefährdungshaftung an. Begründet wird dies zunächst mit dem rechtspolitischen Argument, dass ein effektiverer Verbraucherschutz dringend nötig sei, besonders nachdem mit dem Wandel des Wirtschaftssystems die Zahl der Produktunfälle rapide zugenommen hat. [164] Ein wirksamer Schutz des Verbrauchers vor den Folgen schädlicher Produkte sei nur über das Institut der verschuldensunabhängigen Haftung zu erreichen, wobei insofern auch stets auf die Vorbildfunktion des US-amerikanischen und europäischen Rechts hingewiesen wird. [165]

Darüberhinaus werden von den Vertretern einer verschuldensunabhängigen Haftung systematische Argumente angeführt. Aus der Stellung des § 122 AGZ im Gesetz gehe klar hervor, dass die Produkthaftung nach § 122 AGZ einer von acht sog. besonderen Deliktstatbeständen *(teshu qinquan xingwei)* sei, für die der Gesetzgeber grundsätzlich eine Haftung ohne Verschulden vorsehe. [166] Die besonderen Deliktstatbestände, die mit Blick auf das japanische und deutsche Recht (vgl. dort u.a. §§ 833, 836 BGB) eingeführt worden sind, [167] sollen Sachverhalte abdecken, die mit der allgemeinen Deliktsnorm § 106 AGZ aufgrund der Besonderheit der zu regelnden

---

[163] siehe oben Fn. 149 und 150.

[164] *Liang Huixing*, Faxue Yanjiu 1990/5, 58, 59, 64.

[165] *Liang Huixing*, Faxue Yanjiu 1990/5, 58, 61 ff.; *Yang Lixin*, Kompendium der zivilgerichtlichen Praxis, S. 344, ders., Zivilrechtliche Urteile, S. 61 f. Aus dem amerikanischen Produkthaftungsrecht stammen auch die zwei gängigsten Bezeichnungen für die verschuldensunabhängige Haftung *yenge zeren (strict liability)* und *wu guocuo zeren (no fault liability)*.

[166] *Liang Huixing*, Faxue Yanjiu 1990/5, 58, 60; *Xie Banyu/Li Jingtang*, Zivilrechtliche Haftung, S. 349. Die Gegenmeinung wendet hiergegen jedoch ein, dass aus der Stellung des § 122 AGZ im Gesetz, selbst wenn man § 122 AGZ als besonderen Deliktstatbestand auffassen würde, noch keine verschuldensunabhängige Haftung zu entnehmen sei, da die Besonderheit der besonderen Deliktstatbestände lediglich in einer ausdrücklichen Regelung bestehe, unabhängig vom Haftungsprinzip (siehe *Liu Wenqi*, Produkthaftungssysteme, S. 122 f.).

[167] *Epstein, Edward*, Tortious Liability for Defective Products in the PRC, S. 18 f.

Sachverhalte nicht adäquat erfasst werden können.[168] Die Annahme einer grund-sätzlich verschuldensunabhängigen Haftung für die besonderen Deliktstatbestände werde zudem durch § 106 Abs. 3 AGZ gestützt, der eine Haftung ausnahmsweise auch ohne Verschulden zulässt, wenn das Gesetz dies bestimmt. Eine solche Mög-lichkeit stelle sich aber gerade nur in den Fällen der besonderen Deliktstatbestände in §§ 121-127, 133 AGZ. Ein Rückgriff auf das allgemeine Deliktsrecht (§ 106 AGZ) wird abgelehnt, denn § 122 AGZ enthalte als Zentralnorm des chinesischen Produkthaftungsrechts eine eigenständige, gegenüber § 106 AGZ spezielle An-spruchsgrundlage.[169]

d) Stellungnahme

Auffallend ist bei der Diskussion des Haftungsprinzips in § 122 AGZ, dass, insbe-sondere von der h.M., keine Differenzierung zwischen der (Außen-)Haftung des Herstellers und der des Vertriebshändlers vorgenommen wird. Beide werden inso-weit gleich behandelt. Der Grund dafür ist zunächst darin zu sehen, dass § 122 S. 1 AGZ Hersteller und Vertriebshändler haften lässt, ohne dabei die Frage nach dem „Wie" zu beantworten, was auch dem generalklauselartigen Charakter dieser Vor-schrift entspricht. Insbesondere lässt § 122 S. 1 AGZ die Frage offen, ob Hersteller und Vertriebshändler nach dem gleichen Haftungsprinzip haften oder ob eine Ab-stufung vorzunehmen sei.

Jedoch scheinen Literatur und Rechtsprechung den generalklauselartigen Charakter des § 122 AGZ zu übersehen, indem sie dieser Norm eine für die Produkthaftung definitive Gleichstellung von Herstellern und Vertriebshändlern entnehmen. Diese Auslegung des § 122 AGZ hat zwangsläufig eine wenig differenzierte Diskussion zur Folge. Alternativ zu einer pauschalen Gleichbehandlung von Herstellern und Vertriebshändlern, wäre es auch denkbar, lediglich für den Hersteller eine verschul-densunabhänge Haftung anzunehmen, während es für den Vertriebshändler bei der Verschuldenshaftung nach § 106 Abs. 2 AGZ bliebe.[170]

---

[168] *Zhang Mingshi* (Hrsg.), Schadensersatzklage, S. 223.
[169] *Liang Huixing*, Faxue Yanjiu 1990/5, 58, 60.
[170] Wie noch erläutert wird, entspricht dies auch der Systematik der §§ 41 ff. PQG. Siehe unten III. 2. b).

Grundsätzlich ist nämlich die Einführung der strengen Haftung für den Hersteller zu befürworten. Im Herstellungsprozess können Produktfehler häufig auch bei Anwendung äußerster Sorgfalt nicht vermieden werden. In diesen Fällen wäre es unbillig, würde man die Verantwortung für den Schaden dem geschädigten Verbraucher zuschieben. Produktfehler sind unabhängig von einem technischen Verschulden des Herstellers seinem Wirkungsbereichs zuzuordnen. Ihm stehen i.d.R. die technischen Möglichkeiten zur Produktverbesserung und Fehlerentdeckung zur Verfügung, weshalb er und nicht der Verbraucher das Risiko von Produktfehlern und daraus entstehenden Schäden tragen sollte. Hinzu kommt, wie bereits erwähnt, dass der Geschädigte in Produkthaftungsfällen typischerweise große Schwierigkeiten hat, ein Herstellerverschulden zu beweisen. Ein Festhalten an das Verschuldensprinzip ohne gleichzeitige Gewährung von Beweiserleichterungen würde eine Entschädigung des Verbrauchers zur Ausnahme machen. Diese Schwierigkeiten entfallen hingegen bei der verschuldensunabhängigen Haftung.

Die unterschiedliche tatsächliche Position des Vertriebshändlers macht dagegen eine Differenzierung erforderlich.[171] Im Gegensatz zum Hersteller ist der Vertriebshändler in keiner Weise am Herstellungsprozess beteiligt. Ähnlich wie auch der Verbraucher wird der Vertriebshändler nicht in direkter Weise Einfluss auf Konstruktion und Herstellung der von ihm verkauften Produkte Einfluss nehmen können. Seine Möglichkeiten, Fehler zu entdecken und zu beseitigen sind daher naturgemäß beschränkt. Diese Unterschiede zum Hersteller können bei der Frage der Haftung gegenüber dem Verbraucher nicht unberücksichtigt bleiben. Die h.M. in Literatur und Rechtsprechung, die insoweit eine Gleichstellung von Herstellern und Vertriebshändlern annimmt, ist daher abzulehnen.

4. Gesamtschuldnerische Haftung von Hersteller und Vertriebshändler

Wie soeben erläutert, wird in § 122 AGZ hinsichtlich der Haftungsanforderungen nicht zwischen Hersteller und Vertriebshändler unterschieden. Die Rechtsprechung

---

[171] Stattdessen begnügt sich die h.M. zumeist mit dem Verbraucherschutzargument, wonach der Schutz der Verbraucherinteressen grundsätzlich Vorrang vor den Interessen der Unternehmer habe, um die Gleichstellung von Herstellern und Vertriebshändlern zu erklären. Die undifferenzierte Auslegung des § 122 S. 1 AGZ durch die h.M. und das starre Festhalten daran stellt auch den Grundstein für die unzutreffende Auslegung der §§ 29 ff. PQG a.F. (bzw. §§ 41 ff. PQG n.F) durch die h.M. dar. Siehe dazu unten III. 2. b).

und die h.M. in der Literatur gehen daher von einer verschuldensunabhängigen, gesamtschuldnerischen Haftung des Herstellers und des Vertriebshändler aus. Jeder dieser beiden kann also zur Zahlung des gesamten Schadensersatzes verurteilt werden.

In der Praxis ergibt sich durch die gesamtschuldnerische Haftung von Hersteller und Vertriebshändler eine Haftung auf zwei Stufen:

Auf der ersten Stufe, nämlich im Außenverhältnis zum Verbraucher, haften sowohl der Hersteller als auch der (bzw. die) Vertriebshändler (also auch der Verkäufer, der das schädigende Produkt an den Verbraucher verkauft hat) verschuldensunabhängig. Der Geschädigte kann von beiden gleichermaßen, auch ohne ein gegnerisches Verschulden, Ersatz seines Schadens verlangen. Dies stellt eine Eigenart der chinesischen Produkthaftungsdogmatik gegenüber dem deutschen Produkthaftungsrecht dar, wo grundsätzlich nur direkt am Produktionsprozess beteiligte Unternehmer (also i.d.R. der Hersteller des Endprodukts, sowie Zulieferer von Zwischenprodukten, etc.) dem Geschädigten verschuldensunabhängig haften.[172] Vertriebshändler haften im deutschen Recht demgegenüber gemäß § 4 Abs. 3 ProdHaftG nur subsidiär.

Auf dieser ersten Stufe kann sich der Vertriebshändler auch nicht von seiner Haftung durch die Behauptung befreien, ihn selbst treffe bezüglich dem Schadenseintritt keine Schuld. Denn der Geschädigte soll ohne Umwege Ersatz seines Schadens erlangen können.[173] Ausschlaggebend für die Einbeziehung des Vertriebshändlers in den Kreis der unmittelbar und verschuldensunabhängig Haftenden dürfte gewesen sein, dass es dem Geschädigten oftmals schwerfällt einen weit entfernten Hersteller in Anspruch zu nehmen, zu dem keinerlei (rechtsgeschäftlicher) Kontakt besteht. Hinzu kommt, dass es in der VR China häufig vorkommt, dass Hersteller Beschwerdebriefe und Telegramme unbeantwortet lassen oder die Verantwortung kategorisch auf den Vertriebshändler oder andere Unternehmer abzuwälzen versuchen.[174] Diese für den Verbraucher nachteilige Situation soll durch die Einbeziehung

---

[172] Siehe § 4 Abs. 1 S. 1 ProdHaftG.
[173] *Guo Mingrui* (u.a.), Zivilrechtliche Haftung, S. 298; *Yang Lixin*, Zivilrechtliche Urteile, S 69, *Wang Liming/Yang Lixin*, Deliktsrecht, S. 137; *Xie Banyu/Li Jingtang*, Zivilrechtliche Haftung, S 349.
[174] Vgl. *Zhao Hongying*, PQG in Theorie und Praxis, S. 258; *Epstein, Edward*, Tortious Liability for Defective Products in the PRC, S. 8.

des Vertriebshändlers, also auch des Einzelhändlers, in den Kreis der direkt Haftenden, verbessert werden.

Auf einer zweiten Stufe soll im Innenverhältnis (zwischen Hersteller und Vertriebshändler) derjenige in Regress genommen werden können, der tatsächlich für die Nichtnormgemäßheit der Produktqualität verantwortlich ist.[175] Hierbei soll nunmehr, anders als im Außenverhältnis, das Verschuldensprinzip gelten. Hersteller und Vertriebshändler sollen verschuldensanteilig haften.[176] Allerdings wurde in mindestens einem Fall von einem Gericht eine Verschuldensvermutung zu Lasten des Herstellers vorgenommen.[177] Insoweit wird dem Grundgedanken Rechnung getragen, dass hauptverantwortlich immer noch der Hersteller als unmittelbar am Produktionsprozess Beteiligter sein muss.

Vertriebshändler sollen dagegen endgültig nur dann haften, wenn der Hersteller ihnen ein Verschulden nachweisen kann. Eine solche Praxis lässt sich nicht direkt aus den Vorschriften der Allgemeinen Grundsätze des Zivilrechts ableiten. Andererseits steht sie nicht im Widerspruch zur Systematik des § 122 AGZ. Denn § 122 S. 1 AGZ enthält nur eine Regelung des Außenverhältnisses. Das Innenverhältnis zwischen Hersteller und Vertriebshändler wird in den Allgemeinen Grundsätzen des Zivilrechts nicht geregelt.[178]

In vielen bekannt geworden Produkthaftungsfällen wurde gegen den Hersteller und den Vertriebshändler zusammen Klage auf Schadensersatz erhoben, wobei dann die Frage der Innenhaftung vom Gericht inzident behandelt wurde.[179] Dabei sind dieje-

---

[175] *Wang Liming/Yang Lixin*, Deliktsrecht, S. 137 f; *Zhang Mingshi* (Hrsg.), Schadensersatzklage, S. 233, *Gu Ming* (u.a.), Lexikon zum Recht der VR China, S. 333; *Liang Huixing*, Faxue Yanjiu, 1990/5, 58, 60; *Xie Banyu/Li Jingtang*, Zivilrechtliche Haftung, S. 351 ff.; *Yang Lixin*, Kompendium der zivilgerichtlichen Praxis, S. 345.

[176] Vgl den Fall *Xu Dan* (Feuerwerkskörper), engl. Übersetzung in: China Law Report (1991), Civil Law, Vol. 2, S. 357, 362.

[177] Vgl. den Fall *Shen Fengying* (u.a.) (einstürzende Hausdecke), Chinesische Gerichtsentscheidungen (1994), S. 809, 813.

[178] Anders dagegen das Innenverhältnis der primär haftenden Hersteller und Vertriebshändler zu den sekundär haftenden Transportunternehmern und Lagerhaltern. Entsprechende Regressansprüche enthält § 122 S. 2 AGZ.

[179] Vgl. z.B. die Fälle *Shen Fengying* (u.a.) (einstürzende Hausdecke), Chinesische Gerichtsentscheidungen (1994), S. 809 ff.; *Li Fengming* (explodierende Bierflasche), Chinesische Gerichtsentscheidungen (1992), S. 793 ff. (engl. Übersetzung in: China Law Report (1991), Civil Law, Vol. 2, S. 606 ff.); *Xu Dan* (Feuerwerkskörper), engl. Übersetzung in: China Law Report (1991),

nigen Fälle allerdings selten, in denen tatsächlich der Hersteller zu 100 % für den entstandenen Schaden aufkommen muss. In der Mehrzahl der Fälle wird auch dem Vertriebshändler ein geringerer Prozentsatz der Schadensersatzpflicht auferlegt. Im Einzelfall ist jedoch ein Grund für die Haftung des Vertriebshändlers in der Form eines technischen Verschuldens oft nicht ersichtlich.[180] Diese Neigung der chinesischen Gerichte, neben den Hersteller auch den Vertriebshändler ohne Rücksicht auf ein Verschulden anteilig haften zu lassen, hat wahrscheinlich kulturelle Gründe. Traditionellerweise haben nämlich in China Vertriebshändler ein geringeres gesellschaftliches Ansehen als Hersteller. Dies hängt mit der verbreiteten Auffassung zusammen, dass Vertriebshändler hauptsächlich an der Leistung anderer, nämlich der Produzenten aus Industrie und Landwirtschaft, verdienten. Diese Sichtweise wurde durch den Gedanken des Klassenkampfes zwischen Proletariat und Bourgeousie in der marxistisch-leninistischen Ideologie weiter gefördert. So erklärt es sich, dass chinesische Gerichte oftmals den Vertriebshändler im Innenverhältnis auch dann anteilig haften lassen, wenn feststeht, dass der Fehler im Bereich des Herstellers entstanden ist.

Zur Veranschaulichung soll folgender Fall dienen, der sich in den Jahren 1989/90 ereignete:[181]

Der Kläger (G) kaufte im Dezember 1989 in einem Möbelgeschäft (V) einen Fernsehständer aus Holz. Dieser wurde von der Möbelfabrik H hergestellt. Ende Februar 1990 brach der Fernsehständer plötzlich zusammen und kippte mit dem darauf plaziertem Fernsehgerät und einem Videorecorder zu Boden. Die Elektrogeräte wurden dabei beschädigt. Daraufhin ließ G beide Elektrogeräte reparieren und verlangte von V Ersatz des Schadens i.H.v. 2.100 RMB (*renmin bi*).[182] V wendete dagegen ein, dass er nur im Auftrag der H das Möbelstück verkauft habe und für Probleme der Produktqualität nicht verantwortlich sei.

Civil Law, Vol. 2, 357 ff.; *Gao Pingping* (Bambusmatte), Chinesische Gerichtsentscheidungen (1992), S. 615 ff. (engl. Übersetzung in: China Law Report (1991), Civil Law, Vol. 2, 321 ff.).
[180] Der Fall *Gao Pingping* (Bambusmatte) stellt dabei eine Ausnahme dar, da in diesem Fall zwischen Hersteller und Vertriebshändler eine vertragliche Abrede bestand, wonach nur der Hersteller für Schäden infolge mangelnder Produktqualität einzustehen hatte.
[181] Urteil (nicht näher bezeichnet) mit zustimmender Anmerkung in: *Zhao Hongying*, PQG in Theorie und Praxis, S. 320 ff.
[182] Dieser Betrag setzte sich zusammen aus 1.720 RMB Reparaturkosten und 380 RMB Fahrtkosten und Verdienstausfall.

Im März 1990 klagte G gegen H und V auf Schadensersatz. Das Gericht erster Instanz verurteilte H zur Zahlung von 1.500 RMB und V zur Zahlung von 350 RMB. Untersuchungen durch einen Sachverständigen ergaben Risse im Holz, was zur Anerkennung der Fehlerhaftigkeit genügte. Dieser Fehler hatte auch direkt zur Beschädigung des Fernsehgerätes und des Videorecorders geführt. Das Gericht begründete die Aufteilung der Ersatzpflichtigkeit auf die beiden Beklagten damit, dass H als Hersteller die Hauptverantwortung trage und daher auch in erster Linie für den Schaden aufkommen müsse. Jedoch trage auch V, dadurch dass er das fehlerhafte Möbelstück an G verkauft habe, einen Teil der Verantwortung, weshalb er in geringerem Umfang am Schadensersatz zu beteiligen sei.

In der Folge legte V gegen das Urteil Berufung ein. Er war der Ansicht, Probleme der Produktqualität und Schäden daraus lägen ausschließlich im Verantwortungsbereich des Herstellers und nicht des Vertriebshändlers, weshalb H für den ganzen Schaden aufkommen sollte. Die Berufung wurde vom Gericht zweiter Instanz zurückgewiesen. Das Gericht führte aus, dass der Geschädigte gemäß § 122 AGZ seine Klage grundsätzlich gegen den Hersteller oder den Vertriebshändler oder auch gegen beide gleichzeitig richten könne. Der Ausgleich im Innenverhältnis zwischen H und V müsse über vertragliche Ansprüche und gegebenenfalls über einen Prozess zwischen V und H erfolgen.

5. Die Haftung von Transporteuren und Lagerhaltern

Die Allgemeinen Grundsätze des Zivilrechts regeln in § 122 S. 2 nur indirekt die Haftung von Transporteuren und Lagerhaltern. Danach haben Hersteller bzw. Vertriebshändler das Recht, Transporteure oder Lagerhalter ihrerseits auf Schadensersatz in Anspruch zu nehmen, wenn letztere für die eingetretenen Personen- oder Vermögensschäden verantwortlich sind.

Ausgehend hiervon sieht die h.M. in der Literatur[183] Transporteure und Lagerhalter als sekundär oder indirekt ersatzpflichtig an. Diese Unternehmer fungieren als Bindeglied zwischen Hersteller und Verbraucher und tragen lediglich eine Sorgfalts-

---

[183] *Yang Lixin*, Kompendium der zivilgerichtlichen Praxis, S. 345; *Yang Lixin*, Zivilrechtliche Urteile, S. 70; *Wang Liming/Yang Lixin*, Deliktsrecht, S. 138; *Guo Mingrui* (u.a.), Zivilrechtliche Haftung, S. 300; *Zhang Mingshi* (Hrsg.), Schadensersatzklage, S. 234.

pflicht dahingehend, dass Produkte in ihrer Obhut nicht beschädigt oder sonst in der Qualität gemindert werden.[184] Einig ist man sich darüber, dass Transporteure und Lagerhalter bei Verletzung dieser Sorgfaltspflicht schadensersatzpflichtig sein sollen. Dabei wird der Wortlaut „verantwortlich sein" (*fu zeren*) i.S. des § 122 S. 2 AGZ überwiegend als Verschuldenserfordernis ausgelegt. D.h., der Fehler muss fahrlässig oder vorsätzlich herbeigeführt worden sein, denn Transporteure und Lagerhalter sollen als sekundär Haftende gerade nicht verschuldensunabhängig haften, im Gegensatz zu den primär haftenden Herstellern und Vertriebshändlern.[185] Streitig ist dagegen die Frage, wem gegenüber Transporteure und Lagerhalter unmittelbar haften sollen.

Die h.M. hält, ausgehend von § 122 S. 2 AGZ, eine direkte Haftung dieser Personengruppen gegenüber dem Geschädigten für ausgeschlossen.[186] Eine Haftung des Transporteurs oder Lagerhalters soll also nur mittelbar über eine vorangehende Haftung des Herstellers oder Vertriebshändlers möglich sein. Für den Geschädigten hat das zur Folge, dass es ihm nach dieser Auffassung verwehrt wäre, seine Schadensersatzklage gegen den Transporteur oder den Lagerhalter zu richten.

Die von *An Jian*[187] vertretene Gegenmeinung verzichtet dagegen auf eine Einteilung in primär und sekundär Haftende. Vielmehr seien Transporteure und Lagerhalter (ebenso wie Vertriebshändler nach dieser Mindermeinung), keine echten Anspruchsgegner innerhalb des Systems der Produkthaftung als besonderer Deliktstatbestand. Denn sie würden nicht über § 122 S. 1 AGZ verschuldensunabhängig, sondern stattdessen nach allgemeinem Deliktsrecht (§ 106 Abs. 2 AGZ) nur bei Vorliegen von Verschulden haften.[188] Anders als nach der h.M. soll nach dieser Auffassung der Geschädigte also auch direkt gegen den Transporteur oder den Lagerhalter vorgehen können. Eine solche Annahme erscheint sinnvoll, da die vom Transporteur und Lagerhalter geschuldete Sorgfaltspflicht letztendlich auf eine Schadensvermeidung beim Verbraucher gerichtet ist. Folglich sollen sie auch ihm gegenüber schadensersatzpflichtig sein. Dagegen ist kein Grund ersichtlich, weshalb der Geschä-

---

[184] *Guo Mingrui* (u.a.), Zivilrechtliche Haftung, S. 300.
[185] Teilweise wird diese Textpassage aber nur dahingehend interpretiert, dass der Transporteur oder Lagerhalter den Fehler zumindest verursacht oder mitverursacht haben muss. Auf ein Verschulden soll es nach dieser Meinung also nicht entscheidend ankommen. Vgl. *Yang Lixin*, Kompendium der zivilgerichtlichen Praxis, S. 346.
[186] Siehe oben Fn. 183.
[187] *An Jian*, Zhongguo Faxue, 1993/5, 64, 67.
[188] *An Jian*, Zhongguo Faxue, 1993/5, 64, 67.

digte nicht nach allgemeinem Deliktsrecht den Transporteur oder Lagerhalter in Anspruch nehmen soll.[189]

Ein weiteres Argument, das für eine unmittelbare Haftung nach allgemeinem Deliktsrecht spricht und das bislang in Literatur und Rechtsprechung offenbar übersehen wurde, ergibt sich aus folgender Überlegung: Produktfehler, die während des Transports oder während der Lagerung entstehen, setzen im Regelfall voraus, dass das Produkt den Herrschaftsbereich des Herstellers bereits verlassen hat, der Fehler zum Zeitpunkt des Inverkehrbringens also noch nicht existierte. Nun stellt aber genau dieser Umstand einen allgemein anerkannten Haftungsausschlussgrund zugunsten des Herstellers dar.[190] Das hat zur Folge, dass der Hersteller nicht nach § 122 S. 1 AGZ gegenüber dem Geschädigten haften muss, falls der Produktfehler durch Transporteure oder Lagerhalter in ihrem Herrschaftsbereich verursacht wurde.[191] Ein Regressanspruch gemäß § 122 S. 2 AGZ erübrigt sich daher in den meisten Fällen. Zur Folge hätte dies, dass Transporteure und Lagerhalter letztendlich selten haftbar wären, was dem von der h.M. bezweckten Verbraucherschutz deutlich widerspräche.

Eine Anwendung des § 122 S. 2 AGZ kommt (bei Anerkennung des besagten Haftungsausschlussgrundes) nämlich nur in zwei Fällen in Betracht; zum einen dann, wenn der Fehler zum Zeitpunkt des Inverkehrbringens schon existierte und durch

---

[189] Als Argument der h.M. wird zumeist oberflächlich darauf hingewiesen, dass es für den Geschädigten einfacher und günstiger sei, direkt gegen Hersteller oder Vertriebshändler zu klagen, da diese (zumindest nach h.M.) verschuldensunabhängig haften und der Geschädigte zudem keine Kenntnis vom Transporteur oder Lagerhalter hat, vgl. *Guo Mingrui* (u.a.), Zivilrechtliche Haftung, S. 300. Jedoch ist dies ein Scheinargument, da durch die Eröffnung eines direkten Klageweges gegen Transporteure und Lagerhalter umso mehr dem Gedanken des Verbraucherschutzes Rechnung getragen wird.

[190] Vgl. *Zhang Mingshi* (Hrsg.), Schadensersatzklage, S. 236; *Wang Liming/Yang Lixin*, Deliktsrecht, S. 140; *Li Changqi*, Produktqualität, S. 342; *Liu Wenhua*, Lehrbuch zum PQG, S. 183; *Liang Huixing*, Faxue Yanjiu, 1990/5, 58, 67, 68. Eventuelle Meinungsverschiedenheiten diesbezüglich sind spätestens seit Einführung des Produktqualitätsgesetzes im Jahre 1993 obsolet geworden, weil § 29 Abs. 2 Ziff. 2 PQG a.F. (und seit 2000 § 41 Abs. 2 Ziff. 2 PQG n.F.) diesen Haftungsausschlussgrund ausdrücklich anerkennt.

[191] Nach teilweise vertretener Auffassung soll dieser Haftungsausschlussgrund dagegen nicht im Verhältnis zum Geschädigten Wirkung entfalten. Denn der Umstand, dass der Fehler zur Zeit des Inverkehrbringens noch nicht existierte berühre nicht die „oberflächliche" Haftung (*biaomian zeren*), sondern nur die endgültige oder „eigentliche" Haftung (*shizhi zeren*), vgl. *Zhang Mingshi* (Hrsg.), Schadensersatzklage, S. 236; *Cai Cheng/Xia Guoqiang*, Anwendung des Zivilrecht, S 476. Jedoch vermag diese Auffassung nicht zu überzeugen, da sie dem Zweck des Haftungsaus-

ein Verschulden des Transporteurs oder Lagerhalters nur eine Steigerung der Gefährlichkeit bewirkt wurde.[192] In diesem Fall würde § 122 S. 2 AGZ als spezielle Regelung des Mitverschuldens oder der Mitverursachung eines Dritten fungieren. Der andere Anwendungsfall wäre der, dass Hersteller oder Vertriebshändler Schadensersatz geleistet haben, ohne dass eine dahingehende Verpflichtung bestand.[193] Nur in diesem Fall würde § 122 S. 2 AGZ seiner Funktion als Regressregelung gerecht werden. Dies zeigt, dass der Regressanspruch des Herstellers bzw. Vertriebshändlers aus § 122 Abs. 2 AGZ in Wirklichkeit nicht die Regel, sondern die Ausnahme darstellt.

Zusammenfassend ergibt sich, dass nach richtiger Auffassung Transporteure und Lagerhalter i.d.R. unmittelbar gegenüber dem Geschädigten nach der allgemeinen Deliktsnorm § 106 Abs. 2 AGZ haften.[194] Eine Inanspruchnahme nach § 122 S. 2 AGZ stellt dagegen einen Ausnahmefall dar.

6. Zusammenfassung

§ 122 AGZ stellt die erste einfachgesetzliche Normierung der Produkthaftung im chinesischen Recht dar und hat daher grundsätzliche Bedeutung innerhalb des chinesischen Produkthaftungsrechts erfahren, die vergleichbar ist mit der Bedeutung der Hühnerpestentscheidung des Bundesgerichtshofes in der Bundesrepublik Deutschland. Trotz der Einfachheit des § 122 AGZ, die dazu verleiten mag, ihn nur als allgemeine Anerkennung der deliktischen Produkthaftung durch den chinesischen Gesetzgeber zu betrachten, ist diese Norm der Ausgangspunkt jeglicher Produkthaftungsdiskussion in der VR China gewesen. Bis zum Inkrafttreten des Produktqualitätsgesetzes am 1. September 1993 wurde § 122 AGZ von der Rechtspre-

---

schlussgrundes, nämlich die verschuldensunabhängige Haftung des Hersteller einzuschränken, entgegensteht. Ausführlicher zu dieser Problematik unten III. 2. b) (3).

[192] Dass dieser Fall generell möglich ist, zeigt z.B. *Guo Mingrui* (u.a.), Zivilrechtliche Haftung, S 300 Dort ist von einer „Vergrößerung" des Fehlers durch den Transporteur oder Lagerhalter die Rede.

[193] Zum Beispiel weil die Umstände, die den Haftungsausschlussgrund auslösen, seinerzeit nicht bekannt waren.

[194] Wegen der typischen Beweisschwierigkeiten ist aber davon auszugehen, dass Beweiserleichterungen vom Gericht gewährt werden, ähnlich wie auch bei einer Klage gegen den Hersteller oder der Vertriebshändler. Zur Beweislast siehe unten III. 6.

chung und der Lehre als Hauptanspruchsgrundlage in Produkthaftungsfällen herangezogen.

§ 122 S. 1 AGZ statuiert nach h.M. eine verschuldensunabhängige Haftung sowohl
des Herstellers als auch des Vertriebshändlers für Schäden, die durch Produkte von
nicht normgemäßer Qualität verursacht werden. Hersteller und Vertriebshändler
sollen hierbei gesamtschuldnerisch haften. Der Geschädigte soll dabei das Auswahlrecht hinsichtlich des Beklagten haben, d.h. er soll von beiden Unternehmern gleichermaßen Schadensersatz verlangen können. Als Begründung für dieses Auswahlrecht wird vor allem die Schutzbedürftigkeit des Verbrauchers angeführt. Für den
Verbraucher sei es oftmals nicht möglich, festzustellen, ob ein Fehler im Produkt
dem Bereich des Herstellers oder dem des Vertriebshändlers zuzuschreiben ist.

Obwohl sich der Inhalt des § 122 AGZ auf den ersten Blick nicht wesentlich von
Produkthaftungsnormen westlicher Rechtsordnungen unterscheidet, sind doch im
Detail wichtige Unterschiede und zudem einige Ungereimtheiten festzustellen. Zu
nennen ist hierbei zum einen der vom chinesischen Gesetzgeber gewählte Fehlerbegriff, der auf dem Konzept staatlich oder vertraglich normierter Qualitätsstandards
basiert. Das alleinige Abstellen auf die Produktqualität, ohne gezielt die Sicherheit
bzw. Gefährlichkeit des betreffenden Produkts mit einzubeziehen, wurde in der Literatur zu Recht als unzureichend bewertet. Auch die mit dem Ziel eines stärkeren
Verbraucherschutzes von der h.M. befürwortete und von der Rechtsprechung praktizierte verschuldensunabhängige Haftung des Vertriebshändlers neben dem Hersteller muss kritisch betrachtet werden. Eine solchermaßen zugunsten der Interessen
des Verbrauchers verlagerte Haftung würde den „einfachen Verkäufer", der zumeist
mit dem Produktionsprozess in keinerlei Weise Berührung hat, auf unzumutbare
Weise belasten. Denn trotz der ihm eingeräumten Möglichkeit, den Hersteller in
Regress zu nehmen, trägt der Vertriebshändler doch noch ungerechtfertigterweise
das Prozess- und Insolvenzrisiko. Dieses Problem bleibt, wie im folgenden Kapitel
zu sehen sein wird, auch nach Einführung des Produktqualitätsgesetzes weiterhin
bestehen.

III. Die Produkthaftung nach dem Produktqualitätsgesetz (PQG)[195]

1. Anwendungsbereich

a) Sachlicher Anwendungsbereich

Der sachliche Anwendungsbereich des Produktqualitätsgesetzes wird in § 2 Abs. 1 PQG umrissen. Danach unterliegen gewerbliche Aktivitäten der Herstellung und des Verkaufs von Produkten innerhalb der VR China den Vorschriften des Produktqualitätsgesetzes.[196]

Nach § 2 Abs. 2 PQG sind „Produkte" i.S. dieses Gesetzes solche Produkte, die eine Verarbeitung oder Herstellung durchlaufen haben und dem Verkauf dienen, nicht jedoch Gebäude. Außerdem ist § 73 PQG zu entnehmen, dass militärische Produkte nicht in den Anwendungsbereich des Produktqualitätsgesetzes fallen.[197]

aa) Verarbeitung zum Verkauf

Unter Verarbeitung und Herstellung wird die Veränderung der Form, der Eigenschaften oder der äußeren Gestaltung von Rohmaterial, Teil- und Halbprodukten verstanden.[198]

Mangels einer Verarbeitung in diesem Sinne fallen daher natürliche Rohstoffe, wie z.B. Rohmineralien, Kohle, Rohöl genauso wie unverarbeitete Produkte aus den Bereichen Viehzucht, Forstwirtschaft und Fischerei sowie landwirtschaftliche Grun-

---

[195] Zur Entstehung des Produktqualitätsgesetzes siehe oben A. II. 2.

[196] Hierbei ist jedoch zu beachten, dass das Produktqualitätsgesetz, genauso wie die Mehrzahl der zivilrechtlichen Gesetze der VR China, auf dem Gebiet der Sonderverwaltungsregionen Hong Kong und Macau wegen dem speziellen Status den diese Sonderverwaltungsregionen genießen nicht anwendbar sind. Insoweit besteht eine räumliche Einschränkung im Anwendungsbereich des Produktqualitätsgesetzes.

[197] Zu den militärischen Industrieprodukten nach § 73 PQG gehören insbesondere Waffen, Munition, Uniformen und andere Ausrüstungsgegenstände. Solche Güter werden in der VR China nicht über den freien Markt verkauft und sind daher zweifelsohne keine Produkte i.S. des § 2 Abs. 2 PQG. *Liu Wenqi/Wu Shengchun*, Soochow Law Review, Juli 1997, 35, 52.

[198] *Liu Wenqi/Wu Shengchun*, Soochow Law Review, Juli 1997, 51.

derzeugnisse, z.B. Obst und Getreide, grundsätzlich nicht unter den Produktbegriff des Produktqualitätsgesetzes.[199]

Zu beachten ist hierbei allerdings, dass der Produktbegriff regelmäßig weit auszulegen ist, so dass an das Kriterium der Verarbeitung keine zu hohen Anforderungen zu stellen sind.[200] So ist es gleichgültig, ob es sich bei der Verarbeitung oder Herstellung um industrielle Massenproduktion oder um Produktion in Handarbeit handelt.[201]

In Einzelfällen besteht in Literatur und Rechtsprechung häufig Uneinigkeit. Ob z.B. Produkte des Kohlebergbaus, etwa Steinkohle, Produkte i.S. des Produktqualitätsgesetzes sind, wurde von einem Gericht bejaht.[202] Dagegen wurde durch ein anderes Gericht Honig, da es ein rein landwirtschaftliches Erzeugnis sei, die Produkteigenschaft abgesprochen.[203]

In der Literatur wird die Meinung vertreten, dass zwar der Produktbegriff i.S. des Produktqualitätsgesetzes nach dem klaren Wortlaut des § 2 Abs. 2 PQG unverarbeitete Produkte nicht umfasse, dass jedoch andererseits viele dieser „Rohprodukte", insbesondere medizinische Naturheilprodukte und naturbelassene Nahrungsmittel, von Verbrauchern tagtäglich gebraucht würden und dass auch hier Gesundheitsschäden zu erwarten seien. Es sei daher nicht richtig, diese Waren allesamt vom Anwendungsbereich des Produktqualitätsgesetzes auszuschließen. Stattdessen soll, solange für Naturprodukte noch keine angemessene Regelung besteht, das Produktqualitätsgesetz entsprechend anzuwenden sein.[204] Fraglich erscheint dies aber insoweit, als bei unverarbeiteten „Produkten" der Hersteller in aller Regel nur einen begrenzten Einfluss auf die Qualität hat, diese stattdessen von natürlichen Bedingungen abhängt.

---

[199] *Cai Zhiliang*, Zhongguo Shangye Fazhi, 1994/4, 3, *Liu Wenqi/Wu Shengchun*, Soochow Law Review, Juli 1997, 50, 51; *Tian Weihong/Zhu Kepeng*, Zhengfa Luntan, 1996/2, 72; *Liang Hongjie*, Consumer Law Journal, 1998, 215.

[200] *Cai Zhiliang*, Zhongguo Shangye Fazhi, 1994/4, 4.

[201] *Tian Weihong/Zhu Kepeng*, Zhengfa Luntan, 1996/2, 72.

[202] *Liu Wenqi/Wu Shengchun*, Soochow Law Review, Juli 1997, 35, 51.

[203] *Liu Wenqi/Wu Shengchun*, Soochow Law Review, Juli 1997, 35, 52.

[204] *Liu Wenqi/Wu Shengchun*, Soochow Law Review, Juli 1997, 35, 52.

Des weiteren soll es für das Produkt nicht auf eine körperliche Eigenschaft oder einen festen Aggregatszustand ankommen, so dass auch Elektrizität und Gase in den Anwendungsbereich des Produktqualitätsgesetzes fallen.[205]

Die Voraussetzung, dass das Produkt für den Verkauf bestimmt sein soll, wird von einer Meinung schon dann bejaht, wenn ein verarbeitetes oder hergestelltes Produkt vom Hersteller mit dem Ziel einer Umsatzsteigerung verschenkt wird, das Produkt selbst also nicht verkauft wird.[206] Damit würden z.B. auch Werbegeschenke des Herstellers selbst unter den Produktbegriff fallen, wenn also gar kein Verkaufszweck vorliegt. Angesichts des klaren Wortlauts des § 2 Abs. 2 PQG kommt jedoch allenfalls eine analoge Anwendung auf solche Fälle in Betracht. Da sowohl bei einer Schenkung mit dem Ziel einer Umsatzsteigerung als auch bei einem Verkauf von Produkten die Interessenlage beim Unternehmer und beim Verbraucher nahezu unverändert ist, kann einer analogen Anwendung des § 2 Abs. 2 PQG zugestimmt werden.

bb) Gebäude

§ 2 Abs. 3 PQG bestimmt, dass das Produktqualitätsgesetz nicht auf den Gebäudebau und dessen Produkte anwendbar ist. Der Grund dafür muss vor allem darin gesehen werden, dass die durch das Produktqualitätsgesetz normierte Produktqualitätshaftung sich in erster Linie auf industriell, d.h. in Massenproduktion hergestellte Konsumgüter abzielt, wozu grundsätzlich nur bewegliche Sachen gehören.[207]

Allerdings sind, ähnlich wie im deutschen Produkthaftungsrecht,[208] bewegliche Bestandteile, die für den Gebäudebau benötigt werden, vom Anwendungsbereich des Produktqualitätsgesetzes umfasst, unabhängig davon, ob sie damit wesentliche Bestandteile im sachenrechtlichen Sinne geworden sind.[209] Für den Fall, dass durch

---

[205] *Cai Zhiliang*, Zhongguo Shangye Fazhi, 1994/4, 3, 4; *Tian Weihong/Zhu Kepeng*, Zhengfa Luntan, 1996/2, 70, 72.

[206] *Liu Wenqi/Wu Shengchun*, Soochow Law Review, Juli 1997, 35, 51.

[207] *Liu Wenqi/Wu Shengchun*, Soochow Law Review, Juli 1997, 35, 52; *Yang Lixin*, Zivilrechtliche Urteile, S. 65.

[208] Vgl. § 2 S. 1 ProdHaftG.

[209] *Tian Weihong/Zhu Kepeng*, Zhengfa Luntan, 1996/2, 70, 72.

Gebäude Personen zu Schaden kommen, sind die insoweit spezielleren Vorschriften des besonderen Deliktsrecht §§ 125 und 126 AGZ heranzuziehen.[210]

cc) Arzneimittel

Im Vergleich zum deutschen Produkthaftungsgesetz[211] enthält das Produktqualitätsgesetz keine spezielle Regelung für Fälle, in denen das schadenstiftende Produkt ein Arzneimittel ist. Insbesondere verweist das Produktqualitätsgesetz insoweit nicht auf eine vorrangige Anwendbarkeit des Arzneimittelregulierungsgesetzes von 1984. Denn anders als das deutsche Arzneimittelgesetz enthält das Arzneimittelregulierungsgesetz der VR China keinen Schadensersatzanspruch des Verbrauchers für Arzneimittelschäden. Das Gesetz hat lediglich die (administrative) Regulierung der Herstellung, des Verkaufs und der Anwendung von Arzneimitteln zum Gegenstand.[212]

Gründe, die gegen eine Einbeziehung von Arzneimitteln in den Produktbegriff i.S. des Produktqualitätsgesetzes sprechen, sind nicht ersichtlich. Es ist daher davon auszugehen, dass die Produkthaftung nach §§ 41 ff. PQG, im gleichen Maße wie auf andere Produkte, auch für Arzneimittel gilt.

b) Personeller Anwendungsbereich

aa) Hersteller

Der Begriff des Herstellers *(shengchan zhe)* wird weder im Produktqualitätsgesetz noch in anderen chinesischen Gesetzen definiert.[213] Angesichts dessen ist es schwierig, endgültige Aussagen hinsichtlich des Inhalts des Herstellerbegriffs zu treffen.

---

[210] *Liu Wenqi/Wu Shengchun,* Soochow Law Review, Juli 1997, 35, 52.

[211] Siehe § 15 ProdHaftG.

[212] Vgl. *Li Changqi/Xu Mingyue,* Verbraucherschutzrecht, S. 187 ff.; *Gao Yan/Ni Ruilan,* Verbraucherschutzrecht, S. 303 ff.

[213] Vgl. *Li Changqi,* Produktqualität, S. 302; *Shi Shulin,* Unternehmerprodukthaftung, S. 25; *Gu Junling/Zhang Zhinan,* Verbraucherschutzrecht, S. 163.

(1) Ausgangspunkt § 2 PQG

In der Literatur wird, ausgehend von § 2 PQG, in dem der Regelungsgegenstand des Produktqualitätsgesetzes als „Aktivitäten der Produktion und des Verkaufs jeglicher Produkte" umrissen wird, der Herstellerbegriff zunächst weit verstanden. So sollen unter diesen Begriff zumindest alle Unternehmer bzw. Unternehmen fallen, die in den Grenzen der VR China an der gewerblichen Herstellung oder Verarbeitung von für den Verkauf bestimmter Produkte beteiligt sind.[214] Unternehmen in diesem Zusammenhang können sowohl Staats- und Kollektivunternehmen als auch Privatunternehmen sein, insbesondere auch Unternehmen, die teilweise oder ganz mit ausländischer Investition gegründet wurden sowie Joint Ventures von chinesischen und ausländischen Unternehmen.[215]

(2) Hersteller des Endprodukts, Lizenzhersteller und Assembler

Genauer soll als Hersteller i.S. des Produktqualitätsgesetzes in erster Linie der Hersteller des Endprodukts gelten.[216] Unter dem Endprodukt *(chengpin)* ist dabei ein Produkt zu verstehen, dass unabhängig von einer weiteren Verarbeitung direkt zum Ge- oder Verbrauch verwendbar ist.[217]

Ebenfalls Hersteller in diesem Sinne sollen der unter Lizenz herstellende Lizenznehmer[218] *(beixukeren)* sowie der sog. Assembler[219] *(zhuang pei zhe)* sein, der aus

---

[214] *Shi Shulin*, Unternehmerprodukthaftung, S. 25; *Li Changqi*, Produktqualität, S. 303, *Li Changqi/Xu Mingyue*, Verbraucherschutzrecht, S. 205. Allerdings ist hieraus nicht notwendig der Umkehrschluss zu ziehen, dass ausländische Hersteller, die im Ausland produzieren, von der Anwendung des Produktqualitätsgesetzes gänzlich ausgeschlossen wären. Der Text des § 2 Abs. 1 PQG trifft nämlich lediglich die Aussage, dass sämtliche Aktivitäten der Herstellung und des Vertriebs innerhalb der VR China vom Produktqualitätsgesetz umfasst werden. Dagegen ist eine Ausschlusswirkung für ausländische Hersteller hierin nicht zu erkennen. § 2 Abs. 1 PQG stellt insbesondere keine versteckte Kollisionsnorm dar.
[215] *Liu Wenhua*, Lehrbuch zum PQG, S. 105.
[216] *Liu Wenhua*, Lehrbuch zum PQG, S. 173; *Li Changqi*, Produktqualität, S. 302; *Li Changqi/Xu Mingyue*, Verbraucherschutzrecht, S. 205; *Shi Shulin*, Unternehmerprodukthaftung, S. 26; *Zhang Mingshi* (Hrsg.), Schadensersatzklage, S. 233; *An Jian*, Zhongguo Faxue, 1993/5, 64, 66, *Zhao Hongying*, PQG in Theorie und Praxis, S. 261.
[217] *Shi Shulin*, Unternehmerprodukthaftung, S. 26.
[218] *Zhang Mingshi* (Hrsg.), Schadensersatzklage, S. 233; *Gu Junling/Zhang Zhinan*, Verbraucherschutzrecht, S. 163.
[219] *Shi Shulin*, Unternehmerprodukthaftung, S. 27; *Li Changqi*, Produktqualität, S. 302.

vorgefertigten Einzelteilen (die möglicherweise Endprodukte als solche darstellen) ein Endprodukt zusammensetzt.

(3) Hersteller von Teilprodukten und Grundstoffen

Im Schrifttum werden auch Hersteller von Teilprodukten *(lingbujian)* sowie Zulieferer von Grundstoffen *(yuancailiao)* als Hersteller i.S. des Produktqualitätsgesetzes angesehen. [220] Voraussetzung für eine Haftung ist dann allerdings, dass ein Fehler im Teilprodukt bzw. im Grundstoff existierte, der wiederum zu einem Fehler im Endprodukt führte.[221] Insoweit ist also nicht auf die Fehlerhaftigkeit des Endprodukts abzustellen.

Nach *An Jian* sollen sich Zulieferer von Teilprodukten und Grundstoffen von der Haftung gegenüber dem Geschädigten befreien können, soweit sie nachweisen, dass der Fehler im Teilprodukt oder im Grundstoff infolge einer Anweisung des Endproduktherstellers oder infolge der Konstruktion oder Herstellung des Endprodukts entstanden ist.[222] Eine solche Haftungsbefreiung findet im Gesetz jedoch keine Grundlage. Die Frage, ob Fehler im Teilprodukt oder Grundstoff auf Anweisungen des Endherstellers zurückzuführen sind, ist vielmehr eine Frage des Innenverhältnisses zwischen Endhersteller und Zulieferer. Daher ist ein spezieller Haftungsausschlussgrund zugunsten des Zulieferers abzulehnen.

(4) Anbieter von Dienstleistungen

Unternehmen, die reine Dienstleistungen anbieten, etwa solche Unternehmen, die sich auf das Entwerfen oder Reparieren von Produkten spezialisieren, sollen nach überwiegender Meinung im Schrifttum keine Hersteller i.S. des Produktqualitätsgesetzes sein.[223] Enthalten Produkte z.B. Konstruktionsfehler, die auf der fehlerhaften

---

[220] *Li Changqi*, Produktqualität, S. 302 f.; *Liu Wenhua*, Lehrbuch zum PQG, S. 173; *Zhang Mingshi* (Hrsg.), Schadensersatzklage, S. 233; *An Jian*, Zhongguo Faxue, 1993/5, 64, 67; *Shi Shulin*, Unternehmerprodukthaftung, S. 26.

[221] *An Jian*, Zhongguo Faxue, 1993/5, 64, 67; *Shi Shulin*, Unternehmerprodukthaftung, S. 26.

[222] *An Jian*, Zhongguo Faxue, 1993/5, 64, 67.

[223] *Liu Wenhua*, Lehrbuch zum PQG, S. 105; *An Jian*, Zhongguo Faxue, 1993/5, 64, 67; *Li Changqi*, Produktqualität, S. 303.

Planung eines vom Endprodukthersteller unabhängigen Unternehmens zurückzuführen sind, soll nach dieser Meinung nur der Hersteller des Endprodukts dem Geschädigten gegenüber direkt haftbar sein.[224]

(5) Quasi-Hersteller

Entsprechend dem Vorbild der EG-Produkthaftungsrichtlinie,[225] wird im Schrifttum eine Haftung auch desjenigen befürwortet, der sich durch Anbringen seines Namens oder Warenzeichens als Hersteller ausgibt.[226] Es soll also auch im Rahmen des Produktqualitätsgesetzes eine Gleichstellung von Endherstellern und Quasi-Herstellern stattfinden, wobei letztere nicht notwendigerweise herstellende Unternehmen sein müssen, sondern auch bloße Händler sein können.[227] Damit sollen Verbraucher geschützt werden, die den Quasi-Hersteller für den tatsächlichen Endhersteller halten und möglicherweise gerade deswegen besonderes Vertrauen in die Qualität des Produkts legen.

(6) Importeure

Von einem Teil der Literatur wird auch eine Haftung des Importeurs gefordert.[228] Wiederum in Anlehnung an die EG-Produkthaftungsrichtlinie[229] soll demnach derjenige, der zum Zwecke des gewerbsmäßigen Verkaufs, der gewerbsmäßigen Vermietung oder sonstiger Vermarktung, ein Produkt aus dem Ausland in die VR China einführt, im Rahmen der Produkthaftung als Hersteller angesehen werden. Der Grund für diese Gleichstellung liegt, nicht anders als im EG-Recht, darin, dass es dem durch ein ausländisches Produkt Geschädigten normalerweise nicht möglich ist

---

[224] *An Jian*, Zhongguo Faxue, 1993/5, 64, 67.

[225] Vgl. Art. 3 EG-Produkthaftungsrichtlinie, vgl. dazu *Liu Wenhua*, Lehrbuch zum PQG, S. 172 f. und *Li Changqi*, Produktqualität, S. 303.

[226] *Li Changqi/Xu Mingyue*, Verbraucherschutzrecht, S. 205; *Zhang Mingshi* (Hrsg.), Schadensersatzklage, S. 233; *Shi Shulin*, Unternehmerprodukthaftung, S. 27.

[227] Vgl. *Schmidt-Salzer, Joachim/Hollmann, Hermann*, Produkthaftung, S. 361.

[228] *Liu Wenhua*, Lehrbuch zum PQG, S. 105 und 173; *Gu Junling/Zhang Zhinan*, Verbraucherschutzrecht, S. 164.

[229] Vg. Art. 3 Abs. 2 EG-Produkthaftungsrichtlinie und § 4 Abs. 2 ProdHaftG.

und nicht zugemutet werden kann, eine Klage gegen den ausländischen Hersteller außerhalb der VR China zu erheben.[230]

(7) Gleichstellung des Vertriebshändlers mit dem Hersteller nach § 42 Abs. 2 PQG

Eine weitere Parallele zum EG-Produkthaftungsrecht[231] enthält § 42 Abs. 2 PQG. Danach haftet der Vertriebshändler anstelle des Herstellers dann, wenn er weder den Hersteller noch den Lieferanten des Produkts benennen kann.[232] Dem Wortlaut dieser Norm ist zu entnehmen, dass unter diesen Umständen der Vertriebshändler ausnahmsweise verschuldensunabhängig, also wie der Hersteller, haften soll.[233] Auf diese Weise soll verhindert werden, dass Hersteller sich durch Anonymität der Produkthaftung entziehen können. Denn ein Nebeneffekt dieser Regelung soll eine sorgfältigere Auswahl der Vertragspartner durch den Vertriebshändler sein.[234] Indessen kann die Bedeutung des § 42 Abs. 2 PQG für die Praxis als eher gering eingestuft werden, da es dem Vertriebshändler im Normalfall nicht schwerfallen dürfte, den Hersteller oder den Lieferanten vor Gericht zu benennen. Dies gilt umso mehr, als § 42 Abs. 2 PQG, anders als die Parallelnorm im EG-Produkthaftungsrecht, keine Frist vorsieht, in der die Mitteilung durch den Vertriebshändler erfolgen muss.

bb) Vertriebshändler

Eine Legaldefinition des Begriffs „Vertriebshändler" *(xiaoshou zhe)* enthält das Produktqualitätsgesetz, wie im Falle des Herstellerbegriffs nicht. Der Begriff *xiaoshou zhe* umfasst nach einer Meinung im weitesten Sinne jede Person, die an irgendeiner Stelle der Vertriebskette eines Produkts eingeschaltet ist, angefangen von der Inverkehrgabe bis zum Erreichen des Verbrauchers.[235] Danach würden neben dem Groß- und Einzelhändler auch Transporteure, Lagerhalter, Importeure sowie der

---

[230] *Gu Junling/Zhang Zhinan*, Verbraucherschutzrecht, S. 164.
[231] Siehe Art. 3 Abs. 3 EG-Produkthaftungsrichtlinie, § 4 Abs. 3 ProdHaftG.
[232] Unverkennbar ist auch hier die Parallele zur EG-Produkthaftunsgrichtlinie, vgl. Art. 3 Abs. 3 EG-Produkthaftungsrichtlinie sowie § 4 Abs. 3 ProdHaftG.
[233] *Liu Wenhua*, Lehrbuch zum PQG, S. 181. Zur Problematik des Haftungsprinzips für Hersteller und Vertriebshändler siehe unten 2.
[234] *An Jian*, Zhongguo Faxue, 1993/5, 64, 67.

Hersteller selbst als Vertriebshändler gelten. Im engsten Sinne bezeichnet *xiaoshou zhe* dagegen nur diejenige Person, die das Produkt direkt an den Verbraucher verkauft, also i.d.R. den Einzelhändler.[236]

Nach allgemeiner Auffassung wird der im Produktqualitätsgesetz verwendete Begriff des Vertriebshändlers nahe am Wortlaut ausgelegt; so soll *xiaoshou zhe* in erster Linie die eigentlichen „Händler", also den Großhändler bzw. Zwischenhändler und den Einzelhändler bezeichnen.[237] Ausschlaggebend soll dabei der gewerbsmäßige Vertrieb von Produkten sein, wobei in der Praxis vor allem der Einzelhändler als Vetriebshändler i.S. des Produktqualitätsgesetzes eine Rolle spielen dürfte, da er in der Vertriebskette das einzige Glied mit direktem Kontakt zum Verbraucher darstellt.[238] Von der Identität des Groß- oder Zwischenhändlers haben Verbraucher im Normalfall keine Kenntnis.

Neben dem Groß- und Einzelhändler werden von einem Teil der Literatur auch der Vermieter[239] sowie der Importeur[240] einer Sache zum Kreis der „Vertriebshändler" i.S. des Produktqualitätsgesetzes gezählt.

Der Vermieter einer Sache ist in mancher Hinsicht mit einem Einzelhändler vergleichbar. In beiden Fällen wird eine bewegliche Sache einem Verbraucher in die Hand gegeben und in beiden Fällen kann es beim Gebrauch der (fehlerhaften) Sache zu Schäden an Leib, Leben oder Vermögen kommen. Jedoch spricht der eindeutige Wortlaut von *xiaoshou zhe* (Vertreiber i.S. von Verkäufer) gegen eine direkte Anwendung dieses Begriffes auf den Vermieter einer Sache. Es käme nur eine analoge Anwendung des Produktqualitätsgesetzes in Betracht. Die vergleichbare Interessenlage zwischen Verbrauchern und Verkäufern einerseits und zwischen Verbauchern und Vermietern andererseits spricht für eine Haftung des Vermieters analog den Vorschriften des Produktqualitätsgesetzes. Es ist nämlich nicht ersichtlich, weshalb der Mieter einer Sache weniger schutzbedürftig sein sollte als der Käufer. Je-

---

[235] *Shi Shulin*, Unternehmerprodukthaftung, S. 29.

[236] *Shi Shulin*, Unternehmerprodukthaftung, S. 29.

[237] *Zhang Mingshi* (Hrsg.), Schadensersatzklage, S. 233; *Li Changqi*, Produktqualität, S. 304; *Li Changqi/Xu Mingyue*, Verbraucherschutzrecht, S. 205; *Shi Shulin*, Unternehmerprodukthaftung, S. 29, *Zhao Hongying*, PQG in Theorie und Praxis, S. 261.

[238] *Li Changqi/Xu Mingyue*, Verbraucherschutzrecht, S. 205.

[239] Vgl. *Li Changqi*, Produktqualität, S. 304.

[240] Vgl. *Li Changqi*, Produktqualität, S. 304; *Zhang Mingshi* (Hrsg.), Schadensersatzklage, S. 233

doch fehlt es m.E. an einer Regelungslücke, da dem Gechädigten gegenüber dem Vermieter der allgemeine Deliktsschadensersatzanspruch aus § 106 Abs. 2 AGZ zusteht.[241]

Der Importeur, der ein Produkt eines ausländischen Herstellers in die VR China einführt, ist dagegen in seiner Tätigkeit mit einem Großhändler vergleichbar. Er stellt ebenso wie der Großhändler ein Verbindungsglied zwischen einem Hersteller und den Einzelhändlern dar. Beide vertreiben gewerbsmäßig Produkte, so dass auch dem allgemeinen Sinngehalt des Begriffs *xiaoshou zhe* entsprochen wäre.[242] Wie oben bei der Erörterung des Herstellerbegriffs bereits erwähnt,[243] treffen für den Importeur jedoch besondere Erwägungen zu, weshalb von Teilen der Literatur eine Zuordnung zum Herstellerbegriff vorgezogen wird.[244] Denn im Unterschied zum normalen Großhändler, der Waren direkt vom inländischen Hersteller bezieht, ist der Importeur aus Sicht des Verbrauchers stets das erste Glied in der (inländischen) Vertriebskette. Da eine Klage gegen einen ausländischen Hersteller vor einem ausländischen Gericht für den Verbraucher i.d.R. nicht in Betracht kommt, erscheint es im Sinne eines effektiven Verbraucherschutzes angemessen, den Importeur wie einen Hersteller haften zu lassen. Nach der hier vertretenen Meinung ist der Importeur daher nicht auch als Vertriebshändler i.S. des Produktqualitätsgesetzes anzusehen.[245]

---

[241] Dies gilt zumindest nach der hier vertretenen Mindermeinung, wonach der Vertriebshändler, im Gegensatz zum Hersteller, gemäß § 42 PQG auch im Außenverhältnis nur bei Vorliegen von Verschulden haftet. Das Produktqualitätsgesetz bietet insoweit also keinen größeren Schutz als das allgemeine Deliktsrecht. Siehe dazu unten 2. b).

[242] Vgl. *Shi Shulin*, Unternehmerprodukthaftung, S. 30, der allerdings letztlich die Frage unbeantwortet lässt, ob der Importeur eines fehlerhaften Produkts als Hersteller oder Vertriebshändler anzusehen ist.

[243] Siehe oben aa). Zudem ist anzumerken, dass nach der hier vertretenen Meinung der Vertriebshändler (gemäß § 42 PQG) verschuldensabhängig, also nicht anders als nach § 106 Abs. 2 AGZ haftet.

[244] Vgl. *Liu Wenhua*, Lehrbuch zum PQG, S. 105 und 173; *Gu Junling/Zhang Zhinan*, Verbraucherschutzrecht, S. 164.

[245] Nach der h.M. zum Haftungsprinzip würde dieser Meinungsstreit in der Praxis allerdings kaum Bedeutung haben, da aus Sicht des Verbrauchers der Importeur auch als „Vertriebshändler" ihm gegenüber verschuldensunabhängig haften müsse. Siehe unten 2. b).

c) Konkurrenzen

Die Vorschriften des Produktqualitätsgesetzes, des Verbraucherschutzgesetzes und der Allgemeinen Grundsätze des Zivilrechts werden grundsätzlich als nebeneinander anwendbar angesehen. Das im Bereich der Produkthaftung maßgebliche Gesetz soll aber in erster Linie das Produktqualitätsgesetz sein, während den Allgemeinen Grundsätzen des Zivilrechts, dem Verbraucherschutzgesetz und anderen Gesetzen lediglich ergänzende Funktion zukommt.[246]

aa) Verhältnis des Produktqualitätsgesetzes zu den Allgemeinen Grundsätzen des Zivilrechts

Im Verhältnis zu den Allgemeinen Grundsätzen des Zivilrechts gelten die Regelungen des Produktqualitätsgesetzes, soweit die Produkthaftung betroffen ist, nach h.M. als lex specialis.[247] Dabei wird insbesondere in den §§ 41 ff. PQG (bzw. früher in den §§ 29 ff. PQG a.f.) eine Konkretisierung des § 122 AGZ gesehen.[248] Heute kommt § 122 AGZ in der Praxis daher kaum noch eine selbständige Bedeutung zu. Nichtsdestotrotz wird § 122 AGZ im Schrifttum meist zusammen mit den Vorschriften des Produktqualitätsgesetzes genannt und als Basistatbestand der chinesischen Produkthaftung zitiert.[249] Konkrete Anwendung finden aber doch nur die §§ 41 ff. PQG.

bb) Verhältnis des Produktqualitätsgesetzes zum Verbraucherschutzgesetz

Das Verhältnis des Produktqualitätsgesetzes zum nur kurze Zeit später verabschiedeten Verbraucherschutzgesetzes ist hingegen weniger eindeutig. Im allgemeinen werden beide Gesetze als sich gegenseitig ergänzend angesehen, da beide sich in

---

[246] *Liu Wenhua*, Lehrbuch zum PQG, S. 5.

[247] *Liu Xiushan/Chen Yongmin*, Produkthaftung und Verbraucherrechte, S. 50. Andere Auffassung *Cai Zhiliang* (*Cai Zhiliang*, Zhongguo Shangye Fazhi, 1996/4, 3, 6), der §§ 29 ff. PQG (a.F.) und § 122 AGZ als gleichrangig ansieht. Die Begründung hierzu, dass § 122 AGZ als „besonderes Deliktsrecht" ebenso lex specialis sei wie §§ 29 ff. PQG (a.F.) ist jedoch wenig überzeugend.

[248] *An Jian*, Zhongguo Faxue, 1993/5, 64, 68.

[249] *Yang Lixin*, Zivilrechtliche Urteile, S. 64; *Zhao Hongying*, PQG in Theorie und Praxis, S. 112.

ihrem Regelungsbereich zum Teil überschneiden.[250] Die Frage der Konkurrenz zwischen beiden Gesetzen stellt sich vor allem hinsichtlich des Kapitel 7 des Verbraucherschutzgesetzes, das die Überschrift „Rechtliche Haftung" trägt. Die darin enthaltenen §§ 41 ff. VSG können auf den ersten Blick als eigenständige Anspruchsgrundlagen für die Produkthaftung verstanden werden. Jedoch geht aus § 40 Ziff. 1 VSG hervor, dass sich die Haftung des Unternehmers im Falle von Produktfehlern nach dem Produktqualitätsgesetz zu richten hat. Eine echte Anspruchsgrundlagenkonkurrenz besteht daher nicht.[251]

2. Die Haftungsgrundlagen im Produktqualitätsgesetz

Wie auch bei der Haftung nach § 122 AGZ sind nach den Vorschriften des Produktqualitätsgesetzes sowohl Hersteller als auch Vertriebshändler dem Geschädigten primär haftpflichtig. Die wichtige Frage nach dem anzuwendenden Haftungsprinzip, die schon zuvor im Rahmen des § 122 AGZ einen Diskussionspunkt bildete,[252] stellt sich hierbei erneut. Damit hängt auch die Frage zusammen, ob eine gesamtschuldnerische Haftung von Hersteller und Vertriebshändler anzunehmen ist.

Die Haftungsgrundlagen für die Produkthaftung nach dem Produktqualitätsgesetz befinden sich in den §§ 41 ff. PQG. Die §§ 41 und 42 PQG bestimmen dabei jeweils die Haftung des Herstellers bzw. des Vertriebshändlers, während § 43 PQG die Haftung beider und das Innenverhältnis betrifft. Problematisch und in der Literatur umstritten ist, welche dieser Normen vom Geschädigten als Anspruchsgrundlage heranzuziehen ist.[253]

---

[250] Eine nennenswerte ergänzende Funktion kommt dem Verbraucherschutzgesetz jedoch nach der Neufassung des Produktqualitätsgesetzes vom 8. Juli 2000 nicht mehr zu. Die Defizite in der Regelung des Schadensersatzumfangs bei Personenschäden in § 32 PQG a.F. gegenüber den §§ 41, 42 VSG wurden durch die Neufassung des § 32 PQG a.F. (nunmehr § 44 PQG n.F.) vollends beseitigt.

[251] *Gao Yan/Ni Ruilan*, Verbraucherschutzrecht, S. 396; *Qi Tianchang*, Verbraucherschutzgesetz, S. 253.

[252] Vgl. oben II. 3.

[253] In der Literatur wird diese Frage nicht direkt angesprochen. Zu beachten ist hierbei, dass das Konzept der Anspruchsgrundlagen im chinesischen Recht nicht in der gleichen Weise wie im deutschen Recht streng befolgt wird. Oftmals bleibt die Frage nach der exakten Anspruchsgrundlage unbeantwortet und die heranzuziehende Anspruchsgrundlage lässt sich dann nur implizit entnehmen.

a) § 43 S. 1 PQG als eigenständige Anspruchsgrundlage

Die h.M. in der Literatur[254] sieht in den §§ 41 bis 43 PQG (bzw. in den §§ 29 bis 31 PQG a.f.) eine zweistufige Haftung (*eryuan zeren*) statuiert. Danach haften auf einer ersten Stufe, nämlich im Außenverhältnis zum Geschädigten, der Hersteller **und** der Vertriebshändler gegenüber dem Geschädigten verschuldensunabhängig und gesamtschuldnerisch, während auf einer zweiten Stufe, im Innenverhältnis zwischen Hersteller und Vertriebshändler, eine Haftung nach Verschuldensanteilen erfolgt. Die h.M. stützt sich auf § 43 S. 1 PQG (bzw. § 31 S. 1 PQG a.F.), wonach der Geschädigte sowohl vom Hersteller als auch vom Vertriebshändler Schadensersatz verlangen kann.[255] Damit sieht sie in § 43 S. 1 PQG die Hauptanspruchsgrundlage für Schadensersatz in Produkthaftungsfällen.[256]

Für diese Auslegung des § 43 S. 1 PQG wird im allgemeinen folgende Begründung angeführt: Dem Geschädigten soll, damit er möglichst schnell und ohne Umwege seinen Schaden ersetzt bekommen kann, ein Auswahlrecht hinsichtlich des Beklagten zustehen. Er soll daher die Schadensersatzklage grundsätzlich gegen den Hersteller und den Vertriebshändler richten können.[257] Dabei spielt die Erwägung eine Rolle, dass sich der Geschädigte den für ihn günstigsten Haftenden aussuchen können müsse, nämlich denjenigen, der am schnellsten und ehesten in der Lage ist, Schadensersatz zu leisten. Zudem wisse der Geschädigte im Normalfall nicht, ob der Fehler im Bereich der Herstellung oder des Vertriebs entstanden war. Deshalb sollen Hersteller und Vertriebshändler, falls sie vom Geschädigten auf Schadenser-

---

[254] *Gao Yan/Ni Ruilan*, Verbraucherschutzrecht, S. 244, 400; *Li Changqi/Xu Mingyue*, Verbraucherschutzrecht, S. 205; *Liu Shiguo*, Deliktischer Schadensersatz, S. 230; *Liu Xiushan/Chen Yongmin*, Produkthaftung und Verbraucherrechte, S. 48; *Liu Wenhua*, Lehrbuch zum PQG, S. 230 f.; *Wang Liming/Yang Lixin*, Deliktsrecht, S. 137 f.; *Zhao Hongying*, PQG in Theorie und Praxis, S. 261; *Yang Li/Liu Yanqian*, Fallanalysen, S. 77.

[255] § 43 S. 1 PQG: „Verursacht ein Fehler in einem Produkt Schäden an Leib oder Leben einer Person oder am Vermögen eines anderen, so kann der Geschädigte vom Hersteller des Produktes Schadensersatz verlangen; er kann auch vom Vertriebshändler des Produktes Schadensersatz verlangen."

[256] Dieses Ergebnis wird in der Literatur an keiner Stelle herausgestellt. Vgl. z.B. *Lin Zhun (Lin Zhun*, Auswahl zivilrechtlicher Fälle, S. 170), der in einer Fallbesprechung lediglich § 31 PQG a.F. (neben § 122 AGZ) als haftungsbegründende Norm der Produkthaftung nennt, nicht jedoch §§ 29, 30 PQG a.F.

[257] Siehe z.B. *Liu Xiushan/Chen Yongmin*, Produkthaftung und Verbraucherrechte, S. 48; *Liu Wenhua*, Lehrbuch zum PQG, S. 230 f., 253; *Li Changqi/Xu Mingyue*, Verbraucherschutzrecht, S. 205; *Shi Shulin*, Unternehmerprodukthaftung, S. 198.

satz in Anspruch genommen werden, die Leistung von Schadensersatz nicht verweigern dürfen.[258]

Dem Geschädigten soll also, soweit die Voraussetzungen des § 43 S. 1 PQG vorliegen, gegen den Hersteller und den Vertriebshändler ein Recht auf Schadensersatz zustehen. Aufgrund der Gleichstellung von Hersteller und Vertriebshändler im Verhältnis zum Geschädigten folgt auch die Annahme einer Gesamtschuld.[259]

Festzuhalten ist, dass es auf ein Verschulden beim Hersteller oder Vertriebshändler auf dieser Stufe nicht ankommen soll, was mit dem Wortlaut des § 43 S. 1 PQG übereinzustimmen scheint. Die Haftung auf der ersten Stufe, wird auch als vorläufige Haftung bezeichnet, im Gegensatz zur endgültigen Haftung, um die es auf der zweiten Stufe geht.[260]

Das Innenverhältnisses wird durch § 43 S. 2 PQG geregelt, der Regressansprüche des jeweils Vorleistenden gegen den nach § 41 PQG bzw. § 42 PQG endgültig Haftenden vorsieht.[261] Die h.M. lässt mithin erst auf dieser zweiten Stufe die §§ 41, 42 PQG zur Anwendung kommen.

---

[258] So ausdrücklich etwa *Gao Yan/Ni Ruilan*, Verbraucherschutzrecht, S. 244, 400; *Liu Wenhua*, Lehrbuch zum PQG, S. 230; *Li Changqi/Xu Mingyue*, Verbraucherschutzrecht, S. 204; *Liu Shiguo*, Deliktischer Schadensersatz; S. 236; *Yang Li/Liu Yanqian*, Fallanalysen, S. 77 f.; vgl. als Beispiel aus der Rechtsprechung den vom Höheren Volksgericht der Provinz Jilin 1996 entschiedenen Fall *Dong Jingchun* (Sattelschlepper) in: Ausgewählte Fälle (1992-1996). In diesem Fall war der Vertriebshändler eines fehlerhaften Sattelschleppers unmittelbar und „bedingslos" dem Geschädigten haftbar.

[259] *Zhang Mingshi (Hrsg.)*, Schadensersatzklage, S. 233, *Zhao Hongying*, PQG in Theorie und Praxis, S. 261, *Gao Yan/Ni Ruilan*, Verbraucherschutzrecht, S. 244 f; *Yang Li/Liu Yanqian*, Fallanalysen, S. 77.

[260] Vgl. *Liu Shiguo*, Deliktischer Schadensersatz, S. 230; *Liu Wenhua*, Lehrbuch zum PQG, S. 230 f. Durch die Unterscheidung in eine vorläufige und eine endgültige Haftung soll offenbar das vermeintliche Problem gelöst werden, dass nach § 42 PQG der Vertriebshändler nur bei eigenem Verschulden haften soll. Das Verschulden wird nach dieser Ansicht bei der „endgültigen" Haftung des Vertriebshändlers berücksichtigt. Ob diese Auslegung allerdings der Intention des Gesetzgebers entspricht, kann bezweifelt werden. Denn die Vorläufigkeit der Haftung ändert nichts an der Tatsache, dass bei dieser Meinung der Vertriebshändler unmittelbar Geschädigten verschuldensunabhängig haftet. Siehe dazu die Kritik an der h.M., unten 2. b).

[261] § 43 S. 2 PQG: „Ist der Hersteller des Produktes haftpflichtig, und wurde der Schadensersatz vom Vertriebshändler geleistet, so ist der Vertriebshändler des Produktes berechtigt, den Hersteller des Produktes in Regress zu nehmen. Ist der Vertriebshändler des Produktes haftpflichtig, und wurde Schadensersatz vom Hersteller des Produktes geleistet, so ist der Hersteller des Produktes berechtigt, den Vertriebshändler des Produktes in Regress zu nehmen."

Dementsprechend soll der Hersteller im Innenverhältnis gemäß § 41 PQG wiederum verschuldensunabhängig haften, während nun der Vertriebshändler gemäß § 42 PQG nur dann dem Hersteller endgültig haftet, sofern er schuldhaft den Fehler im Produkt herbeigeführt hat.[262]

Die §§ 41, 42 PQG stellen also nach dieser Auffassung keine eigenständigen Anspruchsgrundlagen für den Geschädigten dar, sondern dienen nur der Bestimmung des endgültig Haftenden im Innenverhältnis. Dabei wird dies mangels eines Verschuldenserfordernisses in § 41 PQG regelmäßig der Hersteller sein. Die Beweislast hinsichtlich des Verschuldens des Vertriebshändlers wird von einem Teil der Literatur dem Hersteller aufgetragen.[263] Dem Hersteller obliegt es danach, eine schuldhafte Herbeiführung des Produktfehlers durch den Vertriebshändler zu beweisen. Im Prinzip läuft diese Auffassung auf eine Verschuldensvermutung zu lasten des Herstellers hinaus, die der Hersteller ansonsten nur durch Nachweis eines der in § 41 Abs. 2 PQG genannten Haftungsausschlussgründe widerlegen kann.[264]

Zusammenfassend ergibt sich, dass die h.M. im Außenverhältnis ausschließlich das Prinzip der verschuldensunabhängigen Haftung anwendet und dabei keine Unterscheidung zwischen Hersteller und Vertriebshändler macht. Grundlage dafür soll § 43 S. 1 PQG sein. Im Innenverhältnis soll dagegen für den Vertriebshändler das Verschuldensprinzip gelten. Er soll entsprechend seines Verschuldensanteils haften. Der Hersteller haftet nach dieser Auffassung gemäß § 41 PQG auch endgültig verschuldensunabhängig. Die h.M. wendet hierzu §§ 43 S. 2 PQG i.V. mit §§ 41, 42 PQG an.

b) Stellungnahme

Gegen obige Auslegung der §§ 41 ff. PQG durch die h.M. bestehen allerdings Bedenken, da sie zu merkwürdigen Ergebnissen führen kann. Nach der hier vertretenen Meinung sind in den §§ 41 und 42 PQG eigenständige Anspruchsgrundlagen für Schadensersatzansprüche des Geschädigten gegen den Hersteller bzw. den Vertriebshändler zu sehen. Sie betreffen also gerade das Außenverhältnis, nicht das Innenverhältnis, wie die h.M. impliziert. Demgegenüber muss § 43 PQG insgesamt als

---

[262] *Li Changqi/Xu Mingyue*, Verbraucherschutzrecht, S. 206; *Zhang Mingshi* (Hrsg.), Schadensersatzklage, S. 233; *Hu Jiaqiang*, Zhengzhi yu Falü, 1994/3, 53, 55.
[263] *Liu Wenhua*, Lehrbuch zum PQG, S. 255.

bloße Regelung des Innenverhältnisses betrachtet werden. In der Praxis würde dies bedeuten, dass der Geschädigte zwar gemäß § 43 PQG sein Schadensersatzbegehren sowohl gegen den Hersteller als auch gegen den Vertriebshändler richten kann. Entscheidet er sich aber dazu, den Vertriebshändler in Anspruch zu nehmen, so hat er wegen § 42 PQG auch dessen Verschulden nachzuweisen.[265] Für diese von der h.M. abweichende Meinung lassen sich folgende Argumente anführen:

(1) Wortlaut des Gesetzes

Der Wortlaut der §§ 41, 42 PQG macht deutlich, dass diese Vorschriften direkte Schadensersatzansprüche des Geschädigten, nicht hingegen Regressansprüche zum Inhalt haben. Die in beiden Normen gebrauchte Wendung „[Der Hersteller bzw. Vertriebshändler] hat die Schadensersatzhaftung zu tragen" (*yingdang chengdan peichang zeren*) zeigt, dass in der Rechtsfolge eine Schadensersatzpflicht des Unternehmers aufgestellt wird. Dabei lässt die Wortwahl (*peichang zeren* = Schadensersatzpflicht) erkennen, dass es sich nicht um einen Regressanspruch handelt,[266] sondern um einen Anspruch des unmittelbar durch das Produkt Geschädigten. Die in §§ 41, 42 PQG enthaltene Wendung *yingdan chengdan* (hat ... zu tragen) entspricht auch der Terminologie in anderen Anspruchsgrundlagen, die einem unmittelbar Geschädigten Ansprüche gewähren, z.B. in den §§ 121 ff. AGZ

Demgegenüber ist der in § 43 S. 1 benutzte Wortlaut „... kann der Geschädigte [vom Hersteller] Ersatz verlangen." (*keyi ... yaoqiu peichang*) nicht als eine unbedingte Pflicht des Unternehmers zu interpretieren, sondern lediglich als Feststellung darüber, dass für den Geschädigten grundsätzlich Hersteller und Vertriebshändler als Anspruchsgegner in Frage kommen (im Unterschied etwa zum Transporteur oder Lagerhalter).[267] Ob eine Schadensersatzpflicht seitens des Unternehmers und damit ein Anspruch des Geschädigten besteht, hängt zuerst davon ab, ob die Voraussetzungen der §§ 41 bzw. 42 PQG vorliegen.[268] Zudem ist im Wortlaut der §§ 41, 42 PQG deutlich die Absicht des Gesetzgebers zu erkennen, abweichend von § 122 AGZ, für Hersteller und Vertriebshändler unterschiedliche Haftungsprinzipien gel-

---

[264] *Liu Shiguo*, Deliktischer Schadensersatz, S. 230.
[265] So ausdrücklich nur *An Jian*, Zhongguo Faxue, 1993/5, 64, 67.
[266] Denn dieser wird i.d.R. durch das Wort *zhuichang* umschrieben, vgl. § 43 S. 2 PQG.
[267] *Li Changqi/Xu Mingyue*, Verbraucherschutzrecht, S. 204.
[268] *An Jian*, Zhongguo Faxue, 1993/5, 64, 67; *Hu Jiaqiang*, Zhengzhi yu Falü, 1994/3, 53, 55.

ten zu lassen.[269] Eine Auslegung, die diesem Unterschied erst im Innenverhältnis Rechnung trägt, ignoriert mithin den gesetzgeberischen Willen.

(2) Systematik

Die h.M. spaltet den Gesetzestext in unnatürlicher Weise auf, indem sie § 43 S. 1 PQG für die Hauptanspruchsgrundlage hält und den §§ 41, 42 PQG nur eine untergeordnete Rolle für den Ausgleich im Innenverhältnis zuweist. Denn beträfen die §§ 41, 42 PQG tatsächlich nur das Innenverhältnis, so wäre es wenig einleuchtend, das Innenverhältnis vor dem Außenverhältnis zu regeln, da dann § 43 PQG vor den §§ 41, 42 PQG geprüft werden müsste. Stattdessen hat der Gesetzgeber durch die Reihenfolge der §§ 41 ff. PQG, die unmittelbar auf die Hauptanspruchsnorm der Mangelgewährleistung, § 40 PQG, folgen, deutlich gemacht, dass den §§ 41, 42 PQG eine vorrangige Bedeutung und nicht nur eine Hilfsfunktion zukommt. Ein weiteres Indiz dafür, dass § 43 PQG in Wirklichkeit nur das Innenverhältnis betrifft, ist die Tatsache, dass der Gesetzgeber die zwei Sätze des § 43 PQG nicht auf zwei Absätze verteilt hat, wie es sonst üblich ist, wenn unterschiedliche Regelungsgehalte in einem Paragraph erscheinen (so auch in den §§ 41, 42 PQG). Dies lässt darauf schließen, dass § 43 S. 1 und 2 PQG einen einzigen Regelungsgegenstand umfassen.

Richtigerweise ist § 43 S. 1 PQG weit weniger Gewicht beizumessen, als es von der h.M. getan wird. Denn § 43 S. 1 PQG hat nach der hier vertretenen Meinung vor allem klarstellende Funktion. Seine Aussage beschränkt sich darauf, dass der Geschädigte in Produkthaftungsfällen nach den §§ 41, 42 PQG grundsätzlich gegen den Hersteller und den Vertriebshändler vorgehen kann und beide Gegner einer Schadensersatzklage des Verbrauchers sein können.[270] Einen Anspruch auf Schadensersatz enthält § 43 S. 1 PQG dagegen nicht.

---

[269] Vgl. *Zhang Mingshi (Hrsg.)*, Schadensersatzklage, S. 232; *Gu Junling/Zhang Zhinan*, Verbraucherschutzrecht, S. 159: „Es ist (aus § 30 Abs. 1 u. 2 PQG a.F.) ersichtlich, dass die strenge Haftung des Vertriebshändlers an Voraussetzungen geknüpft ist und nicht derart absolut wirkt, wie die Haftung des Herstellers". Ähnlich betont *Hu Jiaqiang (Hu Jiaqiang*, Zhengzhi yu Falü, 1994/3, 53, 54 f.) zwar ausdrücklich, dass auf Hersteller und Vertriebshändler verschiedene Haftungsprinzipien anzuwenden seien. Jedoch relativiert er diese Ausage wieder, indem er, entsprechend der h.M., diesen Unterschied erst auf der zweiten Stufe zur Geltung kommen lässt.

[270] So auch *Li Changqi/Xu Mingyue*, Verbraucherschutzrecht, S. 204 f.; *An Jian*, Zhongguo Faxue, 1993/5, 64, 67.

Die zweistufige Haftung nach der h.M. ist auch schwerlich mit den Haftungsausschlusstatbeständen des § 41 Abs. 2 PQG in Einklang zu bringen. Die in § 41 Abs. 2 PQG zugunsten des Herstellers aufgestellten Haftungsausschlussgründe stellen Ausnahmen vom Grundsatz der verschuldensunabhängigen Haftung dar.[271] Sie sollen eine übermäßige Belastung des Herstellers durch die verschuldensunabhängige Haftung verhindern. Dem Wortlaut des § 41 Abs. 2 PQG („Der Hersteller haftet nicht auf Schadensersatz...") ist dabei zu entnehmen, dass diese Haftungsausschlussgründe den Hersteller von seiner Haftung gegenüber dem **Geschädigten** befreien, also schon im Außenverhältnis wirken sollen.

Folgte man dem Prinzip der Zweistufenhaftung, würden die Haftungsausschlussgründe des § 41 Abs. 2 PQG aber erst im Innenverhältnis Wirkung entfalten, womit sie ihrem Zweck, nämlich die Interessen des Herstellers zu schützen, nicht gerecht würden. Der Fall etwa, dass erst durch ein Verschulden des Vertriebshändlers ein Fehler im Produkt entsteht, ist regelmäßig vom Haftungsausschlussgrund des § 41 Abs. 2 Ziff. 2 PQG (Fehler existierte zur Zeit des Inverkehrbringens noch nicht) erfasst. Richtigerweise dürfte der Hersteller dem Geschädigten gegenüber schon gar nicht schadensersatzpflichtig sein. Zu diesem Ergebnis kommt aber nicht die h.M., da diese ungeachtet § 41 Abs. 2 PQG eine unbedingte „vorläufige" Haftung des Herstellers gegenüber dem Geschädigten annimmt.[272] Dem Hersteller bliebe dann nur ein Regressanspruch gegen den Vertriebshändler.[273]

Ein systemwidriges Ergebnis würde sich bei Befolgung der h.M. auch für den Vertriebshändler einstellen. Denn dem Wortlaut nach stehen die in § 41 Abs. 2 PQG aufgelisteten Haftungsausschlussgründe dem Vertriebshändler gerade nicht zu. Dies

---

[271] *Liu Xiushan/Chen Yongmin*, Produkthaftung und Verbraucherrechte, S. 44; zu den Haftungsausschlussgründen siehe unten 4.

[272] Vgl. z.B. *Li Changqi/Xu Mingyue*, Verbraucherschutzrecht, S. 356: „Der Hersteller darf sich nicht dadurch von seiner Haftung befreien, indem er beweist, dass ihn an der Entstehung des Produktfehlers kein Verschulden treffe. Wenn aber festgestellt wird, dass die Ursache für die Entstehung des Produktfehlers nicht bei ihm liegt, sondern bei einem anderen Hersteller, Vertriebshändler, Lagerhalter oder Transporteur, so kann er nach Ersatzleistung an den Verbraucher den anderen schuldhaft handelnden Unternehmer in Regress nehmen." (Übersetzung des Verfassers)

[273] Diesen Widerspruch scheint nur *Liu Shiguo* zu sehen, der einen Haftungsausschluss nach § 29 Abs. 2 Ziff. 2 PQG a.F. lediglich für den Fall gelten lässt, dass der Hersteller eine Fehlerentstehung durch ein Verschulden des Geschädigten nachweisen kann. Siehe *Liu Shiguo*, Deliktischer Schadensersatz, S. 237. *Zhang Dongmei* (in: *Zhang Mingshi (Hrsg.)*, Schadensersatzklage, S. 236) geht dagegen von einer unbedingten Zahlungspflicht des Herstellers bzw. des Vertriebshändlers trotz Haftungsausschlussgrund aus, was jedoch den Zweck der Haftungsausschlussgründe als Leistungsverweigerungsrecht negieren würde und daher abzulehnen ist.

erklärt sich daraus, dass letzterer gemäß § 42 PQG ohnehin nur bei Verschulden haften soll. Folgte man der h.M. und nähme im Außenverhältnis auch für den Vertriebshändler eine verschuldensunabhängige Haftung an, so erhielte er nicht den gleichen Schutz wie der Hersteller.

Ein Beispiel soll diese Problematik veranschaulichen:

G wird durch eine explodierende Limonadenflasche verletzt. Ursache für die Explosion ist ein Fehler gemäß § 46 PQG. Dem Verkäufer (V) der Limonadenflasche ist kein Verschulden vorzuwerfen. G klagt daraufhin gegen V auf Schadensersatz. V wird entsprechend h.M. gemäß § 43 S. 1 PQG zur Zahlung von Schadensersatz an G verurteilt. V kann nun versuchen, den Hersteller H über § 43 S. 2 PQG in Regress zu nehmen. Da V selbst schuldlos ist, haftet er gemäß § 42 PQG nicht endgültig. Nach § 41 Abs. 1 PQG haftet H zwar verschuldensunabhängig, doch wäre er von der Haftung befreit, falls ein Haftungsausschlussgrund nach § 41 Abs. 2 PQG vorläge. Angenommen, dem H stünde die Einrede des Entwicklungsrisikos nach § 41 Abs. 2 Ziff. 3 PQG zu. V könnte sich dann nicht an H halten und würde trotzdem für den Schaden des G aufkommen müssen.

Der Vertriebshändler würde dann schließlich für einen Schaden aufkommen müssen, für den er wegen § 42 PQG gar nicht (endgültig) haften müsste.[274]

Außerdem würde die Regelung in § 42 Abs. 2 PQG, wonach der Vertriebshändler ausnahmsweise als Quasi-Hersteller verschuldensunabhängig haftet,[275] ihren Sinn verlieren, da nach der h.M. der Vertriebshändler sowieso gegenüber dem Geschädigten verschuldensunabhängig haften müsste.

(3) Sinn und Zweck

Die h.M. erscheint auch aus dem Gesichtspunkt der Risikoverteilung zweifelhaft. Denn dadurch, dass dem Vertriebshändler im Außenverhältnis eine verschuldens-

---

[274] Dieses Problem wird in der Literatur leider nicht direkt erörtert. Eine denkbare Lösung dieses Widerspruchs wäre eine analoge Anwendung der Herstellereinreden in § 41 Abs. 2 PQG auf den Vertriebshändler. Dies wird z.B. von *Cai Zhilian* gefordert, siehe *Cai Zhiliang*, Zhongguo Shangye Fazhi, 1996/4, 3, 6.
[275] Der Vertriebshändler haftet nach § 42 Abs. 2 PQG verschuldensunabhängig, wenn er gegenüber dem Geschädigten weder den Hersteller noch den Lieferanten benennen kann.

unabhängige Haftung aufgelastet wird, wird er in vielen Fällen gezwungen sein, den Hersteller als eigentlich Haftenden in Regress zu nehmen. Ihm wird dadurch das Prozess- und Insolvenzrisiko auferlegt.

Die h.M. versucht dieses erhöhte Risiko des Vertriebshändlers mit der Begründung zu rechtfertigen, der Vertriebshändler sei Unternehmer und stehe in geschäftlicher Beziehung zum Hersteller. Deshalb sei es ihm auch eher zuzumuten, den vorgeleisteten Schadensersatz außergerichtlich, etwa gemäß vertraglicher Vereinbarungen, vom Hersteller zurückzufordern. Der Geschädigte habe dagegen i.d.R. keine vertraglichen Beziehungen zum Hersteller. Zudem sei die Verlagerung des Prozess- und Insolvenzrisikos auf den Vertriebshändler auch deswegen gerechtfertigt, da der Vertriebshändler, ähnlich wie der Hesteller, durch den Verkauf der Produkte an den Verbraucher profitiere. Hersteller und Vertriebshändler seien nach dieser Begründung gleichermaßen Glieder in der Vertriebskette, so dass sie dem gleichen „Lager" zugehörig seien und folglich in gleicher Weise gegenüber den Verbraucher haften müssten.[276]

Die Begründung der h.M. steht auf einem sehr verbraucherfreundlichen Standpunkt. Der Geschädigte soll möglichst schnell und insbesondere ohne sich auf ein „Hin und her" zwischen Vertriebshändler und Hersteller einlassen zu müssen, seinen Schaden ersetzt bekommen. Wer von beiden am Ende für den Schaden aufkommen muss, brauche den Geschädigten nicht zu interessieren. Eine solche Praxis, bei der faktisch gesehen eine Garantiehaftung auch des Vertriebshändlers aufgestellt wird, macht aus Sicht des Verbraucherschutzes gerade in einem so riesigen Land wie die VR China sicherlich Sinn. Denn die räumliche Distanz zum Hersteller kann im Einzelfall derart groß sein, dass sie für sich allein schon als psychologische Barriere wirken und den Geschädigten von einer Klageerhebung abhalten kann.

Dem ist jedoch die ratio der § 41, 42 PQG entgegenzuhalten, die auch von Anhängern der h.M. erkannt wird. So soll die verbraucherschützende Funktion der verschuldensunabhängigen Haftung gerade im Verhältnis des Geschädigten zum Hersteller Wirkung entfalten, wie aus § 41 PQG deutlich hervorgeht.[277] Denn Konstruktions-, Herstellungs- und Instruktionsfehler entstehen normalerweise im Pro-

---

[276] *Li Changqi/Xu Mingyue*, Verbraucherschutzrecht, S. 205 f.

[277] Vgl. *Guo Jing (u.a.)*, Verbraucherschutz, S. 228; *Liu Wenhua*, Lehrbuch zum PQG, S. 166; *Liu Xiushan/Chen Yongmin*, Produkthaftung und Verbraucherrechte, S. 43.

duktionsablauf und fallen mithin regelmäßig in den Verantwortunsgbereich des Herstellers.[278] Der Hersteller kann außerdem effektiver als der Vertriebshändler Fehler in den eigenen Produkten entdecken und vermeiden.[279] Dass ein Produktfehler auf ein Zutun des Vertriebshändlers zurückzuführen ist, z.b. dann wenn ein Verkäufer Nahrungsmittel nicht sachgemäß lagert, muss dagegen als Ausnahme angesehen werden, auf die eine Verschuldenshaftung anzuwenden angemessener erscheint. Wenn das Prozess- und Insolvenzrisiko stets vom Geschädigten auf den Vertriebshändler verlagert sein würde, so würde das eine übermäßige Belastung des Vertriebshändlers darstellen, die nicht mit der Gewinnbeteiligung des Vertriebshändlers oder der Stellung des Vertriebshändlers als Unternehmer gerechtfertigt werden kann.

3. Der Produktfehler als Anknüpfungspunkt der Haftung

Gemäß den §§ 41, 42 PQG müssen für eine Schadensersatzhaftung des Herstellers oder Vertriebshändlers grundsätzlich drei Voraussetzungen erfüllt sein.[280] Erstens, das Produkt muss einen Fehler enthalten. Zweitens, es muss ein Schaden an Körper oder Vermögen einer Person eingetreten sein und drittens, bedarf es eines Kausalzusammenhangs[281] zwischen Produktfehler und Schadenseintritt. Im folgenden wird der Produktfehler als Anknüpfungspunkt der Produkthaftung näher erläutert.

---

[278] Lediglich hinsichtlich der Instruktionsfehler könnte im chinesischen Recht etwas anderes gelten, da nach einem Teil der Literatur Instruktionsfehler als sog. „Vertriebsfehler" grundsätzlich in den Verantwortungsbereich des Vertriebshändlers fallen sollen. Siehe unten 3. d) cc).

[279] Vgl. *Liu Wenhua*, Lehrbuch zum PQG, S. 173.

[280] Nach der hier vertretenen Meinung, ist für die Haftung des Vertriebshändlers auch das Verschulden (Vorsatz oder Fahrlässigkeit) zu den Haftungsvoraussetzungen zu zählen. Vgl. oben 2. b).

[281] An das Erfordernis eines Kausalzusammenhangs zwischen Produktfehler und eingetretenem Schaden werden im allgemeinen keine hohen Anforderungen gestellt, insbesondere muss der Produktfehler nicht die einzige Ursache für den Schadenseintritt gewesen sein; es soll genügen, wenn der Produktfehler entscheidend zum Schadenseintritt beigetragen hat. In der Praxis wird der Kausalzusammenhang i.d.R. bereits dann angenommen, wenn der Produktfehler eine Gefahr verkörperte, die nach allgemeiner Erfahrung geeignet war, einen Schaden der eingetreten Art herbeizuführen. Es gilt also wie im deutschen Privatrecht das Prinzip der adäquaten Kausalität (vgl. dazu *Liu Shiguo*, Deliktischer Schadensersatz; S. 236; *Zhang Mingshi (Hrsg.)*, Schadensersatzklage, S. 232, *Wang Liming/Yang Lixin*, Deliktsrecht, S. 137). Wenn der Produktfehler in einem Verstoß gegen einschlägige Sicherheitsnormen (§ 46 S. 2 PQG) liegt, muss geprüft werden, ob die Nichtnormgemäßheit des Produkts tatsächlich ausschlaggebend für den Schaden war.

a) Legaldefinition, § 46 PQG

Nachdem bis zur Einführung des Produktqualitätsgesetzes in der chinesischen Produkthaftung allein das Konzept der „nicht normgemäßen Produktqualität" galt, das von vielen Seiten als unzulänglich kritisiert wurde,[282] spricht das Produktqualitätsgesetz erstmals vom „Fehler" (*quexian*), was nach allgemeiner Auffassung als bedeutender Fortschritt zur Regelung in § 122 AGZ angesehen wird. Eine Legaldefinition des Fehlerbegriffs ist in § 46 PQG enthalten. Danach liegt ein Fehler i.S. des Produktqualitätsgesetzes dann vor, wenn im Produkt eine unangemessene Gefahr für Leib und Leben oder für das Vermögen eines anderen besteht, § 46 1. Halbsatz PQG. Darüberhinaus soll nach § 46 2. Halbsatz PQG ein Produktfehler auch dann zu bejahen sein, wenn anwendbare nationale oder gewerbliche Standards,[283] die dem Schutz von Leib, Leben, Gesundheit oder Vermögen dienen, vom Produkt nicht eingehalten werden.

b) „Unangemessene Gefahr"

Hinsichtlich der Frage, wann von einer „unangemessenen Gefahr" auszugehen ist, wird im Schrifttum weitgehend dem Beispiel der EG-Produkthaftungsrichtlinie gefolgt.[284] Nämlich sollen als Beurteilungsmaßstab die berechtigten Erwartungen eines durchschnittlichen, vernünftigen Verbrauchers herangezogen werden.[285] Von einer unangemessenen Gefahr ist demnach dann zu sprechen, wenn das Produkt nicht diejenige Sicherheit besitzt, die ein durchschnittlicher Verbraucher berechtigterweise vom Produkt erwarten kann. Es wird also grundsätzlich ein objektiver Maßstab angelegt. Zu berücksichtigen sind hierbei aber auch die Umstände des Einzelfalls. Für die Bewertung des Einzelfalls sind insbesondere der gewöhnliche Verwen-

---

[282] Vgl. vor allem *Liang Huixing*, Faxue Yanjiu, 1990/5, 58, 67.

[283] Was unter „nationalen Standards" (*guojia biaozhun*) bzw. „gewerblichen Standards" (*hangye biaozhun*) zu verstehen ist, wird im PQG nicht erläutert. Bei beiden handelt es sich aber um landesweit anwendbare Normen, die von Unterbehörden des Staatsrats, insbesondere vom Standardisierungsamt, erlassen werden. Der Unterschied besteht vor allem in der Zielsetzung und im Rangverhältnis, wobei die nationalen Standards am höchstrangigsten sind. Siehe dazu *Gao Yan/Ni Ruilan*, Verbraucherschutzrecht, S. 223 f.; *Liu Wenhua*, Lehrbuch zum PQG, S. 115 f.

[284] Vgl. *Zhuang Hongxing/Liu Zhixin*, Körperschäden und Produkthaftung, S. 97.

[285] *Wang Liming/Yang Lixin*, Deliktsrecht, S. 135; *Yang Lixin*, Zivilrechtliche Urteile, S. 65; *Liu Wenqi*, Produkthaftungssysteme, S. 139; *Liu Xiushan/Chen Yongmin*, Produkthaftung und Verbraucherrechte, S. 42.

dungszweck und die gewöhnliche Gebrauchsweise des Produkts heranzuziehen. [286] Eine Rolle sollen auch Sicherheitshinweise und Eigenschaftszusicherungen in der Produktanleitung, der Gebrauchszeitraum (so etwa bei Lebensmitteln) sowie eine im Produkt an sich bestehende Gefährlichkeit spielen.[287] Letzteres Kriterium dient vor allem zur Abgrenzung zur „angemessenen Gefahr", die bei unvermeidbar gefährlichen Produkten, z.B. bei einem scharfen Messer, vorhanden ist.[288]

Neben der Sicht des Verbrauchers soll auch die des ebenfalls idealtypisch gedachten Herstellers miteinbezogen werden, indem auch danach zu fragen ist, welche Verwendungsart vom Hersteller für das Produkt vorgesehen war und mit welchem Verbraucherverhalten er entsprechend rechnen konnte, wobei auch ein vorhersehbarer Fehlgebrauch durch den Verbraucher zu berücksichtigen ist.[289]

Gemäß § 46 PQG muss sich die Gefahr gegen Leib, Leben oder gegen das Vermögen einer Person richten, wobei unter Vermögen nicht das fehlerhafte Produkt selbst fällt, wie § 41 PQG zu entnehmen ist.

c) Produktstandards als zusätzlicher Beurteilungsmaßstab

Gemäß § 46 S. 2 PQG soll die Fehlereigenschaft eines Produkts auch dann bejaht werden, wenn einschlägige, die Produktsicherheit betreffende nationale oder gewerbliche Standards nicht eingehalten werden. Dieser zweite Halbsatz des § 46 PQG (bzw. § 34 PQG a.F.) bereitet in der Literatur, trotz des klaren Wortlauts, Unsicherheiten in der Auslegung. So besteht ein Meinungsstreit hinsichtlich des Umfangs dieser Regelung, insbesondere im Verhältnis zu § 46 S. 1 PQG.

Bei diesem Meinungsstreit geht es hauptsächlich um die Frage, ob ein Produkt, das einschlägige Standards erfüllt (d.h. normgemäß ist) gleichzeitig als unangemessen

---

[286] *Li Changqi/Xu Mingyue*, Verbraucherschutzrecht, S. 209 f.; *Liu Wenqi*, Produkthaftungssysteme, S. 139; *An Jian*, Zhongguo Faxue, 1993/5, 64 f.

[287] *Li Changqi/Xu Mingyue*, Verbraucherschutzrecht, S. 209 f.; *Liu Wenqi*, Produkthaftungssysteme, S. 139; *An Jian*, Zhongguo Faxue, 1993/5, 64 f.

[288] *An Jian*, Zhongguo Faxue, 1993/5, 64, 65.

[289] Vgl. *Cai Zhiliang*, Zhongguo Shangye Fazhi, 1996/4, 3, 4; *Li Changqi/Xu Mingyue*, Verbraucherschutzrecht, S. 210.

gefährlich nach § 46 S. 1 PQG gelten kann und wenn ja, ob trotz der Normgemäßheit ein Fehler i.S. des Produktqualitätsgesetzes anzunehmen ist oder nicht.

Weitverbreitet ist der Standpunkt, dass der Prüfung einschlägiger Standards Vorrang
zu gewähren sei und daher die Fehlereigenschaft in obiger Konstellation verneint
werden müsse.[290] Nach dieser Auffassung seien in erster Linie nationale oder gewerbliche Standards für die Beurteilung der Fehlereigenschaft maßgebend, soweit
solche für das in Rede stehende Produkt einschlägig sind. Die solcherart festge-
stellte Normgemäßheit eines Produktes würde sodann stets die Fehlereigenschaft
ausschließen, und zwar unabhängig ob gleichzeitig eine unangemessene Gefahr bestünde. Nur für den Fall, dass nationale und gewerbliche Standards, die dem Schut-
ze von Leib, Leben oder Vermögen dienen, für das gegebene Produkt nicht existieren, soll das Kriterium der „unangemessenen Gefahr", quasi subsidiär als Auffangtatbestand, zur Anwendung kommen.

Begründet wird diese Auffassung damit, dass das Vertrauen der Unternehmer auf
die staatlich aufgestellten Qualitätsstandards geschützt werden müsse. Der Staat
solle die Verantwortung tragen, falls die von ihm aufgestellten Standards, Schäden
an Verbrauchern nicht vermeiden können.[291]

Gegen diese Argumentation spricht zunächst, dass staatliche Qualitätsstandards im
Vergleich zum unbestimmten Rechtsbegriff „unangemessene Gefahr" zwangsläufig
unflexibel und damit weniger effektiv für die Fehlerbestimmung sind. Denn staatliche Qualitätsstandards spiegeln bestenfalls einen zur Zeit ihrer Aufstellung gültigen
Standard wieder, und dies häufig unvollständig. Sie unterliegen daher immer der
Gefahr, schon bei ihrer Einführung oder kurze Zeit später vom Stand der Technik
oder Wissenschaft überholt zu sein.

Zu beachten ist in diesem Zusammenhang, dass § 46 PQG durch die Legaldefinition
des Fehlerbegriffs eine grundsätzliche Abkehr des Gesetzgebers von dem in § 122
AGZ zugrundegelegten Konzept der „nicht normgemäßen Produktqualität" erken-

---

[290] *Li Changqi*, Produktqualität, S. 337; *Li Changqi/Xu Mingyue*, Verbraucherschutzrecht, S. 210
(Die Autoren sehen eine solche Auslegung des § 34 PQG a.F. aufgrund des Wortlauts als zwingend an, kritisieren aber gleichzeitig eine Unbilligkeit gegenüber den Verbrauchern.); *Liu Xius-
han/Chen Yongmin*, Produkthaftung und Verbraucherrechte, S. 42; *Yang Lixin*, Zivilrechtliche
Urteile, S. 65; *Zhang Xinbao*, Chinesisches Deliktsrecht, S. 308.
[291] *Li Changqi*, Produktqualität, S. 337; *Shi Huirong*, Faxue Zazhi, 1996/4, 26, 27.

nen lässt, wie dies zuvor schon in der Literatur von verschiedenen Seiten gefordert wurde.[292] Die Gründe dafür waren zum einen, dass nicht alle Produktarten ausreichend mit Standards erfasst werden können. Zum anderen wurde erkannt, dass diese Standards, sofern sie einschlägig waren, auch oft nicht geeignet waren, alle Aspekte der Produktsicherheit, insbesondere die aus Verbrauchersicht interessanten, anzusprechen, weshalb die Regelung in § 122 AGZ als lückenhaft und unbefriedigend angesehen wurde.[293]

Aufgrund der Unzulänglichkeiten staatlicher Qualitätsstandards scheint es sinnvoller zu sein, diese im Rahmen der Fehlerbestimmung lediglich als Mindeststandard heranzuziehen, der durch den allgemeinen Maßstab des § 46 S. 1 PQG ergänzt wird.

Eine Argumentation, die den Vertrauensschutz der Unternehmer in den Vordergrund stellt und dem Staat die Verantwortung für unzureichende Qualitätsstandards zuschreibt, ist schließlich mit der Zielsetzung des Produktqualitätsgesetzes nicht vereinbar. Diese ist nach § 1 PQG vor allem in der Stärkung der Überwachung der Produktqualität sowie im Verbraucherschutz zu erblicken. Dagegen entspricht es nicht der Konzeption des Produktqualitätsgesetzes, dass der Staat für fehlerhafte Qualitätsstandards und daraus entstehenden Schäden einzustehen hat. Das Produktqualitätsgesetz enthält auch keine entsprechende Norm, aus der ein Geschädigter Schadensersatzansprüche gegen den Staat geltend machen könnte. Wenn man der Einhaltung von staatlichen Standards bereits fehlerausschließende Wirkung zugestände, so müsste der Geschädigte schließlich selbst für seinen Schaden aufkommen. Dies kann erkennbar nicht im Interesse des Gesetzgebers liegen. Vielmehr ist i.S. des Verbraucherschutzes davon auszugehen, dass im Rahmen der Fehlerbestimmung die Erwartungen der Allgemeinheit vorrangig vor denen der Unternehmer zu schützen sind.[294]

Richtigerweise ist § 46 PQG daher in der Weise auszulegen, dass die Nichteinhaltung einschlägiger Standards zwingendes Indiz für die Fehlerhaftigkeit sein soll. Die Einhaltung einschlägiger Standards soll dagegen nicht als solche zur Verneinung

[292] *Liang Huixing*, Faxue Yanjiu, 1990/5, 58, 67; *Cai Zhiliang*, Zhongguo Shangye Fazhi, 1996/4, 3, 4.
[293] *Liang Huixing*, Faxue Yanjiu, 1990/5, 58, 67.
[294] Vgl. *Cai Zhiliang*, Zhongguo Shangye Fazhi, 1996/4, 3, 4.

eines Produktfehlers führen. Sie stellt eine notwendige, nicht jedoch ausreichende Bedingung dafür dar.[295]

d) Fehlerarten

Im chinesischen Produkthaftungsrecht wird zwischen verschiedenen Fehlerarten unterschieden. Die meisten Autoren gehen dabei, dem westlichen Vorbild folgend,[296] von den drei Fehlerarten Konstruktionsfehler (*sheji quexian*), Herstellungsfehler (*zhizao quexian*) und Instruktionsfehler (*zhishi quexian*) als Erscheinungsformen des Fehlers i.S. des § 46 PQG aus.[297] Darüberhinaus wird teilweise auch der Vertriebsfehler (*jingying quexian*) als eigene Fehlerart angesehen.

aa) Konstruktionsfehler

Ein Konstruktionsfehler (*sheji quexian*) liegt vor, wenn die Konstruktion, d.h. die Planung oder das Design des Produkts Schwächen aufweist, die zu einer unangemessenen Gefahr im fertiggestellten Produkt führen, wobei typischerweise alle nach dieser Konstruktion hergestellten Produkte den gleichen Fehler aufweisen.[298] Hierunter fallen z.B. Fehler in der Struktur oder in der Materialauswahl, Kalkulationsfehler, usw.[299]

Entwicklungsfehler (*fazhan quexian*) oder Entwicklungsrisiken (*fazhan fengxian*), d.h. Gefahren im Produkt, die erst nach Inverkehrbringen des Produkts aufgrund

---

[295] *An Jian*, Zhongguo Faxue, 1993/5, 64, 65.

[296] Vgl. *Cai Zhiliang*, Zhongguo Shangye Fazhi, 1996/4, 3, 4; *An Jian*, Zhongguo Faxue, 1993/5, 64, 65.

[297] So z.B. *Cai Zhiliang*, Zhongguo Shangye Fazhi, 1996/4, 3, 4; *Liu Xiushan/Chen Yongmin*, Produkthaftung und Verbraucherrechte, S. 41 f.; *Liu Wenhua*, Lehrbuch zum PQG, S. 177. Von einigen Autoren wird als weitere Fehlerart der Materialfehler angeführt (vgl. *Li Changqi/Xu Mingyue*, Verbraucherschutzrecht, S. 209 f.; *Liu Wenhua*, Lehrbuch zum PQG, S. 113). Allerdings werden Fehler im Ausgangsmaterial regelmäßig als Herstellungsfehler seitens des Zulieferers des Ausgangsmaterials zu qualifizieren sein. Die Unterscheidung, ob der Fehler im Bereich des Endherstellers oder des Herstellers des Ausgangsmaterials entstand, ist aus Sicht des Verbrauchers unerheblich. Eine zusätzliche Kategorie der Materialfehler erscheint daher nicht notwendig.

[298] *Cai Zhiliang*, Zhongguo Shangye Fazhi, 1996/4, 3, 4; *Li Changqi/Xu Mingyue*, Verbraucherschutzrecht, S. 211; *Zhuang Hongxing/Liu Zhixin*, Körperschäden und Produkthaftung, S. 97.

[299] *Liu Xiushan/Chen Yongmin*, Produkthaftung und Verbraucherrechte, S. 42.

neuer Erkenntnisse in Wissenschaft und Technik zutage treten, werden dagegen nicht als Fehler i.S. des § 46 PQG angesehen, da solche Fälle einen Haftungsausschlussgrund des Herstellers nach § 41 Abs. 2 Ziff. 3 PQG konstituieren.[300]

bb) Herstellungsfehler

Beim Herstellungsfehler (*zhizao quexian*) dagegen verursacht nicht eine Schwäche in der Planung, sondern im eigentlichen Herstellungsprozess eine Abweichung des Endprodukts vom ursprünglichen Design. Diese Abweichung muss eine unangemessene Gefahr i.S. des § 46 PQG darstellen. Herstellungsfehler betreffen i.d.R. nur einen Teil der in Serie gefertigten Produkte.[301]

cc) Instruktionsfehler

Als Instruktionsfehler werden solche Fehler bezeichnet, die in einer fehlenden oder mangelhaften Gebrauchsanweisung oder in nicht ausreichenden Warnhinweisen vor potenziellen Gefahren liegen und das betreffende Produkt erst auf diese Weise im Gebrauch eine unangemessene Gefahr entfalten kann.[302] Instruktionsfehler kommen insbesondere in Betracht bei Produkten, die durch eine von vorneherein gegebene Gefährlichkeit gekennzeichnet sind, welche als solche aber nicht als „unangemessen" bezeichnet werden kann (z.B. Arzneimittel, die bei einer Überdosierung gefährlich sein können). Die Einbeziehung von Instruktionsfehlern in den Kreis der Produktfehler i.S. des § 46 PQG wird im Schrifttum allgemein anerkannt. Jedoch werden zum Teil Bedenken erhoben, da § 46 PQG eine im Produkt, also in der Sache selbst, bestehende Gefahr voraussetzt, während Instruktionsfehler aber unmittelbar nur Erläuterungen und Sicherheitshinweise zum Produkt betreffen.[303]

---

[300] *Li Changqi/Xu Mingyue*, Verbraucherschutzrecht, S. 211; *Li Changqi*, Produktqualität, S. 342; *Cai Zhiliang*, Zhongguo Shangye Fazhi, 1996/4, 3, 4.

[301] *Zhuang Hongxing/Liu Zhixin*, Körperschäden und Produkthaftung, S. 95; *Cai Zhiliang*, Zhongguo Shangye Fazhi, 1996/4, 3, 4; *Wang Liming/Yang Lixin*, Deliktsrecht, S. 135.

[302] *Liu Xiushan/Chen Yongmin*, Produkthaftung und Verbraucherrechte, S. 42; *Zhuang Hongxing/Liu Zhixin*, Körperschäden und Produkthaftung, S. 97; *Cai Zhiliang*, Zhongguo Shangye Fazhi, 1996/4, 3, 4.

[303] Vgl. *Li Changqi*, Produktqualität, S. 336, der eine weite Auslegung und damit eine Anerkennung von Instruktionsfehlern aus Gründen des Verbraucherschutzes für erforderlich hält.

dd) Vertriebsfehler

Bedingt dadurch, dass das Produktqualitätsgesetz in § 42 die Haftung des Vertriebshändlers regelt und dabei, wie bei der Herstellerhaftung nach § 41 PQG, den Fehlerbegriff des § 46 PQG zugrundelegt, sieht ein Teil der Literatur in Vertriebsfehlern eine weitere Fehlerart.[304] Dabei handelt es sich um Fehler, die nicht im Herstellungs-, sondern allein im Vertriebsprozess, insbesondere in der Sphäre des Vertriebshändlers, entstehen. Aber auch Fehler die infolge des Transports oder der Lagerung entstehen, zählen zu dieser Kategorie. Der Fehlerbegriff des § 46 PQG soll nämlich auch für die Haftung des Transporteurs bzw. Lagerhalters,[305] die sich weiterhin aus § 106 Abs. 2 AGZ bzw. § 122 S. 2 AGZ ergibt, gelten.[306]

4. Haftungsausschlussgründe und Mitverschulden

Zum Zwecke eines angemessenen Schutzes auch der Interessen des Herstellers enthält das Produktqualitätsgesetz drei Haftungsausschlussgründe, die die verschuldensunabhängige Haftung des Herstellers einschränken. Nach § 41 Abs. 2 PQG haftet der Hersteller trotz Vorliegen von Fehler, Schaden und Kausalität nicht, falls er nachweisen kann, dass (1) er das Produkt nicht in den Verkehr gebracht hat, (2) der schadenverursachende Fehler zur Zeit des Inverkehrbringens noch nicht existierte oder (3) der Stand von Wissenschaft und Technik zum Zeitpunkt des Inverkehrbringens eine Entdeckung des Fehlers noch nicht ermöglichte.

Unverkennbar ist auch hier der Einfluss der EG-Produkthaftungsrichtlinie,[307] deren in Art. 7 EG-R aufgestellten Haftungssausschlussgründe vom chinesischen Gesetzgeber teilweise übernommen worden sind. Als Haftungsminderungsgrund ist darüberhinaus ein Mitverschulden des Geschädigten anerkannt.

---

[304] *Yang Lixin*, Zivilrechtliche Urteile, S. 66; *Wang Liming/Yang Lixin*, Deliktsrecht, S. 135.

[305] Vgl. zur Haftung des Transporteurs und Lagerhalters und zum diesbezüglichen Meinungsstreit, oben II. 5.

[306] *Yang Lixin*, Zivilrechtliche Urteile, S. 66; *Wang Liming/Yang Lixin*, Deliktsrecht, S. 135.

[307] Bzw. die nationalen Gesetze, die aufgrund der EG-Richtlinie erlassen worden sind, insbesondere das deutsche Produkthaftungsgesetz, vgl. § 1 Abs. 2 Ziff. 1, 2 und 5 ProdHaftG.

a) Fehlendes Inverkehrbringen, § 41 Abs. 2 Ziff. 1 PQG

Nach § 41 Abs. 2 Ziff. 1 PQG haftet der Hersteller nicht, falls er nachweisen kann, dass er das Produkt nicht in den Verkehr gebracht hat. Was unter „Inverkehrbringen" zu verstehen ist, geht aus dem Gesetz nicht hervor. In der Literatur wird unter diesem Begriff im allgemeinen die Herausgabe und Weitergabe des Produkts aus dem Herrschaftsbereich des Herstellers in den wirtschaftlichen Kreislauf, insbesondere in den Vertriebsprozess verstanden.[308] Dies kann durch jegliche Art der Veräußerung geschehen, aber auch durch Vermietung, Verleih oder Pfandübergabe.[309] Voraussetzung ist hierbei nicht, dass das Produkt den Verbraucher tatsächlich erreicht. Ein Inverkehrbringen etwa eines Teilprodukts ist demnach gegeben bei der Veräußerung dieses Teilprodukts durch einen Zulieferer an den Endprokthersteller. Nach einem Teil der Literatur soll es entscheidend auf eine Übergabe im Rahmen der unternehmerischen Tätigkeit ankommen, dagegen nicht auf eine Entgeltlichkeit der Übertragung.[310]

Die Bedeutung des Haftungsausschlusses bei fehlendem Inverkehrbringen erstreckt sich zum einen auf Fälle, in denen Produkte noch nicht den Herrschaftsbereich des Herstellers verlassen haben und beispielsweise Mitarbeiter des Herstellers im Produktionsprozess durch ein defektes Produkt verletzt werden. In diesen Fällen soll der Hersteller nicht mit Produkthaftungsansprüchen belastet werden, die primär dem Verbraucherschutz dienen. Stattdessen sollen in diesen Fällen arbeitsrechtliche und vertragsrechtliche Regelungen zur Anwendung kommen.[311]

Zum anderen soll eine Haftung in denjenigen Fällen ausgeschlossen sein, in denen Produkte zwar den Herrschaftsbereich des Herstellers verlassen und Verbraucher erreicht haben, dies aber nicht durch den Hersteller veranlasst worden ist. Denkbar sind hierbei z.B. Diebstahls- und Unterschlagungsfälle oder sonstiges Abhandenkommen von Produkten.[312]

---

[308] *Liu Xiushan/Chen Yongmin*, Produkthaftung und Verbraucherrechte, S. 44.
[309] *Liu Shiguo*, Deliktischer Schadensersatz; S. 237; *Li Changqi*, Produktqualität, S. 341 f.
[310] *Li Changqi*, Produktqualität, S. 340 unter Verweis auf Art. 2 Abs. 4 der Straßburger Konvention zur Produkthaftung.
[311] *Liu Shiguo*, Deliktischer Schadensersatz; S. 237.
[312] In einem Fall, den ein Schanghaier Volksgericht im Jahre 1995 zu entscheiden hatte, entwendete ein Freund der Klägerin in einer Fabrik für Kosmetikartikel dort noch in der Entwicklung befindliche Hautcremes, die er der Klägerin gab. Die Klägerin erlitt nach Gebrauch der Hautcremes eine Hauterkrankung und klagte daraufhin gegen den Kosmetikhersteller auf Schadenser-

b) Entstehung des Fehlers nach Inverkehrbringen, § 41 Abs. 2 Ziff. 2 PQG

Ein Haftungsausschluss tritt gemäß § 41 Abs. 2 Ziff. 2 PQG für den Hersteller ein, wenn er nachweisen kann, dass das Produkt den schadenverursachenden Fehler zur Zeit des Inverkehrbringens noch nicht hatte. Ein Produktfehler, der erst außerhalb des Herrschaftsbereichs des Herstellers entsteht, kann dem Hersteller nicht zugerechnet werden. Der Fehler wird dann regelmäßig entweder innerhalb der Vertriebskette, z.b. durch unsachgemäßen Transport, oder beim Verbraucher, etwa durch einen Fehlgebrauch, entstanden sein. [313] Möglich ist auch, dass ein Fehler durch den normalen Verschleiß des Produkts entsteht, wobei im Einzelfall aber die Fehlereigenschaft schon fraglich sein kann, wenn nämlich ein normaler vernünftiger Verbraucher nicht mehr mit einem sicheren Gebrauch der Sache rechnen durfte.

Der Haftungsausschlussgrund des § 41 Abs. 2 Ziff. 2 PQG bewirkt gleichzeitig eine Beweiserleichterung für den Geschädigten. Denn dieser braucht nicht zu beweisen, dass er den Fehler nicht durch eigenes Zutun hervorgerufen hat. Vielmehr tritt durch § 41 Abs. 2 Ziff. 2 PQG eine Vermutung dahingehend ein, dass der Fehler bereits im Machtbereich des Herstellers existierte. Diese Vermutung kann nur durch den Gegenbeweis des Herstellers widerlegt werden.

c) Entwicklungsrisiken, § 41 Abs. 2 Ziff. 3 PQG

Gemäß § 41 Abs. 2 Ziff. 3 PQG kann sich der Hersteller von der Haftung befreien, wenn er nachweist, dass der Stand von Wissenschaft und Technik zum Zeitpunkt des Inverkehrbringens des Produkts eine Entdeckung des Fehlers nicht ermöglichte.

---

satz. Das Gericht sah den Haftungsausschlussgrund in § 29 Abs. 2 Ziff. 2 PQG a.F. (vgl. § 41 Abs. 2 Ziff. 2 PQG n.F.) wegen fehlenden Inverkehrbringens als gegeben an und wies die Klage ab. Siehe *Liu Wenqi*, Produkthaftungssysteme, S. 168. Vgl. auch *Wang Liming/Yang Lixin*, Deliktsrecht, S. 140.

[313] Zu beachten ist hierbei aber, dass der Haftungsausschlussgrund des § 41 Abs. 2 Ziff. 2 PQG dann, wenn man der h.M. in Literatur und Rechtsprechung zu §§ 29 ff. PQG a.F. folgt, leerlaufen muss, da diese Meinung von einer unbedingten verschuldensunabhängigen Haftung sowohl des Herstellers als auch des Vertriebshändlers gegenüber dem Geschädigten ausgeht. Der Hersteller wäre demnach zur Leistung von Schadensersatz an den Geschädigten verpflichtet, auch wenn der Fehler erst nach Inverkehrbringen durch ein Verschulden eines Dritten entstanden ist. Ihm stünde, in einem zweiten Schritt, nur ein Regressanspruch gegen den tatsächlich Haftenden zu. Nach der hier vertretenen Meinung bleibt es dagegen beim Haftungsausschluss. Siehe zu diesem Meinungsstreit oben 2.

Anders als beim Haftungsausschluss nach § 41 Abs. 2 Ziff. 2 PQG, bei dem der Fehler während des Inverkehrbringens noch gar nicht existierte, kommt es beim Haftungsausschluss nach § 41 Abs. 2 Ziff. 3 PQG darauf an, dass ein bei Inverkehrbringen bereits bestehender Fehler[314] objektiv nicht erkennbar war und es dem Hersteller infolgedessen nicht möglich war, Gegenmaßnahmen zu treffen oder Verbraucher zu warnen. Dabei soll jedoch nicht etwa das subjektive Unvermögen des Herstellers ausschlaggebend sein, da diese Frage im Rahmen einer verschuldensunabhängigen Haftung ohnehin irrelevant wäre. Vielmehr soll der Hersteller nicht für sog. Entwicklungsrisiken haften, also Risiken bei der Produktentwicklung, mit denen zum damaligen Zeitpunkt objektiv nicht zu rechnen war. Nicht eindeutig zu beantworten ist allerdings die Frage, ob hinsichtlich des Begriffs von Wissenschaft und Technik auf eine globale Verfügbarkeit von Informationen abzustellen ist oder ob nur solche Informationen zu berücksichtigen sind, die in der VR China zum fraglichen Zeitpunkt bekannt waren. Das Produktqualitätsgesetz enthält hierüber keinen Hinweis. Teile der Literatur scheinen jedoch für eine Beschränkung des Begriffs auf den in der VR China geltenden Stand von Wissenschaft und Technik zu sprechen, da sie den in der „Gesellschaft" vorhandenen Wissensstand als maßgebend bezeichnen.[315]

Grund für die Einführung dieser als „state-of-the-art defence" bekannten Einrede in das Produktqualitätsgesetz war vor allem die Überlegung, dass technische Innovationen bei der Entwicklung neuer Produkte gebremst oder verhindert würden, wenn Hersteller auch in Fällen, in denen sich das Entwicklungsrisiko verwirklicht hat, haften müssten.[316] Ein solches Ergebnis widerspräche nicht nur der gesetzgeberischen Zielsetzung, die Produktqualität in der VR China langfristig zu steigern, sondern würde letztendlich auch nicht im Interesse der Masse der Verbraucher sein.

---

[314] Der Umstand, dass der Fehler zur Zeit des Inverkehrbringens nach dem seinerzeitigen Stand von Wissenschaft und Technik nicht erkennbar war, bedeutet hingegen nicht gleichzeitig, dass ein Fehler zu diesem Zeitpunkt verneint werden musste (so aber offenbar *Li Changqi*, Produktqualität, S. 342). Denn dieser Umstand alleine schließt nicht eine unangemessene Gefahr im Produkt aus, welche unabhängig von seiner objektiven Erkennbarkeit bestehen kann.
[315] Vgl. *Liu Shiguo*, Deliktischer Schadensersatz; S. 237; *Liu Xiushan/Chen Yongmin*, Produkthaftung und Verbraucherrechte, S. 44; *Liu Wenhua*, Lehrbuch zum PQG, S. 184.
[316] Vgl. *Liu Shiguo*, Deliktischer Schadensersatz; S. 237.

d) Mitverschulden, § 131 AGZ

Die Haftung des Herstellers bzw. Vertriebshändlers kann nach dem allgemeinen Grundsatz des § 131 AGZ[317], der mit § 254 BGB vergleichbar ist, auch im Rahmen der Produkthaftung gemindert oder ausgeschlossen werden.[318] Danach ist ein Mitverschulden des Geschädigten an der Entstehung des Schadens erforderlich, wobei mindestens leichte Fahrlässigkeit hinsichtlich des Schadenseintritts vorliegen muss.[319] Mitverschulden kommt typischerweise bei einem Fehlgebrauch durch den Geschädigten in Betracht.[320] Es wird u.a. auch dann angenommen, wenn der Geschädigte von dem Fehler positiv Kenntnis hatte und trotzdem das Produkt benutzte. Ein bloßes Nichterkennen des Fehlers reicht dagegen nicht aus.[321]

Entscheidend für die Bejahung von Mitverschulden ist zunächst, ob das Verhalten des Geschädigten für den Schaden mitursächlich war. Mitverursachung ist gegeben, wenn der konkret eingetretene Schaden nur in Zusammenwirkung mit dem Verhalten des Geschädigten entstehen konnte. Wäre der gleiche Schaden auch ohne Mitwirkung des Geschädigten allein aufgrund des Produktfehlers entstanden, so ist eine Mitverursachung und folglich eine Haftungsminderung zu verneinen.

Bei Bejahung eines Mitverschuldens ist der Grad der Haftungsminderung abhängig von den Umständen des Einzelfalls, insbesondere vom Verschuldensanteil des Ge-

---

[317] § 131 AGZ: „Trifft den Geschädigten an der Entstehung des Schadens ebenfalls ein Verschulden, kann die zivilrechtliche Haftung des Schädigers gemindert werden."

[318] *Liu Shiguo*, Deliktischer Schadensersatz; S. 238; *Wang Liming/Yang Lixin*, Deliktsrecht, S. 140. Eine Haftunsgminderung aufgrund Mitverschulden ist zwar wegen der Einführung der verschuldensunabhängigen Haftung (zumindest für den Hersteller) nicht unproblematisch, da § 131 AGZ ursprünglich nur für den Bereich der Verschuldenshaftung konzipiert wurde. Jedoch wird im allgemeinen eine wenigstens analoge Anwendung auch für die verschuldensunabhängige Produkthaftung befürwortet (vgl. *Liu Shiguo*, Deliktischer Schadensersatz; S. 116 f.). Siehe dazu die Anmerkung von *Yang Hongkui* zum Fall *Dong Jingchun* (Sattelschlepper) in: Ausgewählte Fälle (1992-1996), S. 694 ff. In diesem vom Höheren Volksgericht der Provinz Jilin im Jahre 1996 entschiedenen Fall wurde ein Mitverschulden des Klägers nach § 131 AGZ anerkannt, nachdem dieser fahrlässig die Ladekapazität eines Sattelschlepper um 2,9 t überschritten hatte, was neben einer fehlerhaften Felge mit zu einem Radbruch und schließlich zum Umkippen des Sattelschlepper geführt hatte. Vgl. zu diesem Fall unten 5. b) cc).

[319] Dazu zählt z.B. das unterlassene Angurten beim Autofahren, in dem Fall, dass ein Produktfehler am Auto zu einem Unfall führt. Siehe *Gu Junling/Zhang Zhinan*, Verbraucherschutzrecht, S. 170.

[320] *Li Changqi/Xu Mingyue*, Verbraucherschutzrecht, S. 214; Fall *Dong Jingchun* (Sattelschlepper), in: Ausgewählte Fälle (1992-1996), S. 694 ff.

schädigten. Teilweise wird in der Literatur ein Entfallen der gesamten Haftung befürwortet, wenn der Geschädigte grob fahrlässig oder vorsätzlich an der Entstehung des Schadens mitgewirkt hat.[322]

5. Umfang des Schadensersatzes

Die Rechtsfolge der §§ 41, 42 PQG ist eine Schadensersatzhaftung des Herstellers bzw. Vertriebshändlers. Der Umfang dieser Haftung, also die Frage, welche Schadensposten ersatzfähig sind, richtet sich nach § 44 PQG.[323]

Nach der Systematik des chinesischen Schadensersatzrechts, die auch in § 44 PQG und den entsprechenden Vorschriften des Verbraucherschutzgesetzes ihren Niederschlag gefunden hat, werden ersatzfähige Schäden in zwei Kategorien eingeteilt, nämlich Personenschäden (*renshen sunhai*) und Vermögensschäden (*caichan sunhai*).[324]

Eine Legaldefinition für Personen- bzw. Vermögensschäden existiert nicht. Jedoch geht aus § 44 PQG hervor, dass in die Kategorie der Personenschäden solche Schäden fallen, die mit einer Verletzung der körperlichen Integrität oder einer Gesundheitsbeeinträchtigung einer Person im Zusammenhang stehen, während der Begriff der Vermögensschäden alle übrigen Beeinträchtigungen der vermögenswerten Interessen einer Person bezeichnet.

[321] *Li Changqi*, Produktqualität, S. 345; *Li Changqi/Xu Mingyue*, Verbraucherschutzrecht, S. 214; *Liu Wenqi*, Produkthaftungssysteme, S. 168.

[322] *Cai Zhiliang*, Zhongguo Shangye Fazhi, 1996/4, 3, 6; *Liu Wenqi*, Produkthaftungssysteme, S. 168.

[323] § 44 PQG n.F. ging im Rahmen der Reform des Produktqualitätsgesetzes im Jahre 2000 aus § 32 PQG a.F. hervor, der als einzige Produkthaftungsnorm im Produktqualitätsgesetz eine inhaltliche Änderung erfahren hat. So wurde Abs. 1 der Norm, der den Umfang des Schadensersatzes bei Personenschäden regelt, an die insofern vollständigeren Regelungen der §§ 41, 42 VSG angeglichen. Eine ergänzende Funktion des Verbraucherschutzgesetzes besteht für den Bereich der Produkthaftung damit nicht mehr.

[324] Anzumerken ist hierzu, dass diese Einteilung missverständlich sein kann, da unter Personenschäden vor allem auch Schadensposten fallen, die in einer Einbuße im Vermögen des Geschädigten liegen, etwa der Verdienstausfall. In die Kategorie der Personenschäden fallen somit auch „Vermögensschäden", die freilich stets durch eine Verletzung des Körpers oder eine Gesundheitsbeeinträchtigung des Geschädigten bedingt sind.

Im übrigen kennt das Produktqualitätsgesetz, anders als das Produkthaftungsgesetz im deutschen Recht, [325] weder eine Selbstbeteiligung des Geschädigten noch einen Haftungshöchstbetrag.

a) Personenschäden

§ 44 PQG unterscheidet hinsichtlich Personenschäden zwischen (1) allgemeinen Körperverletzungen bzw. Gesundheitsbeeinträchtigungen, (2) Körperverletzungen, die eine körperliche Behinderung zur Folge haben und (3) Tötungen. Je nach Einteilung sieht § 44 PQG verschiedene Arten der Schadensregulierung vor.

aa) Allgemeine Körper- und Gesundheitsschäden

Für allgemeine Körper- und Gesundheitsschäden, d.h. für solche Schäden an einer Person, die nicht den Grad einer körperlichen Behinderung erreichen, ergeben sich gemäß § 44 Abs. 1 PQG zwei ersatzfähige Schadensposten für den Geschädigten: Der Schädiger trägt zum einen die **Kosten der medizinischen Behandlung.** Darunter fallen alle Aufwendungen, die für die Heilung des Geschädigten erforderlich sind, wie z.B. Kosten für ärztliche Behandlung, Krankenhausaufenthalt, Medikamente, Pflege und Transport, wobei jedoch nur die durch das fehlerhafte Produkt unmittelbar verursachten Verletzungen und Gesundheitsschäden zu berücksichtigen sind.[326]

Zum anderen hat der Schädiger jede **Einkommensminderung** auszugleichen, die durch ein verletzungs- oder krankheitsbedingtes Fehlen von der Arbeit entstanden ist. Der Begriff „Einkommensminderung" ist hierbei im weiteren Sinne zu verstehen. Erfasst werden daher alle Einbußen am normalen Einkommen, an voraussehbaren Belohnungen, Zuschlägen, etc.[327] Für Einzelunternehmer und Landwirte sind die zu erwartenden, durchschnittlichen Einnahmen als Berechnungsgrundlage heranzuziehen.[328]

---

[325] Vgl. § 11 bzw. § 10 ProdHaftG.
[326] *Zhao Hongying*, PQG in Theorie und Praxis, S. 188.
[327] *Liu Wenhua*, Lehrbuch zum PQG, S. 233.

bb) Körperliche Behinderungen

Eine körperliche Behinderung oder Verstümmelung *(canji)* i.S. des § 44 PQG bzw. des allgemeinen Schadensersatzrechts (§§ 117, 119 AGZ) ist jede besonders schwere Körperverletzung oder Gesundheitsschädigung, die insbesondere mit einem physischen Verlust von Gliedmaßen oder deren dauerndem Funktionsausfall verbunden ist. Des weiteren stellt auch der Verlust des Hör- oder Sehvermögens sowie der Verlust der Funktionsfähigkeit anderer Körperorgane eine körperliche Behinderung i.S. des § 44 PQG dar.[329]

Im Fall der Herbeiführung einer körperlichen Behinderung hat der Hersteller bzw. Vertriebshändler dem Geschädigten zunächst diejenigen Schadensposten zu ersetzen, die auch bei einem allgemeinen Körper- oder Gesundheitsschaden zu ersetzen sind, nämlich die Heilungskosten und gegebenenfalls eine Einkommensminderung aufgrund Arbeitsversäumnis.

Gemäß § 44 Abs. 1 PQG hat der Schädiger darüberhinaus noch für folgende Schadensposten aufzukommen:

* Kosten für Hilfsmittel des Geschädigten
  Unter Hilfsmittel sind hierbei solche Selbsthilfeapparaturen und Geräte zu verstehen, die gerade aufgrund der körperlichen Behinderung notwendig sind, etwa ein Rollstuhl, Prothesen, etc. Die Aufführung dieser Kosten als eigenständiger ersatzfähiger Schaden macht deutlich, dass diese Kosten nicht von den Lebenshaltungskosten des Geschädigten i.S. des § 44 PQG erfasst werden.

* Kosten zur Unterstützung der Lebenshaltung
  Hierbei handelt es sich nicht um eine Fortführung des Ausgleichs für eine Einkommensminderung.[330] Dem Geschädigten wird nämlich keine Geldrente i.S. des § 843 BGB gewährt, bei der die Einkommensverhältnisse vor und nach dem

---

[328] *Liu Wenhua*, Lehrbuch zum PQG, S. 233.

[329] Vgl. *Gao Yan/Ni Ruilan*, Verbraucherschutzrecht, S. 252 f.

[330] Ein Problem, das mit der Auslegung des Begriffs der Lebenshaltungskosten zusammenhängt, ist, dass es kaum möglich ist zu bestimmen, bis zu welchem Zeitpunkt die Einkommensminderung auszugleichen ist. Denn bei einer körperlichen Behinderung ist im allgemeinen von einer teilweisen oder vollständigen Erwerbsunfähigkeit auf Dauer auszugehen, so dass der Geschädigte, anders als bei leichteren Verletzungen, nicht nur vorübergehend von der Arbeit fernbleibt.

schädigenden Ereignis zu berücksichtigen sind. Vielmehr sollen als Berechnungsgrundlage in erster Linie die örtlichen durchschnittlichen Lebenshaltungskosten dienen.[331] Demnach hat der Geschädigte bei vollständiger Erwerbsunfähigkeit mindestens diesen Betrag (berechnet für einen zu bestimmenden Zeitraum) zu erhalten und bei teilweiser Erwerbsunfähigkeit einen entsprechenden Differenzbetrag. Die Lebenshaltungskosten sind dabei in einer einmaligen Zahlung zu leisten. Denn eine monatliche Geldrente, wie sie im deutschen Recht üblich ist, ist dem chinesischen Schadensersatzrecht fremd.[332] Die Höhe des zu zahlenden Gesamtbetrags hängt im wesentlichen auch von dem Zeitraum ab, für den die Lebenshaltungskosten zu leisten sind. Eine verbindliche Regelung existiert dafür jedoch nicht, weshalb diese Frage im Prozess vom Sachverständigenurteil abhängt. In Fällen, in denen von einer lebenslangen Erwerbsunfähigkeit auszugehen ist, bestimmt sich der für die Schadensersatzleistung maßgebende Zeitraum regelmäßig nach der Differenz zwischen der durchschnittlichen örtlichen Lebenserwartung und dem Lebensalter des Geschädigten zur Zeit der Verletzung.[333]

• Behindertenentschädigungsgeld

Das Behindertenentschädigungsgeld (*canfei peichang jin*) ist ein gesetzlich geregelter Fall des Ersatzes für immaterielle Schäden. Darunter fallen seelische Schmerzen, die sich z.B. in Gefühlen der Trauer, Angst, Scham, usw. manifestieren. Es dient dazu, den Schock und die Trauer, den etwa der Verlust von Gliedmaßen mit sich bringt, zu mildern. Bis zur Einführung des Verbraucherschutzgesetzes im Jahre 1993 waren geistige Schäden im chinesischen Recht nur im Fall der Verletzung eines Persönlichkeitsrechts nach § 120 AGZ ersetzbar, wobei die Gerichte jedoch i.d.R. sehr zurückhaltend und zögerlich Ersatz für geistige Schäden anerkannten, was vor allem auf die Schwierigkeiten bei der Festlegung der Schadensersatzhöhe zurückzuführen war. Zu beachten ist auch, dass geistige Schäden im chinesischen allgemeinen Deliktsrecht grundsätzlich nicht ersetzt

---

[331] Vgl. § 146 der „Meinungen des Obersten Volksgerichts zur Ausführung der Allgemeinen Grundsätze des Zivilrechts", der sich auf § 119 AGZ bezieht: „Bei Körperverletzungen, die zum vollständigen oder teilweisen Verlust der Erwerbsfähigkeit führen, hat der Ersatz der Lebenshaltungskosten im Normalfall nicht unter den örtlichen allgemeinen Lebenshaltungskosten der Bürger zu liegen."

[332] *Liu Shiguo*, Deliktischer Schadensersatz, S. 239.

[333] *Zhuang Hongxing/Liu Zhilin*, Körperschäden und Produkthaftung, S. 174.

werden.[334] Bezüglich § 41 VSG, dessen Wortlaut in der Neufassung[335] des § 32 PQG a.F. - nämlich in § 44 PQG n.F. - übernommen worden ist, bestehen inzwischen aber keine Zweifel mehr, dass dort ein Fall des Ersatzes geistiger Schäden geregelt ist.[336]

Vom Begriff der immateriellen Schäden werden allerdings nicht grundsätzlich alle immateriellen Beeinträchtigungen erfasst, was insbesondere hinsichtlich körperlicher Schmerzen von Bedeutung ist. Denn Ansprüche auf Schmerzensgeld i.s. einer Entschädigung für körperlich erlittene Schmerzen enthält weder das chinesische allgemeine Deliktsrecht noch das Produkthaftungsrecht.[337]

- Unterhaltszahlungen für vom Geschädigten unterhaltene Personen
  Der Schädiger hat bei Verursachung einer körperlichen Behinderung auch die erforderlichen Lebenshaltungskosten für die vom Geschädigten unterhaltenen Personen zu tragen. Der Kreis der hierbei anspruchsberechtigten Personen wird im Gesetz nicht näher bestimmt, genausowenig wie die Berechnung der Höhe

---

[334] Anders im deutschen Schadensersatzrecht, wo Schmerzensgeld im allgemeinen Deliktsrecht nach § 847 Abs. 1 BGB geltend gemacht werden kann. Beachte auch die voraussichtlich am 1. Januar 2002 in Kraft tretende Einführung eines allgemeinen Anspruchs auf Schmerzensgeld in § 253 Abs. 2 BGB (n.F.) durch das Zweite Gesetz zur Änderung schadensersatzrechtlicher Vorschriften (gegenwärtig noch als Entwurf des Bundesjustizministeriums vom 19. Februar 2001). Danach soll ein Schmerzensgeldanspruch auch im Rahmen der Gefährdungshaftung sowie Vertragshaftung möglich sein, wenn „der Schaden unter Berücksichtigung seiner Art und Dauer nicht unerheblich ist", § 253 Abs. 2 Nr. 2 BGB (n.F.). Eine Verweisung auf letztere Norm soll aufgrund des genannten Änderungsgesetzes auch in § 8 ProdHaftG aufgenommen werden, so dass Schmerzensgeldansprüche in Zukunft auch im Rahmen der verschuldensunabhängigen Produkthaftung nach dem Produkthaftungsgesetz geltend gemacht werden können.
[335] Siehe die „Entscheidung über die Reform des Produktqualitätsgesetzes der VR China" des Ständigen Komittees des Nationalen Volkskongresses vom 8. Juli 2000.
[336] Vgl. *Zhuang Hongxing/Liu Zhilin*, Körperschäden und Produkthaftung , S. 174; *Liu Wenqi*, Produkthaftungssysteme, S. 162. Eine Präzedenzentscheidung bildet insoweit eine Entscheidung eines Volksgerichts der Provinz Haiding aus dem Jahre 1997, in der erstmalig eine Behindertenentschädigung nach § 41 VSG ausgesprochen wurde, der als Vorlage für § 44 PQG n.F. diente. In dem Fall erlitt die damals 17-jährige Klägerin schwere Verbrennungen und Verstümmelungen der Hände, als sie in einem Restaurant saß und ein direkt vor ihr stehender Gaskocher infolge einer fehlerhaften Gasflasche explodierte. Das Gericht sprach der Klägerin u.a. eine Behindertenentschädigung i.H.v. 100.000 RMB zu. Die von der Klägerin geltend gemachte Behindertenentschädigung i.H.v. 650.000 RMB, wies das Gericht jedoch als überhöht ab. Siehe zu diesem Fall *Liu Wenqi*, Produkthaftungssysteme, S. 162.
[337] Es erstaunt etwas, dass die Frage des Schmerzensgeldes, im Gegensatz zur Thematik der geistigen Schäden, im chinesischen Schrifttum nicht diskutiert wird. Denn körperliche Schmerzen stellen für den Betroffenen eine unmittelbarere und in vielen Fällen ähnlich intensive Beeinträchti-

des zu zahlenden Unterhalts.[338] In der Literatur werden zu den vom Geschädigten unterhaltenen Personen diejenigen Verwandten gezählt, die zur Zeit des Unfalls in finanzieller Abhängigkeit zum Geschädigten standen, etwa die minderjährigen Kinder des Geschädigten sowie nicht erwerbsfähige oder ältere Verwandte, etc.[339] Anders als im deutschen Recht,[340] stehen Unterhaltsersatzansprüche also nicht nur denjenigen zu, denen der Geschädigte zur Zeit des Unfalls kraft Gesetzes unterhaltspflichtig war oder werden konnte. Zur Höhe der Unterhaltszahlungen wird im allgemeinen, wie auch bei den Lebenshaltungskosten des Behinderten, von den durchschnittlichen örtlichen Lebenshaltungskosten als Grundlage ausgegangen.[341]

cc) Tötungen

Der Umfang der Haftung im Falle der Tötung einer Person bestimmt sich nach § 44 Abs. 1 2. Halbsatz PQG. Danach hat der Hersteller bzw. Vertriebshändler den Hinterbliebenen des Geschädigten die Beerdigungskosten sowie ein „Todesentschädigungsgeld" *(siwang peichang jin)* an die Hinterbliebenen zu zahlen. Darüberhinaus trägt der Schädiger auch die Unterhaltskosten für vom Verstorbenen zu Lebzeiten unterhaltene Personen und die vor Eintritt des Todes entstandenen Heilungskosten und Einkommensminderungen, was von Bedeutung ist, wenn der Geschädigte erst nach längerer Verletzungszeit verstirbt.[342]

Das in § 44 PQG statuierte Todesentschädigungsgeld stellt ähnlich wie die oben erläuterte Behindertenentschädigung einen Ersatz immaterieller Schäden dar. Es dient der Linderung seelischer Schmerzen, die der plötzliche Tod einer Person regelmäßig bei nahen Angehörigen verursacht. Im Vergleich zum momentanen deutschen Recht, in dem derartige Schäden über § 823 Abs. 1 BGB nur bei Erreichen

---

gung dar, wie seelische Schmerzen und sind im Prozess, etwa durch ärztliche Atteste, leichter beweisbar als geistige Schäden.

[338] § 147 der „Meinungen des Obersten Volksgerichts zur Ausführung der AGZ", der sich auf § 119 AGZ bezieht, sagt hierüber lediglich, dass sich die Höhe der Unterhaltszahlung „nach den tatsächlichen Gegebenheiten" zu richten hat.

[339] Vgl. *Liu Wenhua*, Lehrbuch zum PQG, S. 234.

[340] Vgl. § 844 Abs. 2 BGB.

[341] *Liu Wenhua*, Lehrbuch zum PQG, S. 234.

[342] *Liu Wenhua*, Lehrbuch zum PQG, S. 234

eines pathologischen Zustands (sog. „Schockschäden") [343] ersetzt werden, ist die Regelung in § 44 PQG wesentlich weitgehender, da keine besonderen Bedingungen an den Anspruch auf Hinterbliebenentrostgeld geknüpft werden. Zum Kreis der Ersatzberechtigten zählen nahe Verwandte. Dies sind normalerweise der Ehepartner, die Kinder, Eltern, Großeltern, Enkelkinder und Geschwister des unmittelbar Geschädigten. [344]

Hinsichtlich des Ersatzes der Unterhaltskosten der vom Getöteten zu Lebzeiten unterhaltenen Personen ist auf die obigen Ausführungen zum entsprechenden Anspruch im Falle einer körperlichen Behinderung hinzuweisen. [345] Die Interessenlage ist in beiden Fällen vergleichbar.

b) Vermögensschäden

Der Umfang der Haftung bei Vermögensschäden ergibt sich aus § 44 Abs. 2 PQG i.V.m. § 41 Abs. 1 PQG.

Gemäß § 44 Abs. 2 S. 1 PQG hat der Schädiger den ursprünglichen Zustand wiederherzustellen oder Schadensersatz in Geld zu leisten, falls er einen Schaden am Vermögen herbeiführt. Aus § 41 Abs. 1 PQG geht außerdem hervor, dass insoweit nur für Schäden am übrigen, außerhalb des fehlerhaften Produkts stehenden Vermögen zu haften ist.

aa) Vermögensbegriff

Zu beachten ist, dass der Begriff des Vermögens (*caichan*), der auch in den einschlägigen Vorschriften gebraucht wird, sowohl das Vermögen i.w.S. (d.h. alle vermögenswerten Rechte einer Person) als auch das Eigentum im sachenrechtlichen Sinne bezeichnen kann, da es im Chinesischen diesbezüglich keine begriffliche Unterscheidung gibt. Dieser Umstand trägt dazu bei, dass die Frage der ersetzbaren

---

[343] Vgl. BGHZ 56, 163; *Palandt-Heinrichs*, vor § 249, Anm. 5 B d.
[344] *Zhuang Hongxing/Liu Zhilin*, Körperschäden und Produkthaftung , S. 182.
[345] Siehe oben bb).

Vermögensschäden in Literatur und Rechtsprechung nicht einheitlich behandelt wird.

Vorzugswürdig erscheint, „Vermögen" i.S. der §§ 41, 44 PQG als „Sacheigentum" zu verstehen. Einen Anhaltspunkt dafür bietet zunächst ein Vergleich des § 41 PQG mit Art. 9 Abs. 1 b) EG-R und § 1 Abs. 1 S. 2 ProdHaftG. Während nämlich in § 41 PQG vom „übrigen, außerhalb des fehlerhaften Produkts stehenden **Vermögens**" die Rede ist, verwenden die genannten europäischen Vorschriften den Ausdruck „andere **Sache** als das fehlerhafte Produkt". Dass in § 41 PQG unter „Vermögen", abweichend vom EG-Recht, mehr als das Sacheigentum zu verstehen ist, ist nicht ersichtlich. Auch Wortlaut und Systematik des § 44 Abs. 2 PQG deuten eher auf eine enge Auslegung des Vermögensbegriffs hin. Diese Norm ordnet bei „Vermögensverlusten" die Wiederherstellung des ursprünglichen Zustands bzw. Wertersatz in Geld an. Typischerweise werden auf diese Weise Sachschäden ersetzt. Zudem spricht § 44 Abs. 2 S. 2 PQG von „anderen schwerwiegenden Verlusten", worunter in der Literatur zumeist Vermögensschäden i.w.S. verstanden werden.[346] Bei den „Vermögensverlusten" in § 44 Abs. 1 PQG kann es sich daher nur um Vermögensschäden i.e.S., also Schäden am Sacheigentum handeln.

bb) Direkte und indirekte Vermögensschäden

Im Schrifttum werden die nach § 44 Abs. 2 PQG (bzw. § 32 Abs. 2 PQG a.F.) ersatzfähigen Vermögensschäden im allgemeinen in sog. direkte und indirekte Vermögensschäden eingeteilt.[347] Unter direkten Vermögensschäden sind dabei Sachschäden zu verstehen, die durch das fehlerhafte Produkt unmittelbar am bestehenden Eigentum herbeigeführt werden.[348] Der Ersatz dieser Schäden richtet sich nach § 44 Abs. 2 S. 1 PQG. Der Schädiger kann seiner Ersatzpflicht demnach entweder durch Wiederherstellung des ursprünglichen Zustands (d.h. durch Reparatur der Sache oder Zahlung der Reparaturkosten) oder, falls dies nicht möglich sein sollte, durch Schadensersatz für den Wertverlust der Sache nachkommen. Im letzteren Fall ist die

---

[346] Siehe hierzu im folgenden bb).
[347] *Liu Wenhua*, Lehrbuch zum PQG, S. 234; *Zhang Mingshi (Hrsg.)*, Schadensersatzklage, S. 236 f.; *Zhao Hongying*, PQG in Theorie und Praxis, S. 187.
[348] *Zhao Hongying*, PQG in Theorie und Praxis, S. 187.

Differenz zwischen dem ursprünglichen und gegenwärtigen Wert der Sache zu ermitteln, wobei auch die bisherige Abnutzung der Sache zu berücksichtigen ist.[349]

Demgegenüber versteht man unter indirekten Vermögensschäden solche Vermögensverluste, die als weitere Folge eines unmittelbaren Sachschadens entstehen. Der Ersatz dieser Vermögensschäden wird auf § 44 Abs. 2 S. 2 PQG gestützt. Danach hat der Schädiger auch „andere schwerwiegenden Verluste", die der Geschädigte „infolgedessen" (d.h. infolge einer Eigentumsschädigung nach § 44 Abs. 2 S. 1 PQG) erleidet, zu ersetzen. Solche „anderen schwerwiegenden Verluste" liegen typischerweise in entgangenem Gewinn, beispielsweise dann, wenn eine Mietwohnung durch ein fehlerhaftes Produkt in Brand gerät (unmittelbarer Sachschaden) und der Eigentümer und Vermieter einen Vermögensschaden in Form des Mietausfalls hat.[350]

Indirekte Vermögensschäden sind jedoch nicht mit „reinen Vermögensschäden" gleichzusetzen, die alleine in der Fehlerhaftigkeit und der daraus resultierenden Nichtverwendbarkeit des Produkts liegen. Denn solche reinen Vermögensschäden sind wegen § 41 PQG, der „Schäden im Vermögen außerhalb der fehlerhaften Sache" und damit eine **Beeinträchtigung des Integritätsinteresses** voraussetzt, nicht ersetzbar.[351] Vielmehr werden mit „indirekten Vermögensschäden" ausschließlich Vermögensfolgeschäden bezeichnet, also solche Schäden am Vermögen, die infolge einer vorangehenden unmittelbaren Sachbeschädigung entstehen.[352] Haftungsauslösend soll also stets die Beschädigung einer Sache sein.

[349] *Zhang Mingshi (Hrsg.)*, Schadensersatzklage, S. 236 f.

[350] *Liu Wenhua*, Lehrbuch zum PQG, S. 235; *Zhang Mingshi (Hrsg.)*, Schadensersatzklage, S. 237. *Zhao Hongying*, PQG in Theorie und Praxis, S. 187. Andere Auffassung *Yang Lixin*, Zivilrechtliche Urteile, S. 73; *Liang Shuwen/Hui Huming/Yang Zhenshan*, AGZ, S. 936.: Indirekte Vermögensschäden, insbesondere entgangener Gewinn, sollen nur über vertragliche, nicht jedoch deliktische Ansprüche ersetzbar sein. Die Produkthaftung schütze nur das tatsächlich bestehende Vermögen, keine zukünftigen Vermögensvorteile.

[351] Anzumerken ist aber, dass diese Unterscheidung zwischen Vermögensfolgeschäden und reinen Vermögensschäden, die auch aus dem Produktqualität ableitbar ist, in der Literatur und der Rechtsprechung nicht bewusst vollzogen wird. Dort können reine Vermögensschäden als „indirekte Vermögensschäden" *(jianjie sunshi)* ersetzt werden. Daher muss die hier vertretene einschränkende Auslegung des § 32 Abs. 2 S. 2 PQG als Mindermeinung betrachtet werden.

[352] Damit ist die Regelung des § 32 Abs. 2 PQG mit dem deutschen Produkthaftungsrecht vergleichbar, wonach nur solche Vermögensschäden ersetzbar sind, die als weitere Folge einer Verletzung eines der in § 823 Abs. 1 BGB genannten Rechtsgüter, namentlich des Eigentums, entstanden sind. Vgl. *Schmidt-Salzer, Joachim/Hollmann, Hermann*, Produkthaftung, S. 769 f.

cc) Reine Vermögensschäden

In der Rechtsprechung zur Produkthaftung ist zu beobachten, dass auch Ersatz für reine Vermögensschäden zugesprochen wird. Eine Differenzierung zwischen Vermögensfolgeschäden und reinen Vermögensschäden wird in der Praxis, soweit ersichtlich ist, nicht oder nur unvollständig vollzogen. In einer Entscheidung eines Höheren Volksgerichts der Provinz Jilin aus dem Jahre 1996 ging es um folgenden Sachverhalt:[353] Der Kläger, ein Spediteur, fuhr im Rahmen seiner Geschäftstätigkeit einen Sattelschlepper auf einer Fernstraße und transportierte dabei mehrere Autofahrgestelle. Den Sattelschlepper hatte er erst zehn Tage zuvor bei der Beklagten, einer Lkw-Vertriebsgesellschaft, gekauft. Infolge eines Fehlers in einer Felge kam es während der Fahrt zum Bruch der Felge, woraufhin der Sattelschlepper umkippte. Dabei wurden sowohl der Sattelschlepper als auch die transportierten Autofahrgestelle beschädigt. Der Kläger machte Schadensersatzansprüche aus Produkthaftung geltend.

Das in der Berufungsinstanz entscheidende Höhere Volksgericht der Provinz Jilin verurteilte die Beklagte zur Zahlung von Schadensersatz i.h.v. insgesamt 35.360 RMB.[354] In diesem Betrag waren neben den Reparaturkosten für die beschädigte Ladung auch die Abschleppkosten sowie die wirtschaftlichen Verluste (entgangener Gewinn) i.H.v. 30.000 RMB mitberechnet, die dem Kläger durch den Ausfall des Sattelschleppers entstanden waren. Bei den beiden zuletzt genannten Schadensposten handelt es sich jedoch genau betrachtet um reine Vermögensschäden. Dies trifft jedenfalls auf diejenigen wirtschaftlichen Verluste zu, die nicht im Zusammenhang mit den transportierten Fahrgestellen standen, sondern nur durch den Ausfall des Sattelschleppers bedingt waren und zukünftige Gewinne betrafen. Denn gemäß § 44 Abs. 2 PQG werden „andere schwerwiegende Verluste" nur ersetzt, wenn und soweit sie infolge eines zuvor eingetretenen Vermögensverlustes entstanden sind. Unter „Vermögensverlust" i.S. des § 44 Abs. 2 PQG ist, wie aus dem Zusammenhang mit § 41 PQG hervorgeht, nur die Beschädigung einer „anderen Sache" als das fehlerhafte Produkt selbst zu verstehen.

---

[353] Entscheidung zum Fall *Dong Jingchun* (Sattelschlepper) in: Ausgewählte Fälle (1992-1996), S. 694 ff. mit Anmerkung *Yang Hongkui*.

[354] Dieser Betrag stellte 80 % der ursprünglich geltend gemachten Schadenssumme dar, die wegen einem Mitverschulden des Klägers in der Berufungsinstanz um 20% reduziert wurde.

Im vorliegenden Fall war zwar ein Fehler in einem Teilprodukt, nämlich in einer Felge, ursächlich für den Unfall und den resultierenden Vermögensschaden. Dies ändert aber nichts an der Tatsache, dass der Sattelschlepper als Gesamtprodukt fehlerhaft war, wie vom Gericht ausdrücklich anerkannt wurde.[355] Der in Frage stehende wirtschaftliche Verlust war daher nicht durch die Beschädigung einer **anderen** Sache (hier die transportierten Fahrgestelle), sondern durch die Nichtverwendbarkeit der fehlerhaften Sache selbst bedingt. Gleiches trifft auch auf die Abschleppkosten zu. Das Urteil weicht damit m.E. in unzulässiger Weise vom gesetzlich geregelten Umfang der Haftung für Vermögensschäden ab.

Die obige Entscheidung macht außerdem deutlich, dass im Unterschied zur EG-Produkthaftungsrichtlinie und zum deutschen Produkthaftungsgesetz[356] das chinesische Produkthaftungsrecht keine Beschränkung dahingehend enthält, dass es sich bei der beschädigten Sache um eine für den privaten Ge- oder Verbrauch bestimmte und dementsprechend verwendete Sache handeln muss. Stattdessen sind nach chinesischem Recht grundsätzlich auch gewerbliche Sachschäden und die daraus sich ergebenden Vermögensfolgeschäden zu ersetzen.[357]

6. Beweislastverteilung

Zur Frage der Beweislastverteilung enthält das Produktqualitätsgesetz keine spezielle Regelung. Lediglich aus § 41 Abs. 2 PQG geht hervor, dass hinsichtlich der Haftungsausschlussgründe des Herstellers, dieser die Beweislast trägt. Im übrigen gilt der Grundsatz des § 64 Abs. 1 des chinesischen Zivilprozessgesetzes (ZPG),

---

[355] Entscheidung zum Fall *Dong Jingchun* (Sattelschlepper) in: Ausgewählte Fälle (1992-1996), S. 694, 696. Dies wird im übrigen schon durch die Tatsache bestätigt, dass der Ersatz der Reparaturkosten hinsichtlich des beschädigten Sattelschleppers in diesem Prozess keine Erwähnung findet. Hätte das Gericht den Sattelschlepper gegenüber der Felge als „andere Sache" angesehen, so hätte es auch diesen Schadensposten berücksichtigen müssen.

[356] Vgl. § 1 Abs. 1 S. 2 ProdHaftG bzw. Art. 9 b) i) ii) EG-Produkthaftungsrichtlinie.

[357] Bei dem obigen Beispiel (Produkt verursacht Brand in einer Mietwohnung) kann anstelle der Mietwohnung auch ein Ladengeschäft gesetzt werden, wobei neben dem Ersatz für die beschädigten Geschäftsräume auch der wirtschaftliche Schaden des Ladeninhabers aufgrund entgangenem Gewinns zu berücksichtigen wäre. Vgl. das Beispiel bei *Liu Wenhua*, Lehrbuch zum PQG, S. 235. Für die Gegenmeinung vgl. den ähnlich gelagerten Beispielfall bei *Yang Lixin*, Zivilrechtliche Urteile, S. 73: Eine fehlerhafte Maschine führt zur Beschädigung anderer Maschinen in einer Fabrik, was wiederum zu einer temporären Stillegung der Produktion führt. Der dadurch entstandene wirtschaftliche Verlust soll nach Auffassung von *Yang Lixin* nicht nach §§ 29 ff. PQG a.F. ersetzbar sein.

wonach derjenige, der im Prozess einen Anspruch geltend macht, für die tatsächlichen Voraussetzungen des Anspruchs beweispflichtig ist.[358] Jedoch ist hierbei zu beachten, dass chinesische Zivilgerichte, trotz des in § 64 Abs. 1 ZPG zum Ausdruck kommenden Verhandlungsgrundsatzes, einer weitgehenden Mitwirkungspflicht bei der Beweisfindung unterliegen: Nach chinesischen Verfahrensgrundsätzen soll das Gericht nämlich dann, wenn die Parteien nicht in der Lage sind, ausreichenden Beweis zu erheben, selbständig Nachforschungen einleiten, um den streitigen Sachverhalt möglichst vollständig und objektiv aufzuklären.[359]

Angewendet auf den Anspruch des Geschädigten aus § 41 bzw. § 42 PQG bedeutet das, dass der Kläger regelmäßig die Fehlerhaftigkeit des Produkts, einen Personen- oder Vermögensschaden sowie einen Kausalzusammenhang zwischen Fehler und Schaden beweisen muss.[360] Gegebenenfalls hat der Geschädigte auch nachzuweisen, dass der Beklagte tatsächlich der Hersteller bzw. Vertriebshändler des fraglichen Produkts ist.[361] Dagegen erübrigt sich der Beweis eines Unternehmerverschuldens entsprechend der h.M. in Literatur und Rechtsprechung, wonach Hersteller und Vertriebshändler gleichermaßen verschuldensunabhängig haften.[362]

Unter den genannten Haftungsvoraussetzungen dürfte dem Geschädigten der Beweis eines Schadenseintritts am leichtesten fallen. Dagegen kann sich der Beweis der Fehlerhaftigkeit sowie des Kausalzusammenhangs für den Geschädigten unter Umständen als schwierig erweisen, besonders dann, wenn es sich um technisch komplizierte Produkte handelt.[363] Der Geschädigte müsste bezüglich eines Fehlers gemäß §

---

[358] Vgl. *Zhao Hongying*, PQG in Theorie und Praxis, S. 169; *Zhang Xianchu* in: *Wang Chenguang/Zhang Xianchu* (Hrsg.), Introduction to Chinese Law, S. 417; *Li Changqi*, Produktqualität, S. 384.
[359] *Zhang Xianchu* in: *Wang Chenguang/Zhang Xianchu* (Hrsg.), Introduction to Chinese Law, S. 417; *Shi Shulin*, Unternehmerprodukthaftung, S. 210.
[360] *Liu Wenhua*, Lehrbuch zum PQG, S. 164; *Shi Shulin*, Unternehmerprodukthaftung, S. 210; *Gu Junling/Zhang Zhinan*, Verbraucherschutzrecht, S.161.
[361] Vgl. *Liu Wenhua*, Lehrbuch zum PQG, S. 164; *Gu Junling/Zhang Zhinan*, Verbraucherschutzrecht, S. 161.
[362] Allerdings ist, wie schon ausgeführt wurde, die Anwendung der verschuldensunabhängigen Haftung auch auf den Vertriebshändler problematisch, siehe oben 2. b). Nach der hier vertretenen Auffassung müsste der Geschädigte, sofern sich die Klage gegen den Vertriebshändler richtet, auch ein Verschulden des Vertriebshändlers nachweisen. So ausdrücklich *An Jian*, Zhongguo Faxue, 1993/5, 64, 67.
[363] Vgl. *Yang Lixin*, Zivilrechtliche Urteile, S. 67; *Epstein, Edward*, Tortious Liability for Defective Products in the PRC, S. 40; *Li Changqi*, Produktqualität, S. 384; *Zhuang Hongxing/Liu Zhixin*, Körperschäden und Produkthaftung, S. 108.

46 PQG entweder die Nichteinhaltung eines einschlägigen Produktstandards oder eine im Produkt enthaltene unangemessene Gefahr darlegen und, soweit von der Gegenseite bestritten, auch beweisen.[364] Ihm kommt dabei die Sachverhaltsaufklärungspflicht des Gerichts entgegen. Denn diese hat zur Folge, dass die Beweisfindung in Produkthaftungsfällen i.d.R. durch Sachverständigengutachten erfolgt, welche auf Anforderung der Gerichte von staatlichen Instituten erstellt werden.[365] Die Heranziehung von Sachverständigen geschieht oft „automatisch", sobald die Fehlerhaftigkeit eines Produkts problematisch erscheint. Die Beweiserhebung als solche stellt für den Geschädigten daher in den meisten Fällen nicht das Hauptproblem dar. Wegen der möglichen nachteiligen Folgen der Unbeweisbarkeit einer Haftungsvoraussetzung i.V.m. den genannten Beweisschwierigkeiten, werden dem Geschädigten aber nach der Literatur und der Rechtsprechung Beweiserleichterungen gewährt.

Hinsichtlich der Fehlerhaftigkeit des Produkts wird in der gerichtlichen Praxis häufig kein voller Beweis vom Geschädigten verlangt. Stattdessen genügt meist schon ein Anscheins- oder Indizienbeweis, wobei die Anforderungen an diesen erleichterten Beweis von den Gerichten bisher jedoch noch nicht klar formuliert worden sind.[366] Die vorhandenen Entscheidungen lassen jedoch den Schluss zu, dass regelmäßig ein *prima-facie*-Beweis ausreicht: Es muss schlüssig dargelegt werden, dass das Produkt angesichts der vorliegenden und nachgewiesenen Tatsachen nach allgemeiner Lebenserfahrung einen Sicherheitsmangel enthielt, was nicht selten schon aus der Sachverhaltsschilderung entnommen werden kann. Der Kläger muss insbesondere nicht die genaue Ursache für die Fehlerhaftigkeit des Produktes darlegen, denn es wird davon ausgegangen, dass der Geschädigte keinen Einblick in den Produktionsablauf haben wird.[367]

Zerberstet beispielsweise eine Bierflasche ohne irgendein Zutun des Geschädigten, so genügt dieser Umstand zwar noch nicht zum endgültigen Beweis eines Produkt-

---

[364] *Gu Junling/Zhang Zhinan*, Verbraucherschutzrecht, S.161.
[365] So z.B. im Fall *Li Fengming* (explodierende Bierflasche), in: Chinesische Gerichtsentscheidungen (1992), S. 793 ff. (engl. Übersetzung in: China Law Report (1991), Civil Law, Vol. 2, S. 606 ff.).
[366] Vgl. die Entscheidungen zu den Fällen *Yao Yutang* (explodierende Bierflasche) in: Chinesische Gerichtsentscheidungen (1992), S. 807 ff.; *Zhi Yingzhen* (Heizkörper) in: Ausgewählte Fälle (1992-1996), S. 686 ff. mit Anmerkung *Yang Hongkui*, S. 690 f.; *Dong Jingchun* (Sattelschlepper) in: Ausgewählte Fälle (1992-1996), S. 694 ff. mit Anmerkung *Yang Hongkui*, S. 696, 698.
[367] *Zhuang Hongxing/Liu Zhixin*, Körperschäden und Produkthaftung, S. 108; *Li Changqi*, Produktqualität, S. 384.

fehlers. Jedoch wird dadurch eine Vermutung der Fehlerhaftigkeit der Bierflasche aufgestellt, die nur durch den vollen Gegenbeweis seitens des Herstellers erschüttert werden kann.[368] Als ein starkes Indiz für die Fehlerhaftigkeit eines Produkts wird in der Rechtsprechung angesehen, wenn der Unternehmer keine behördliche Herstellungsgenehmigung oder behördliche Bescheinigung über die Qualität oder Normgemäßheit des betreffenden Produkts vorweisen kann.[369] Ähnlich starke Indizwirkung haben Berichte und Protokolle von Qualitätskontrollbehörden, soweit sie für Produkte einer bestimmten Produktionsreihe eine geringe Qualität bzw. die Nichtnormgemäßheit bescheinigen.[370] Da solche Berichte sich auf Stichproben stützen, können sie lediglich als Indiz, nicht aber als eigentlicher Beweis, herangezogen werden.

In der Literatur werden teilweise weitergehende Beweiserleichterungen gefordert. Da es sich bei der Produkthaftung um eine strenge Haftung (*yenge zeren*) handle, müsse von vorneherein eine Beweislastumkehr zu Lasten des Unternehmers sowohl hinsichtlich der Fehlerhaftigkeit als auch des Kausalzusammenhangs gelten.[371] Demnach würde seitens des Geschädigten der Nachweis eines Schadens genügen, um die übrige Beweislast auf den Hersteller (oder Vertriebshändler) zu verlagern. Diese Auffassung ist jedoch als zu weitgehend abzulehnen, da das Produktqualitätsgesetz keinerlei Anhaltspunkt für eine Umkehr der Beweislast und damit ein Abweichen von der allgemeinen Beweislastregel des § 64 Abs. 1 ZPG enthält.

Ähnliches wie für den Fehler gilt auch für den Kausalzusammenhang zwischen Fehler und Schaden. So genügt es für den Kläger darzulegen, dass der behauptete Fehler im Produkt typischerweise die Gefahr der Herbeiführung von Schäden der

---

[368] Vgl. die Entscheidung zum *Yao Yutang* (explodierende Bierflasche) in: Chinesische Gerichtsentscheidungen (1992), S. 807, 809.

[369] Vgl. die Entscheidung zu den Fällen *Gao Pingping* (Bambusmatte), Chinesische Gerichtsentscheidungen (1992), S. 615 ff. (engl. Übersetzung in: China Law Report (1991), Civil Law, Vol. 2, S. 321 ff.); *Xu Dan* (Feuerwerkskörper), engl. Übersetzung in: China Law Report (1991), Civil Law, Vol. 2, S. 357 ff.

[370] Vgl. die Entscheidung zum Fall *Li Fengming* (explodierende Bierflasche), Chinesische Gerichtsentscheidungen (1992), S. 793 ff. (engl. Übersetzung in: China Law Report (1991), Civil Law, Vol. 2, S. 606 ff.).

[371] *Hou Weiching*, Anmerkung zur Entscheidung im Fall *Sheng Fengying* (Beton), in: Chinesische Gerichtsentscheidungen (1994), S. 809, 813; *Zhao Hongying*, PQG in Theorie und Praxis, S. 172 f.; *Zhang Mingshi (Hrsg.)*, Schadensersatzklage, S. 232; missverständlich insoweit *Zhuang Hongxing/Liu Zhixin*, Körperschäden und Produkthaftung, S. 108, die eine Beweislastumkehr hinsichtlich des *Verschuldens* fordern.

126

eingetretenen Art in sich trägt. [372] Es genügt also auch hier ein *prima-facie*- bzw. Indizienbeweis:

In einem 1995 von einem mittleren Volksgericht der Stadt Jinzhou (Provinz Liaoning) entschiedenen Fall[373] verendeten bei einem Schweinezüchter mehrere Schweine, nachdem er an diese ein Spezialfutter verfüttert hatte. Eine Analyse des Spezialfutters durch eine Veterinärbehörde ergab eine deutlich überhöhte Fluorkonzentration, so dass die Fehlerhaftigkeit des Spezialfutters bewiesen war. Dagegen konnte ein Kausalzusammenhang zwischen der hohen Fluorkonzentration und dem Eingehen der Schweine nicht eindeutig von der Veterinärbehörde festgestellt werden. Das Gericht vermutete stattdessen aufgrund des Analyseergebnisses den Kausalzusammenhang zugunsten des Geschädigten. Dem stand auch nicht entgegen, dass die Schweine anderer Züchter, an die das Spezialfutter ebenfalls verfüttert wurde, unbeschadet blieben. Insoweit oblag es dem Hersteller, fehlende Kausalität zu beweisen, was ihm jedoch nicht gelang.

7. Verjährung und Erlöschen der Ansprüche

Nach § 45 Abs. 1 PQG verjähren Schadensersatzansprüche aufgrund Produkthaftung in zwei Jahren. Hierbei beginnt die Frist an dem Tag zu laufen, an dem der Kläger von der Verletzung seiner Rechte Kenntnis erlangt oder hätte erlangen müssen. § 45 Abs. 1 PQG ersetzt dabei als *lex specialis* für Ansprüche aus Produkthaftung die allgemeinere einjährige Verjährungsfrist des § 136 AGZ.[374]

Die allgemeinen Vorschriften der Allgemeinen Grundsätze des Zivilrechts bezüglich der Hemmung und Unterbrechung der Verjährung sind auf die Frist des § 45 Abs. 1 PQG dagegen anwendbar.[375]

---

[372] *Zhang Mingshi (Hrsg.)*, Schadensersatzklage, S. 232; *Yang Lixin*, Zivilrechtliche Urteile, S. 67; *Li Changqi*, Produktqualität, S. 340; *Liu Zhixin* (u.a.), Ausgewählte Fälle zum Zivil- und Handelsrecht, S. 190.

[373] Siehe die Entscheidung zum Fall *Zhang Shoufu* (Tierfutter) in: Ausgewählte Fälle (1992-1996), S. 705 ff.

[374] *Gu Junling/Zhang Zhinan*, Verbraucherschutzrecht, S. 172; *An Jian*, Zhongguo Faxue, 1993/5, 64, 68; *Liu Xiushan/Chen Yongmin*, Produkthaftung und Verbraucherrechte, S. 50. Anders *Cai Zhiliang*, Zhongguo Shangye Fazhi, 1996/4, 3, 6.

[375] Vgl. § 139 AGZ (Hemmung der Verjährung aufgrund höherer Gewalt innerhalb der letzten sechs Monate der Frist), § 140 AGZ (Unterbrechung der Verjährung durch Rechtshängigkeit).

Eine Ausschlussfrist enthält § 45 Abs. 2 PQG, wonach ungeachtet der zweijährigen Verjährungsfrist des ersten Absatzes Schadensersatzansprüche zehn Jahre nach Übergabe des fehlerhaften Produkts an den ersten Verbraucher erlöschen bzw. nicht mehr entstehen können. Gemäß § 45 Abs. 2 PQG ist hiervon eine Ausnahme zu machen, falls ein vom Hersteller deutlich angegebener Zeitraum der sicheren Benutzung noch nicht überschritten wurde. Tritt also ein Schaden innerhalb der zehnjährigen Frist des § 45 Abs. 2 PQG ein, ohne dass der Geschädigte davon Kenntnis erlangt oder hätte erlangen müssen, so erlöscht dieser Schadensersatzanspruch spätestens nach Ablauf der zehn Jahre, unabhängig davon, dass die zweijährige Frist des § 45 Abs. 1 PQG noch gar nicht angefangen hat zu laufen.

Anders als die zweijährige Verjährungsfrist des § 45 Abs. 1 PQG, kann die zehnjährige Frist des § 45 Abs. 2 PQG weder gehemmt noch unterbrochen werden.[376]

IV. Internationale Zuständigkeit und Kollisionsrecht

Die Zuständigkeit der chinesischen Gerichte für Zivilverfahren mit ausländischer Beteiligung (internationale Zuständigkeit) ist im 25. Kapitel des Zivilprozessgesetzes geregelt.

Soweit der für die Produkthaftung i.d.R. einschlägige deliktsrechtliche Bereich berührt ist,[377] gilt schon nach der allgemeinen Zuständigkeitsnorm § 41 ZPG das Tatortprinzip.[378] Dieser Grundsatz ist gemäß § 243 ZPG auch auf die internationale Zuständigkeit anwendbar. Nach § 243 ZPG richtet sich die örtliche Zuständigkeit inländischer Gerichte in Zivilprozessen mit ausländischen Beklagten u.a. nach dem „Ort einer unerlaubten Handlung" (*qinquan xingwei di*). Der Gesetzeswortlaut lässt dabei offen, ob mit dem Ort der unerlaubten Handlung der Handlungs- oder Er-

---

[376] *Liu Shiguo*, Deliktischer Schadensersatz, S. 239.
[377] Die Produkthaftung nach den §§ 29 ff. PQG a.F. (bzw. jetzt §§ 41 ff. PQG n.F.) wird genauso wie die (gegenüber §§ 29 ff. PQG a.F. bzw. §§ 41 ff. PQG n.F. subsidiäre) Haftung nach § 122 AGZ dem sog. besonderen Deliktsrecht zugerechnet. Vgl. oben II. 1. Der im Gegensatz dazu in der Praxis seltene Fall einer vertraglichen Inanspruchnahme aus Produkthaftung kann bzgl. der Problematik der internationalen Zuständigkeit bzw. des IPR vernachlässigt werden, da ein direktes Vertragsverhältnis zwischen einem chinesischen Verbraucher und einem ausländischen Hersteller noch seltener vorkommen dürfte.
[378] Dabei steht es dem Kläger offen, die Klage alternativ am Gerichtsstand des Beklagten zu erheben (§ 29 ZPG).

folgsort oder möglicherweise beides gemeint ist. Angesichts der in § 243 ZPG erkennbaren ratio, die in einer grundsätzlichen Erweiterung der Zuständigkeit chinesischer Gerichte auf internationale Streitigkeiten zu sehen ist, ist anzunehmen, dass als Tatort jedenfalls auch der Erfolgsort anzusehen ist, d.h. derjenige Ort, an dem eine Rechtsgutsverletzung infolge einer unerlaubten Handlung eingetreten ist.[379]

Ähnliches gilt für die Frage des anwendbaren Rechts. Zwar enthalten weder die Allgemeinen Grundsätze des Zivilrechts noch das Produktqualitätsgesetz eine spezielle Kollisionsnorm für die Produkthaftung. Doch ist gemäß der allgemeinen Kollisionsnorm § 146 AGZ für die Beurteilung von deliktischen Schadensersatzansprüchen das Recht am Tatort (lex loci delicti commissi) maßgebend. Wie auch im Zusammenhang mit der internationalen Zuständigkeit nach § 243 ZPG, ist als Tatort (*qinquan xingwei di*) in diesem Sinne neben dem Ort der Tatbegehung (etwa dem Ort der Herstellung des fehlerhaften Produkts) jeder Ort anzusehen, an dem ein Erfolg i.S. einer Rechtsgutsverletzung eingetreten ist.[380] Abweichend hiervon kann gemäß § 146 S. 2 AGZ in Fällen, in denen beide Parteien demselben Staat angehören oder ihren Wohnsitz in demselben Staat haben, auch das Recht ihres eigenen Staates bzw. das des Wohnsitzes anwendbar sein.

Wird demnach ein chinesischer Staatsangehöriger auf dem Gebiet der VR China durch ein von einem deutschen Hersteller in Deutschland hergestelltes fehlerhaftes Produkt verletzt, so kann der Geschädigte grundsätzlich vor einem chinesischen Gericht nach chinesischem Recht vorgehen.[381]

---

[379] Ob hingegen auch in der VR China (wie in Deutschland, vgl. *Wandt, Manfred*, Internationale Produkthaftung, Rn. 294 ff. m.w.N.) das Ubiquitätsprinzip gilt, wonach Tatort jeder Ort ist, an dem ein Teil des gesetzlichen Deliktstatbestandes verwirklicht wird, also grundsätzlich Handlungs- und Erfolgsort umfasst, kann nicht mit Sicherheit gesagt werden. Eine Anwendung des Ubiquitätsprinzips erscheint aber angesichts des offenen Wortlauts des § 243 ZPG angebracht. Im deutschen Recht ist dieses Prinzip in Art. 40 Abs. 1 EGBGB, eingeführt durch Änderungsgesetz vom 21. Mai 1999, gesetzlich festgeschrieben worden.
[380] Zu beachten ist hierbei, dass anders als etwa im deutschen Schrifttum (vgl. hierzu *Wandt, Manfred*, Internationale Produkthaftung, Rn. 318 ff.), die vielfältigen Problempunkte im Zusammenhang mit der Anknüpfung an den Tatort im chinesischen Schrifttum bisher noch nicht oder kaum eingehend behandelt worden sind. Deshalb ist es schwierig, Aussagen darüber zu treffen, inwieweit das im deutschen Recht nach überwiegender Ansicht geltende Ubiquitätsprinzip bzw. das Günstigkeitsprinzip auch im IPR der VR China Anwendung findet.
[381] Jedoch dürfte das Problem der Vollstreckbarkeit chinesischer Gerichtsurteile im Ausland i.d.R. dazu führen, dass bevorzugt Importeure und Vertriebshändler in Anspruch genommen werden, nicht jedoch ausländische Hersteller ohne Niederlassung in der VR China.

C. Zusammenfassung des ersten Teils

In der VR China setzte die Entwicklung eines Produkthaftungsrechts erst relativ spät ein, nämlich im Zuge der 1979 von *Deng Xiaoping* eingeführten Reformpolitik. Trotz der seitdem rapide vorangetriebenen Industrialisierung und Modernisierung des Landes, konnte das Problem der mangelnden Effizienz der Industrie und der damit einhergehenden geringen Qualität der produzierten Güter nicht unter Kontrolle gebracht werden. Leidtragender dieser Entwicklung war schließlich der einzelne Verbraucher, der für sein Geld allzuoft Produkte von schlechter Qualität erhielt und, was noch gravierender war, sich zudem häufig den Gefahren fehlerhafter Produkte ausgesetzt sah.

Als Folge dieser Produktqualitätskrise entstand ab Mitte der 80er Jahre eine Reihe von Regelungswerken, die vor allem die staatliche Kontrolle und Verwaltung von Produktqualität zum Gegenstand hatten. Als erste Schritte in Richtung auf eine Produkthaftung westlichen Stils gelten die 1986 erlassenen „Regelungen über die Haftung für die Qualität von Industrieprodukten" sowie die einfachgesetzliche Normierung der Produkthaftung in § 122 der Allgemeinen Grundsätze des Zivilrechts des gleichen Jahres.

Vor allem der generalklauselartig formulierte § 122 AGZ ist als Ausgangspunkt der Produkthaftungsdiskussion in der VR China anzusehen. Nach der gängigen Auslegung in Rechtsprechung und Literatur, statuiert diese Norm eine verschuldensunabhängige Haftung von Herstellern und Vertriebshändlern. Die h.M. ist dabei stets von einer Gesamtschuld beider ausgegangen, sobald nur die Voraussetzungen „nicht normgemäße Produktqualität", Schaden und Kausalzusammenhang gegeben waren. Motiviert war diese Interpretation des § 122 AGZ von der Überlegung, dass der Verbraucher nicht durch die Mehrstufigkeit des Warenabsatzes einen Nachteil erleiden soll. Er müsse im Falle einer Schädigung vielmehr ein uneingeschränktes Auswahlrecht hinsichtlich des Haftungsadressaten besitzen. Dies war und ist nach h.M. die Hauptaussage des § 122 AGZ.

Den jüngsten Schritt in der Entwicklung des chinesischen Produkthaftungsrechts stellt das am 1. September 1993 in Kraft getretene Produktqualitätsgesetz dar, das auf den sieben Jahre zuvor erlassenen „Regelungen über die Haftung für die Qualität von Industrieprodukten" basiert. Im Verhältnis zu § 122 AGZ sind die §§ 41 ff.

PQG als spezialgesetzliche Konkretisierung der Produkthaftung vorrangig anzuwenden, wodurch die entsprechenden Vorschriften der „Regelungen über die Haftung für die Qualität von Industrieprodukten" und § 122 AGZ praktisch obsolet geworden sind.

Die Bedeutung der produkthaftungsrechtlichen Grundnorm § 122 AGZ liegt heute nur noch in einer grundsätzlichen Anerkennung der Produkthaftung im chinesischen Zivilrecht und in einem Verweis auf die §§ 41 ff. PQG. Jedoch ist der Einfluss dieser Norm auch im aktuellen Produkthaftungsrecht noch vorhanden. Denn § 122 AGZ wird in Rechtsprechung und Literatur als Ausgangspunkt für die Auslegung und Anwendung des neuen Produkthaftungsrecht (§§ 41 ff. PQG) verstanden, was zuweilen zu einer fragwürdigen Vereinfachung der §§ 41 ff. PQG führt. Nicht zu vergessen ist dabei, dass die §§ 41 ff. PQG richtigerweise eine spezialgesetzliche Konkretisierung des § 122 AGZ darstellen. Insbesondere sind die Vorschriften des Produktqualitätsgesetzes hinsichtlich der Haftungsgrundlagen differenzierter als die Grundnorm in den Allgemeinen Grundsätzen des Zivilrechts.

Anders als § 122 AGZ nämlich, unterscheidet das Produktqualitätsgesetz in den §§ 41 ff. die Haftung des Herstellers grundsätzlich von der Haftung des Vertriebshändlers, indem zwei separate Anspruchsnormen aufgestellt werden. Nunmehr soll gemäß § 41 PQG alleine der Hersteller unabhängig von einem Verschulden haften, während der Vertriebshändler nach § 42 PQG nur bei schuldhafter Herbeiführung des Produktfehlers haften soll. Diese Neuerung stellt gleichzeitig den Hauptproblempunkt im heutigen chinesischen Produkthaftungsrecht dar. Denn die Rechtsprechung und die h.M. in der Literatur gehen auch nach Einführung des Produktqualitätsgesetzes von einer grundsätzlich verschuldensunabhängigen Haftung des Vertriebshändlers aus. Letzterer soll neben dem Hersteller sogar unabhängig von einer eigenen Verursachung des Fehlers dem Geschädigten haftbar sein, was im Ergebnis einer Garantiehaftung gleichkommt.

Ursächlich für diese Diskrepanz zwischen dem Wortlaut des Gesetzes und tatsächlicher Gesetzesanwendung sind zum einen ein potenziell missverständlicher § 43 PQG, zum anderen das unkritische Festhalten von Rechtsprechung und Literatur an § 122 AGZ und der dazugehörigen Dogmatik. Denn für sich allein betrachtet könnte man in § 43 PQG eine eigenständige Anspruchsnorm erkennen, die als Rechtsfolge eine unbedingte Schadensersatzpflicht sowohl des Herstellers als auch des Vertriebshändlers vorsieht, ohne dass es dabei auf ein Verschulden ankäme. Die h.M. bezweckt mit dieser Auslegung des § 43 PQG, dem Geschädigten in jedem Fall ein Auswahlrecht hinsichtlich des Haftungsadressaten einzuräumen. Der Geschädigte soll sich nicht darum kümmern müssen, ob ein Fehler auf der Stufe der Herstellung oder des Vertriebs entstanden war.

Eine analytische Betrachtung ergibt jedoch, dass die Auslegung und Anwendung der §§ 41 ff. PQG, wie sie die h.M. vornimmt, im Widerspruch zur Systematik der §§ 41 ff. PQG steht, insbesondere mit der in § 42 Abs. 2 PQG geregelten subsidiären Haftung des Vertriebshändlers sowie den in § 41 Abs. 2 PQG enthaltenen Haftungsausschlussgründen. Diese Widersprüche lassen sich nur vermeiden, indem zutreffenderweise § 43 PQG als bloße Rückgriffsregelung für das Innenverhältnis verstanden wird, nicht als Anspruchsnorm für den unmittelbar Geschädigten. Dadurch würden § 41 und § 42 PQG die ihnen zugedachte Funktion erfüllen können, die letztlich in einer Kanalisierung der verschuldensunabhängigen Haftung auf den Hersteller zu sehen ist. Festzuhalten ist also, dass das Produktqualitätsgesetz insoweit von der Rechtsprechung und der herrschenden Literatur systemwidrig ausgelegt und angewandt wird.

Klarstellend zu § 122 AGZ wirkt sich dagegen die in § 46 PQG enthaltene Legaldefinition des Fehlerbegriffs aus. Unter einem Fehler ist demnach eine im Produkt bestehende unangemessene Gefahr oder alternativ das Nichteinhalten einschlägiger Produktstandards zu verstehen. Der Fehlerbegriff löst damit die oft kritisierte Voraussetzung der „nicht normgemäßen Produktqualität" des § 122 AGZ ab. So werden nunmehr auch jene Fälle erfasst, in denen entweder keine anwendbaren Produktstandards existieren oder solche Standards zu unangemessenen Ergebnissen führen würden.

§ 41 Abs. 2 PQG sieht drei Haftungsausschlussgründe für den Hersteller vor, die allesamt der EG-Produkthaftungsrichtlinie entstammen. So haftet der Hersteller dann nicht, wenn er nachweisen kann, dass er das fehlerhafte Produkt nicht in den Verkehr gebracht hat oder der Fehler zum Zeitpunkt des Inverkehrbringens noch nicht existierte. Darüberhinaus lässt § 41 Abs. 2 PQG auch die Einrede des Entwicklungsrisikos („state-of-the-art defence") zu.

Hinsichtlich der Beweislast obliegt es wegen § 64 Abs. 1 ZPG grundsätzlich dem Kläger (Geschädigten), die Anspruchsvoraussetzungen Fehler, Schaden und Kausalzusammenhang zu beweisen. Jedoch sind in der Praxis die Anforderungen an die Beweisführung, zumindest was den Fehler und den Kausalzusammenhang betrifft, nicht hoch. In der Regel wird von den Gerichten ein Anscheins- oder Indizienbeweis als ausreichend angesehen. Zudem wird dem Geschädigten die Beweisführung in den meisten Fällen dadurch erleichtert, dass die Gerichte aufgrund ihrer Mitwirkungspflicht eigenständig Nachforschungen einleiten und Sachverständigengutachten in Auftrag geben. Produkthaftungsklagen, die wegen Beweisschwierigkeiten seitens des Klägers scheitern, sind daher eher selten.

Ersatzfähige Schäden werden nach der Systematik des chinesischen Schadensersatzrechts in Personen- und Vermögensschäden eingeteilt. Hinsichtlich der Personenschäden ist bemerkenswert, dass das chinesische Recht grundsätzlich keinen Schmerzensgeldanspruch vorsieht. Der Geschädigte kann daher neben den Heilungskosten keine Entschädigung für körperlich erlittene Schmerzen verlangen kann. Dagegen soll im Falle einer körperlichen Behinderung eine Entschädigung für seelische Schmerzen (sog. geistige Schäden) möglich sein, die durch den Verlust eines Körperteils entstehen. Einen weiteren Fall des Ersatzes geistiger Schäden stellt das sog. Trostgeld dar, das hinterbliebene Familienangehörige im Fall einer Tötung neben den Beerdigungskosten beanspruchen können. Der Kreis derjenigen Personen, die bei einer Tötung vom Schädiger Unterhaltskosten verlangen können, richtet sich nach den tatsächlichen Gegebenheiten und ist nicht auf die unmittelbare Familie des Getöteten oder auf gesetzlich Unterhaltsberechtigte beschränkt.

Als ersatzfähige Vermögensschäden kommen grundsätzlich nur solche Schäden in Betracht, die nicht in der Fehlerhaftigkeit der Sache selbst liegen. Es muss stets eine Integritätsverletzungen am übrigen Eigentum des Geschädigten eingetreten sein. Nach h.M. sollen darüberhinaus auch Vermögensfolgeschäden ersetzt werden, die z.B. in einem entgangenem Gewinn liegen können, wenn die beschädigte (nicht jedoch die fehlerhafte) Sache nicht mehr verkauft werden kann. Unterschiedlich wird dagegen die Frage beurteilt, ob auch reine Vermögensschäden, also solche Schäden, die etwa allein in der Unbrauchbarkeit der fehlerhaften Sache selbst begründet sind, über das Institut der Produkthaftung ersetzbar sind. Die überwiegende Meinung in der Literatur verneint diese Frage. In der Rechtsprechung hingegen wurden in mindestens einer Entscheidung auch solche Schäden teilweise ersetzt, obwohl dies streng genommen nicht mit dem Gesetzestext der §§ 41 ff. PQG vereinbar ist. Zu beachten ist auch, dass das chinesische Produkthaftungsrecht weder eine Haftungshöchstgrenze noch eine Selbstbeteiligung kennt und die Haftung im Fall eines Eigentumsschadens auch nicht von einer privaten Nutzung der beschädigten Sache abhängig macht.

Schadensersatzansprüche aus §§ 41 ff. PQG verjähren in zwei Jahren nach Kenntniserlangung vom Schaden. Sie erlöschen regelmäßig zehn Jahre nach Übergabe der Sache an den ersten Verbraucher.

Insgesamt ergibt sich der Eindruck, dass das Produktqualitätsgesetz zwar in bestimmten Fragen, etwa hinsichtlich des Fehler- und Produktbegriffs, mehr Klarheit geschaffen hat. Jedoch ist ebenfalls festzustellen, dass das Produktqualitätsgesetz, neben dieser klarstellenden und konkretisierenden Funktion, in der Praxis keine wesentliche Veränderung oder Verbesserung des chinesische Produkthaftungsrechts bewirkt hat, was zum großen Teil auch der Rechtsprechung anzulasten ist. Dies wird insbesondere bei der wichtigen Frage der Haftung des Vertriebshändlers deutlich, der in der Praxis einer Garantiehaftung unterliegt.

Ob damit ein wirkliches Gleichgewicht der Interessen von Verbrauchern und Unternehmern hergestellt ist, kann bezweifelt werden. Ein bedeutender Fortschritt gegenüber der Generalklausel des § 122 AGZ ist jedenfalls nicht erkennbar. Mithin haben sich die hohen Erwartungen, die das Produktqualitätsgesetzes bei seiner Einführung hinsichtlich der Produkthaftung geweckt hat, nur zu einem geringem Teil verwirklicht.

Zweiter Teil: Die Produkthaftung im taiwanesischen Recht

A. Grundlagen

I. Der Begriff „Produkthaftung" oder „Warenhaftung" im taiwanesischen Recht

Ähnlich wie im chinesischen oder deutschen Recht, ist die Terminologie hinsichtlich der Produkthaftung in Taiwan nicht ganz einheitlich. Die am häufigsten gebrauchten Bezeichnungen sind *shangpin zeren*[382] (Warenhaftung), *shangpin zhizaozhe zeren* (Warenherstellerhaftung)[383] sowie der auf dem chinesischen Festland bevorzugte Begriff *chanpin zeren*[384] (Produkthaftung). Diese drei Begriffe werden weitgehend synonym verwendet.

Das Verbraucherschutzgesetz selbst gebraucht aber nicht den Begriff des „Produkts", sondern den der „Handelsware" (*shangpin*), weshalb in der Literatur häufiger von Warenhaftung als von Produkthaftung die Rede ist. Dadurch soll zum einen die inländische „Warenhaftung" von der ausländischen, insbesondere europäischen und US-amerikanischen „Produkthaftung" begrifflich abgegrenzt werden.[385] Zum anderen soll durch das Abstellen auf den Begriff der Handelsware deutlich gemacht werden, dass es sich bei der Warenhaftung nach dem Verbraucherschutzgesetz nicht um eine ausschließliche Produzentenhaftung handelt. Als Haftende kommen nicht nur unmittelbar am Herstellungsprozess beteiligte Unternehmer in Betracht, denn entscheidendes Kriterium bei der Warenhaftung sei nicht das Durchlaufen eines Herstellungsprozesses. Vielmehr sei ausschlaggebend, dass eine Handelsware durch Veranlassung eines Unternehmers in den Verkehr gebracht oder weitergeleitet wor-

---

[382] Vgl. *Lin Shi-tsung*, Warenhaftung im Verbraucherschutzgesetz; *Chiu Tsung-jr*, in: Bericht des Sonderausschusses zum TwVSG, S. 45 ff.; *ders*. in: Vorträge zum Symposium, S. 195 ff.; *Liu Chun-tang*, Verbraucherschutz und Verbraucherrecht, S. 104 ff.; *Lee Shen-yi*, Verbraucherschutzgesetz, S. 79 ff.; *Yin Chang-hwa*, Verbraucherschutz im nationalen Recht, S. 13 ff.

[383] Vgl. *Lin Shi-tsung*, Military Law Journal, August 1983, 12 ff.; *Wang Tsu-chung*, China Law Journal, August 1970, 19 ff.; *Chu Peh-sung*, National Taiwan University Law Journal, Vol. 24-1 (Dezember 1994), 353 ff.; *Lin Yi-shan*, Verbraucherschutzgesetz, S. 153 ff.; *Feng Jen-yu* (u.a.), Verbraucherschutzgesetz, S. 83 ff.

[384] Vgl. *Ho Yu-lee*, Taiwan Jingji Yanjiu Yuekan, Dezember 1997, 78 ff.; *Wang Tze-chien*, Zivilrechtliche Lehrmeinungen (Bd. 3), S. 173 ff.; *Kuo Li-jen*, Chung Hsing Law Review, Vol. 39 (Juli 1995), 231 ff. und Taipei Bar Journal, Juli 1997, 42.

[385] So z.B. bei *Lin Shi-hwa* (Hrsg.), Praxis des Verbraucherschutzgesetzes, S. 51.; *Yin Chang-hwa*, Verbraucherschutz im nationalen Recht, S. 14.

den ist, was auch durch Vertriebshändler, Lieferanten und andere Unternehmer geschehen kann.[386]

Warenhaftung wird dementsprechend definiert als diejenige verschuldensunabhängige oder verschuldensabhängige Schadensersatzhaftung von Unternehmern, welche Waren konstruieren, herstellen, vertreiben oder auf andere Weise auf dem Markt anbieten, für den Fall, dass ihre Waren aufgrund einer in ihnen bestehenden Gefährlichkeit Schäden bei Verbrauchern oder Drittpersonen herbeiführen.[387]

Im Kern stimmt diese Definition mit der im chinesischen Recht gängigen Produkthaftungsdefinition überein.[388] In beiden Rechtsordnungen werden Hersteller und Vertriebshändler als grundsätzlich Haftpflichtige im Rahmen der Produkthaftung angesehen. Anders als im chinesischen Recht, besteht aber in Taiwan von vorneherein kein Zweifel daran, dass es sich bei der Frage der Produkthaftung ausschließlich um eine zivilrechtliche Frage handelt. Der Begriff der „Produktqualitätshaftung" (*chanpin zhiliang zeren*) aus dem chinesischen Recht,[389] der sowohl zivilrechtliche Schadensersatzansprüche als auch verwaltungs- und strafrechtliche Maßnahmen beinhaltet, ist dem taiwanesischen Recht unbekannt.

Zum Teil wird im Schrifttum die Meinung vertreten, dass unter Waren im weitesten Sinne auch Dienstleistungen zu verstehen seien, da Dienstleistungen ebenso in den Verkehr gebracht werden und Gegenstand des allgemeinen Handelsverkehrs sein können wie Sachgüter.[390] Danach soll unter Warenhaftung i.w.S. sowohl die klassische Produkthaftung als auch die Dienstleistungshaftung verstanden werden, die im Verbraucherschutzgesetz zusammen mit der eigentlichen Produkthaftung geregelt wird.

Im Rahmen dieser Arbeit wird, um der Ausgangsfrage gerecht zu werden, jedoch schwerpunktmäßig auf die Warenhaftung im eigentlichen (oder engeren) Sinne ein-

---

[386] Vgl. *Chiu Tsung-jr*, in: Vorträge zum Symposium, S. 197.

[387] Vgl. z.B. *Liu Chun-tang*, Verbraucherschutz und Verbraucherrecht, S. 142; *Chiu Tsung-jr*, in: Vorträge zum Symposium, S. 197; *Kuo Li-jen*, Taipei Bar Journal, Juli 1997, 42; *Lee Shen-yi*, Verbraucherschutzgesetz, S. 82.

[388] Siehe oben Erster Teil, A I.

[389] Siehe oben Erster Teil, A I.

[390] Vgl. *Chiu Tsung-jr*, in: Vorträge zum Symposium, S. 197.

gegangen. Dies entspricht auch insoweit der Systematik des Verbraucherschutzgesetzes, als dort Waren und Dienstleistungen begrifflich getrennt sind.[391]

II. Die Entwicklung der Produkthaftung in Taiwan

1. Entstehung der Produkthaftungsproblematik

Die Produkthaftungsproblematik wurde in Taiwan etwa Anfang der 1970er Jahre in der Rechtsliteratur vorgestellt.[392] Ähnlich wie in anderen Ländern begann in Taiwan dieses Thema mit zunehmender Industrialisierung und Technisierung des Landes akut zu werden. Die ursprünglich landwirtschaftlich geprägte Insel Taiwan zählt seit 1949 zu den am schnellsten wachsenden Volkswirtschaften der Welt und kann einen fast ununterbrochenen wirtschaftlichen Aufstieg vorweisen. So verzeichnete Taiwan zwischen 1961 und 1972 ein jährliches Wachstum von durchschnittlich 10,3 %.[393] Ermöglicht wurde dies vor allem durch eine stark exportorientierte Wirtschaftspolitik. Gleichzeitig erhöhte sich der Anteil der Industrieprodukte im Verhältnis zu den Agrarprodukten Anfang der 70er Jahre auf nahezu 80 %, was entscheidend mit zum Sprung Taiwans vom Entwicklungsland zum sog. Schwellenland beitrug.[394]

Während in dieser Zeit das Wirtschaftswachstum zu einem gewissem Wohlstand auf Taiwan führte, gab die Regierung der Bevölkerung Anreize zum Sparen und für Investitionen. Der Wirtschaftsboom der 60er und 70er Jahre bedeutete für die taiwanesische Gesellschaft eine Entwicklung hin zu einer Gesellschaft des Massenkonsums westlichen Vorbilds. Konsumgüter aller Art waren in steigendem Maße für den normalen Verbraucher erhältlich, was zu einer deutlichen Anhebung des Lebensstandards auf Taiwan führte. Die auf dem inländischen Markt auch durch Importe zunehmende Produktvielfalt und die steigende Komplexität der Produkte ging jedoch einher mit einer Häufung von Verbraucherunfällen, die durch fehlerhafte Produkte hervorgerufen wurden.[395]

---

[391] Vgl. §§ 7 bis 10 TwVSG.
[392] *Wang Tsu-chung*, Faxue Congkan, August 1970, 19 ff. und April 1971, 105 ff.
[393] Siehe *Ferdinand, Peter*, Take-off for Taiwan?, S. 40.
[394] Siehe *Ferdinand, Peter*, Take-off for Taiwan?, S. 40.
[395] Vgl. *Wang Tze-chien*, Zivilrechtliche Lehrmeinungen (Bd. 3), S. 173, 197; *Hsu Hsiao-po/Liu Shau-liang* (Hrsg.), Vergleichende Untersuchung, S. 154.

Kennzeichnend für diese Entwicklung war der aufsehenerregende Reiskleienöl-Fall (*Mi Kang Yu Shijian*), der sich im Jahre 1978 ereignete und der ähnlich wie die Thalidomid-Krise[396] in anderen Ländern, schlagartig die Problematik der schädlichen Produkte in Taiwan deutlich machte. In dem besagten Fall kam PCB-verseuchtes Reiskleienöl in großen Mengen in den Verkehr, was zu schweren Gesundheitsschäden an über zweitausend Verbrauchern in ganz Taiwan führte.[397]

2. Produkthaftung nach dem Zivilgesetzbuch (TwZGB)

Obwohl das Thema Produkthaftung im taiwanesischen Schrifttum bereits seit 1970 im Gespräch ist, wobei vor allem das Produkthaftungsrecht der führenden Industriestaaten USA, Bundesrepublik Deutschland und Japan untersucht wurde,[398] hat sich ein spezifisches Produkthaftungsrecht in Taiwan erst spät entwickelt. Bis zur Einführung des Verbraucherschutzgesetzes im Jahre 1994 gab es im taiwanesischen Recht keine spezielle Anspruchsgrundlage für die Produkthaftung. Der durch ein fehlerhaftes Produkt geschädigte Verbraucher war daher lange Zeit gezwungen, sich auf Vorschriften des taiwanesischen Zivilgesetzbuches (TwZGB) zu stützen, um Schadensersatz zu erhalten.[399]

Das 1930 in Kraft getretene und zur damaligen Zeit noch für das gesamte China geltende Zivilgesetzbuch ist, wie das taiwanesische (und auch festländisch chinesische) Recht im Allgemeinen, stark kontinentaleuropäisch geprägt. So enthält das Zivilgesetzbuch insbesondere Einflüsse des deutschen Bürgerlichen Gesetzbuchs,[400] dessen Gesetzestext teilweise wörtlich im Zivilgesetzbuch wiederzufinden ist. Hinsichtlich der Produkthaftung können sich gemäß dem Zivilgesetzbuch Ansprüche aus Vertrag und Delikt ergeben.

---

[396] Bei der weltweiten Thalidomid-Krise, die in Deutschland unter dem Namen „Contergan-Fall" Schlagzeilen machte, kam es zu Missbildungen bei Neugeborenen, hervorgerufen durch den im Beruhigungsmittel Contergan enthaltenen Wirkstoff Thalidomid.

[397] *Luo Yung-chia*, Zivilrechtliche Studien, S. 245 f.

[398] Vgl. *Wang Tsu-chung*, Faxue Congkan, August 1970, 19 ff. und April 1971, 105 ff.; *Wang Tze-chien*, China Law Journal, Juni 1978, 1 ff.

[399] *Feng Jen-yu* (u.a.), Erläuterungen zum Verbraucherschutzgesetz, S. 85 ff.; *Hsu Hsiao-po/Liu Shau-liang*, Vergleichende Untersuchung, S. 154 ff.; ausführlich zur Rechtslage vor 1994: *Kuo Li-jen*, Produkthaftung, S. 146 ff.

[400] Vgl. *Wang Tze-chien*, AcP 166 (1966), 343 ff.

a) Die vertragliche Produkthaftung

Das Vertragsrecht hat im Gegensatz zum Deliktsrecht eine untergeordnete Rolle in der Entwicklung des taiwanesischen Produkthaftungsrechts gespielt. Literatur und Rechtsprechung waren sich schon frühzeitig darüber einig, dass dem typischen Produktgeschädigten, mangels eines Vertragsverhältnisses mit dem Hersteller, über den Weg der vertraglichen Haftung nicht zu einem Schadensersatzanspruch verholfen werden kann.[401] Zwar wurde von einigen Rechtsgelehrten der Vorschlag gemacht, die Rechtsfigur des Vertrags mit Schutzwirkung zugunsten Dritter aus dem deutschen Zivilrecht auf das taiwanesische Recht zu übertragen und eine Anwendung auf die Produkthaftung zu erwägen.[402] Jedoch wurden diese Vorschläge von der h.M. in der Literatur und vor allem von der Rechtsprechung nicht aufgegriffen.[403] Es gilt daher ausnahmslos, dass eine vertragliche Haftung stets nur bei Vorliegen eines Vertragsverhältnisses zwischen den Streitparteien in Betracht kommt. Ein solches Vertragsverhältnis fehlt aber regelmäßig zwischen dem Verbraucher und dem Hersteller, in dessen Verantwortungsbereich erfahrungsgemäß die Mehrzahl der schadensverursachenden Produkte fällt. Von der vertraglichen Produkthaftung werden letztlich nur die vergleichsweise seltenen Fälle erfasst, in denen der Geschädigte das fehlerhafte Produkt entweder direkt vom Hersteller bezogen hat oder der Produktfehler durch ein Verhalten des Verkäufers verursacht wurde, mit dem der Geschädigte vertraglich in Kontakt getreten ist.[404]

Als Anspruchsgrundlagen wurden in der Literatur Vorschriften des Mangelgewährleistungsrechts (§§ 354 ff. TwZGB) sowie das Rechtsinstitut der positiven Vertragsverletzung (§ 227 TwZGB) herangezogen.[405]

aa) Schadensersatz wegen Nichterfüllung, § 360 S. 1 TwZGB

Die Regelung der Mangelgewährleistung im taiwanesischen Kaufrecht kann als Musterbeispiel für den Einfluss des deutschen Bürgerlichen Gesetzbuchs im Zivilge-

---

[401] Vgl. *Feng Jen-yu* (u.a.), Erläuterungen zum Verbraucherschutzgesetz, S. 87; *Kuo Li-jen*, Produkthaftung, S. 146.

[402] Vgl. *Wang Tze-chien*, Zivilrechtliche Lehrmeinungen (Bd. 2), S. 33 ff.

[403] *Kuo Li-jen*, Produkthaftung, S. 146.

[404] Vgl. *Tseng Lung-hsing*, Modernes Schadensersatzrecht, S. 407 f.

[405] Vgl. *Tseng Lung-hsing*, Modernes Schadensersatzrecht, S. 401 ff.

setzbuch angesehen werden. Denn die in den §§ 354 ff. TwZGB enthaltenen Vorschriften entsprechen inhaltlich weitgehend den deutschen Gewährleistungsvorschriften in den §§ 459 ff. BGB (a.F.).[406] So kann gemäß § 359 TwZGB der Käufer
einer Sache im Falle eines Sachmangels regelmäßig Ansprüche auf Wandlung oder
Minderung geltend machen (vgl. § 462 BGB).

Statt der Wandlung oder Minderung kann dem Käufer im Ausnahmefall nach § 360
TwZGB auch ein Anspruch auf Schadensersatz wegen Nichterfüllung zustehen,
nämlich zum einen bei Vorliegen einer Eigenschaftszusicherung (§ 360 S. 1
TwZGB) und zum anderen bei vorsätzlichem Verschweigen eines Sachmangels
durch den Verkäufer (§ 360 S. 2 TwZGB).[407] In beiden Fällen kommt nach h.M.
auch ein Ersatz von Mangelfolgeschäden in Betracht.[408] Allerdings spielt für die
produkthaftungsrechtliche Praxis nur die Haftung für Eigenschaftszusicherungen
eine Rolle.

(1) Eigenschaftszusicherung

Gemäß § 360 S. 1 TwZGB wird die Haftung nur dann ausgelöst, wenn eine Eigenschaftszusicherung durch den Verkäufer vorliegt. Ähnlich wie nach deutschem
Recht,[409] ist für eine solche Eigenschaftszusicherung notwendig, dass der Verkäufer
durch eine ausdrückliche oder stillschweigende Erklärung, welche Vertragsinhalt
geworden sein muss, dem Käufer zu erkennen gibt, dass er für den Bestand einer
bestimmten Eigenschaft der Kaufsache einstehen will.[410] Dabei muss die Zusicherung die maßgeblichen Eigenschaften der Kaufsache so genau bezeichnen, dass Inhalt und Umfang der Zusicherung eindeutig festgestellt werden können. Angaben,
die nicht Vertragsinhalt geworden sind, sowie allgemeine Produktanpreisungen
stellen keine Eigenschaftszusicherung i.S. des § 360 S. 1 TwZGB dar. Eine Eigenschaftszusicherung kann sich ausnahmsweise auch nach § 388 TwZGB, nämlich
beim Kauf nach Probe oder Muster, ergeben. In diesem Fall ist für die Feststellung

---

[406] Die folgenden Verweise auf das BGB-Schuldrecht beziehen sich auf die Fassung des BGB vor
Inkrafttreten der Schuldrechtsreform am 1.1.2002.
[407] Vgl. die Parallelvorschrift § 463 BGB im deutschen Recht.
[408] Vgl. *Tseng Lung-hsing*, Modernes Schadensersatzrecht, S. 407.
[409] BGHZ 87, 302, 305; *Palandt-Putzo*, § 459 Rn. 15.
[410] *Shih Shang-kuan*, Schuldrecht Besonderer Teil, S. 25.

der Zusicherung allein auf die Eigenschaften der Probe oder des Musters abzustellen, ohne dass es einer besonderen Erklärung bedarf.

(2) Ersatz von Mangelfolgeschäden

Umstritten ist die Frage, ob, bzw. unter welchen Umständen, § 360 TwZGB auch den Ersatz von Mangelfolgeschäden mitumfasst. Denn die allgemeine Norm § 216 Abs. 1 TwZGB, die für das gesamte Schuldrecht gilt, bestimmt lediglich, dass der „dem Gläubiger entstandene Schaden" und evt. entgangener Gewinn zu ersetzen ist, soweit durch Gesetz oder Vertrag nichts anderes bestimmt ist. Daraus ist zunächst zu schließen, dass der Schuldner das Erfüllungsinteresse des Käufers zu ersetzen hat, d.h., er hat den Schuldner wirtschaftlich so zu stellen, wie er bei ordnungsgemäßer Erfüllung gestanden hätte. Hierzu gehören jedenfalls Mangelschäden, also Schäden an der Kaufsache selbst und deren Beseitigungskosten, der Minderwert der Kaufsache, entgangener Gewinn und Vertragskosten. Für die Frage, ob § 360 S. 1 TwZGB darüberhinaus Mangelfolgeschäden ersetzt, ist nach h.M. entscheidend, gegen welche Schäden der Verkäufer den Käufer durch die Eigenschaftszusicherung absichern wollte.[411] Ein Ersatz von Mangelfolgeschäden wird anerkannt, wenn die Eigenschaftszusicherung nach dem objektiven Erklärungsgehalt den Zweck hat, den Käufer gegen das Risiko des Eintritts der betreffenden Schäden abzusichern.[412] Es ist daher durch Auslegung der Parteiwille zu ermitteln, wobei auf die Perspektive des Erklärungsempfängers (d.h. des Käufers) abzustellen ist. Ergibt diese Auslegung, dass sich die Eigenschaftszusicherung lediglich auf eine vertragsgemäße Lieferung bezieht, so löst das Fehlen dieser zugesicherten Eigenschaft nur eine Haftung für Mangelschäden aus. Nur wenn das Risiko des Eintritts von Mangelfolgeschäden Gegenstand der Zusicherungserklärung geworden ist, kann der Käufer den Ersatz dieser Schäden verlangen. In der Praxis stellt das Erfordernis der Eigenschaftszusicherung aber eine große Hürde für den Geschädigten dar, da für die meisten Produkte eine solch weitgehende Zusicherung nicht gegeben sein wird.[413]

---

[411] *Shih Shang-kuan*, Schuldrecht Besonderer Teil, S. 25.
[412] *Shih Shang-kuan*, Schuldrecht Besonderer Teil, S. 25.
[413] *Wang Tze-chien*, Zivilrechtliche Lehrmeinungen (Bd. 3), S. 179.

bb) Haftung aus „nicht vollständiger Leistung", § 227 TwZGB

Die Rechtsfigur der positiven Vertragsverletzung (pVV), die der deutsche Jurist *Staub* im Jahr 1902 als Ergänzung zum Leistungsstörungsrecht des BGB entwickelte, hat auch in das taiwanesische Zivilrecht Eingang gefunden. Aufgrund der dem Bürgerlichen Gesetzbuch insoweit sehr ähnlichen Struktur des Leistungsstörungsrechts im Zivilgesetzbuch, das sich ebenfalls in die Bereiche Unmöglichkeit, Verzug und Gewährleistungsregeln gliedert, wurde von den Verfassern des Zivilgesetzbuches mit § 227 TwVSG ein Auffangtatbestand geschaffen, der die Regelungslücken des eigentlichen Leistungsstörungsrechts mit einem vertraglichen Ersatzanspruch ausfüllen sollte. § 227 TwVSG gewährt dem Gläubiger einen Schadensersatzanspruch bei Nichtleistung und sog. „nicht vollständiger Leistung" durch den Schuldner. Hierin sieht ein Teil der Literatur eine gesetzliche Regelung des Instituts der pVV,[414] während eine Gegenmeinung stattdessen eine Analogie zu den Regeln über Unmöglichkeit und Verzug befürwortet.[415] Trotz dieser unterschiedlichen Auslegung des § 227 TwZGB gilt das Rechtsinstitut der pVV, das im Allgemeinen als „(Haftung für) nicht vollständige Leistung" (*bu wanquan geifu*) bezeichnet wird, als fester Bestandteil des taiwanesischen Schuldrechts.[416]

Dem Inhalt nach versteht die h.M. unter der Haftung für „nicht vollständige Leistung", entsprechend der deutschen Dogmatik zur pVV, die Haftung für alle Pflichtverletzungen im Rahmen eines bestehenden Schuldverhältnisses, die weder Unmöglichkeit noch Verzug herbeiführen und deren Folgen nicht von den gesetzlichen Gewährleistungsvorschriften erfasst sind.[417] Neben einer objektiven Pflichtverletzung, die in einer Schlechterfüllung oder Verletzung einer Nebenpflicht (z.B. Aufklärungspflicht) bestehen kann, muss auch ein Verschulden des Schuldners (d.h. Verkäufers) vorliegen.[418]

---

[414] *Shih Shang-kuan*, Schuldrecht Allgemeiner Teil, S. 397; *Ho Hsiau-yuan*, Schuldrecht Allgemeiner Teil, S. 158.

[415] *Mei Tsung-hsieh*, Grundzüge des Zivilrechts, S. 176; *Wang Tze-chien*, Zivilrechtliche Lehrmeinungen (Bd. 3), S. 129.

[416] *Wang Tze-chien*, Zivilrechtliche Lehrmeinungen (Bd. 3), S. 71 ff. und 128 ff.; Resolution des Obersten Gerichtshofs vom 19.4.1988, in: Amtsblatt des Justizministeriums, Bd. 37, Nr. 7 (1988), 58.

[417] *Wang Tze-chien*, Zivilrechtliche Lehrmeinungen (Bd. 3), S. 71 ff. und 128 ff.; *Shih Shang-kuan*, Schuldrecht Allgemeiner Teil, S. 399; *Chien Kuo-cheng*, Nicht vollständige Leistung und Sachmangelgewährleistung, S. 3 f.

Wie schon erwähnt, ist das Hauptproblem der vertraglichen Produkthaftung, dass im Normalfall ein Vertragsverhältnis nur zwischen dem Geschädigten und dem Endverkäufer, also einem Vertriebshändler besteht. Denn der mehrstufige Warenabsatz verhindert i.d.R., dass es zum Vertragsschluss zwischen dem Verbraucher und dem Hersteller kommt. Dem bloßen Vertriebshändler jedoch obliegen keine Pflichten hinsichtlich der Herstellung der von ihm verkauften Produkte, insbesondere obliegt ihm auch keine spezielle Untersuchungspflicht,[419] so dass Herstellungsfehler (genauso wie Konstruktions- und Instruktionsfehler) dem Vertriebshändler i.d.R. nicht zurechenbar sind.[420] Eine Klage des Geschädigten auf Haftung wegen nicht vollständiger Leistung nach § 227 TwZGB wird daher regelmäßig mangels einer Pflichtverletzung des Vertriebshändlers oder schon mangels eines Vertragsverhältnisses scheitern.

b) Die deliktische Haftung

Die oben erwähnten, für den Geschädigten oftmals unüberwindbaren Hürden der vertraglichen Produkthaftung, sind der Grund dafür, dass bis zur Einführung des Verbraucherschutzgesetzes (1994) das Deliktsrecht bevorzugt herangezogen wurde. Insbesondere die Fälle der Schädigung eines unbeteiligten Dritten, bei denen eine Person rein zufällig mit einem fehlerhaften Produkt in Kontakt kommt, konnten von vorneherein nur über den Weg des Deliktsrechts gelöst werden.[421] Der Schwerpunkt der Produkthaftungsdiskussion lag daher lange Zeit beim allgemeinen Deliktsrecht.

Es ist hierbei zu beachten, dass in der heutigen Produkthaftungspraxis Taiwans angesichts der Einführung des konkreteren und für den Geschädigten günstigeren Verbraucherschutzgesetzes (TwVSG) kaum noch Schadensersatzklagen auf der Grundlage des allgemeinen Deliktsrechts zu erwarten sind. Auch die erst im Jahre

---

[418] Vgl. *Chien Kuo-cheng*, Faling Yuekan, Bd. 29-6 (1978), S. 3.
[419] Dies gilt besonders im Verhältnis zum Hersteller oder anderen Unternehmern, vgl. Urteil des Obersten Gerichtshofs, 1988, Nr. 1989 (Kunststofftuch), abgedruckt in: Auswahl zivil- und strafrechtlicher Entscheidungen des Obersten Gerichtshofs, Bd. 9/3, S. 51 ff. und Anmerkung *Wang Tze-chien*, China Law Journal, Oktober 1994, 17, 18 f.; *Wang Tze-chien*, Zivilrechtliche Lehrmeinungen (Bd. 3), S. 179.
[420] Vgl. *Wang Tze-chien*, Zivilrechtliche Lehrmeinungen (Bd. 3), S. 179; *Kuo Li-jen*, Produkthaftung, S. 155.
[421] Vgl. *Tseng Lung-hsing*, Modernes Schadensersatzrecht, S. 407; *Wang Tze-chien*, Zivilrechtliche Lehrmeinungen (Bd. 1), S. 362.

1999 durch Änderungsgesetz eingeführte Produkthaftungsnorm § 191-1 TwZGB, die dem „besonderen Deliktsrecht" zuzuordnen ist, bildet in dieser Hinsicht keine Ausnahme. Die folgenden Ausführungen sollen daher das Deliktsrecht nur insoweit erläutern, als es einen Teil der Entwicklung der taiwanesischen Produkthaftung darstellt.

aa) Haftung nach dem allgemeinen Deliktstatbestand, § 184 Abs. 1 S. 1 TwZGB

Das allgemeine Deliktsrecht ist in § 184 TwZGB normiert, der drei Tatbestände enthält. Der Grundtatbestand in § 184 Abs. 1 S. 1 TwZGB regelt die Haftung für die schuldhafte Verletzung des Rechts eines anderen. Daneben haben § 184 Abs. 1 S. 2 TwZGB die sittenwidrige Schädigung eines anderen und § 184 Abs. 2 TwZGB den Verstoß gegen ein Schutzgesetz zum Gegenstand.

Bei Betrachtung dieser drei Deliktstatbestände werden erneut die Parallelen zum deutschen Bürgerlichen Gesetzbuch (vgl. § 823 Abs. 1 und 2, § 826 BGB) erkennbar, das auch für das taiwanesische Deliktsrecht Vorbildfunktion besaß.[422] Für die Produkthaftung ist zeitweise auch § 188 TwZGB als Anspruchsgrundlage erwogen worden, in dem die Haftung für den Verrichtungsgehilfen geregelt ist.[423]

Der Grundtatbestand in § 184 Abs. 1 S. 1 TwZGB stellte lange Zeit die primäre Anspruchsgrundlage der taiwanesischen Produkthaftung dar und hatte damit eine vergleichbare Stellung inne, wie § 823 Abs. 1 BGB im deutschen Produkthaftungsrecht.

Gemäß § 184 Abs. 1 S. 1 TwZGB ist derjenige, der auf rechtswidrige Weise ein Recht eines anderen vorsätzlich oder fahrlässig verletzt, zum Ersatz des daraus entstehenden Schadens verpflichtet.

Eine Haftung nach dieser Vorschrift setzt demnach eine Rechtsgutverletzung, einen darauf beruhenden Schadenseintritt, Rechtswidrigkeit und Verschulden voraus. Da

---

[422] Anders jedoch als die §§ 823 – 853 BGB befinden sich die Deliktsvorschriften des Zivilgesetzbuches (§§ 184 – 198 TwZGB) systematisch nicht im Besonderen Schuldrecht, sondern im Allgemeinen Schuldrecht.

es sich in Fällen der Produkthaftung nur um eine mittelbar, nämlich über das betreffende Produkt, herbeigeführte Rechtsgutsverletzung handeln kann, haben Literatur und Rechtsprechung, ähnlich wie im Produkthaftungsrecht anderer Länder, zusätzlich das Erfordernis eines Produktfehlers eingeführt. Nach allgemeiner Meinung ist ein Produkt in diesem Sinne fehlerhaft, wenn es eine Gefahr für den Körper, die Gesundheit, das Leben oder das Eigentum von Verbrauchern enthält.[424] Der Hersteller (oder Vertriebshändler) eines solchen fehlerhaften Produkts soll für alle Beeinträchtigungen an den von § 184 Abs. 1 S. 1 TwZGB geschützten Rechtsgütern haften, sofern diese Beeinträchtigungen durch die Fehlerhaftigkeit des Produkts herbeigeführt worden sind und der Fehler im Produkt auf eine ihm zurechenbare Handlung zurückgeführt werden kann.[425]

Das bedeutet, dass die Fehlerhaftigkeit des Produkts an ein rechtswidriges und schuldhaftes Verhalten des Herstellers anknüpfen muss, anders als im Mangelgewährleistungsrecht, wo das Vertretenmüssen des Verkäufers objektiv aus der Fehlerhaftigkeit folgt. Die im deutschen Deliktsrecht und auch in der Produkthaftung praktizierte Lehre der Verkehrssicherungspflichten,[426] wonach den Hersteller vor allem die allgemeine Pflicht trifft, nur ordnungsgemäß hergestellte, fehlerfreie Produkte in den Verkehr zu bringen, fand auch in der taiwanesischen Literatur Zustimmung.[427] So wird die Frage, welche Fehler dem Unternehmer zurechenbar sind, anhand von einzelnen Fallgruppen beantwortet. Die einzelnen produktbezogenen Pflichten werden in solche hinsichtlich der Konstruktion, Herstellung und Instruktion eingeteilt, woraus die gängige Kategorisierung in Konstruktions-, Herstellungs- und Instruktionsfehler hergeleitet wird.[428]

---

[423] Zur Haftung nach § 188 TwZGB siehe unten bb).

[424] *Tseng Lung-hsing*, Modernes Schadensersatzrecht, S. 402; *Wang Tsu-chung*, China Law Journal, April 1971, 105, 106.

[425] *Tseng Lung-hsing*, Modernes Schadensersatzrecht, S. 402; *Wang Tze-chien*, Zivilrechtliche Lehrmeinungen (Bd. 1), S. 364.

[426] Vgl. *v. Westphalen, Friedrich* (Hrsg.), Produkthaftungshandbuch, Bd. 1, § 23 Rn. 6 f.

[427] *Wang Tze-chien*, Zivilrechtliche Lehrmeinungen (Bd. 3), S. 182; *Chu Peh-sung*, Deliktische Produzentenhaftung, S. 300 ff.

[428] *Tseng Lung-hsing*, Modernes Schadensersatzrecht, S. 402.

Das Konzept der Verkehrssicherungspflichten wurde allerdings, anders als in Deutschland, erst lange Zeit nach seiner Vorstellung in der Literatur auch von der Rechtsprechung aufgegriffen.[429]

Hinsichtlich des Schutzbereichs enthält § 184 Abs. 1 S. 1 TwZGB, im Unterschied zu § 823 Abs. 1 BGB keine enumerative Aufzählung geschützter Rechtsgüter, sondern spricht generalklauselartig von einem Recht eines anderen. Dementsprechend wird der Schutzbereich dieser Norm in der Literatur grundsätzlich weit interpretiert. So sollen neben den auch in § 823 Abs. 1 BGB ausdrücklich genannten Rechtsgütern Leben, Körper, Gesundheit, Eigentum und Freiheit auch das allgemeine Persönlichkeitsrecht geschützt sein.[430] Dagegen ist die Frage umstritten, ob und inwieweit § 184 Abs. 1 S. 1 TwZGB neben dem Eigentum auch das Vermögen als solches schützt. Die h.M. lehnt eine solch weitgehende Haftung im Rahmen dieser Norm ab, denn § 184 Abs. 1 S. 1 TwZGB diene lediglich dem Bestandsschutz (Integritätsinteresse), nicht aber dem Schutz der darüberhinausgehenden rein wirtschaftlichen Interessen.[431] Daher fallen nach dieser Auffassung z.B. Forderungen, entgangener Gewinn, etc. nicht in den Schutzbereich des § 184 Abs. 1 S. 1 TwZGB. Ein Ersatz solcher rein wirtschaftlichen Schäden könne allenfalls im Rahmen der Haftung für sittenwidrige Schädigung nach § 184 Abs. 1 S. 2 TwZGB geltend gemacht werden.[432] Die Rechtsprechung geht hingegen von einer grundsätzlichen Ersatzfähigkeit reiner Vermögensschäden aus.[433]

Aus Sicht des Verbraucherschutzes liegt die Hauptschwäche der deliktischen Produkthaftung nach § 184 Abs. 1 S. 1 TwZGB einerseits im Verschuldenserfordernis, andererseits in der Beibehaltung der klassischen Beweislastverteilung.[434] Nach §

---

[429] Vgl. Urteil des Obersten Gerichtshofs, 1989, Nr. 200 („Fliesen-Fall"), abgedruckt in: Auswahl zivil- und strafrechtlicher Entscheidungen des Obersten Gerichtshofs, Bd. 10/1, S. 57 ff.; siehe zu diesem Fall unten 3. c).

[430] *Cheng Yü-po*; Schuldrecht Allgemeiner Teil, S. 146 ff.; *Tseng Lung-hsing*, Modernes Schadensersatzrecht, S. 67 ff.

[431] Vgl. *Wang Tze-chien*, China Law Journal, Oktober 1994, 17, 25; *Kuo Li-jen*, Chung Hsing Law Review, Vol. 40 (März 1996), 341, 361; *Cheng Yü-po*; Schuldrecht Allgemeiner Teil, S. 152.

[432] *Mei Tsung-hsieh*, Grundzüge des Zivilrechts, S. 139; *Wang Tze-chien*, China Law Journal, Oktober 1994, 17, 26.

[433] Vgl. Urteil des Obersten Gerichtshofs, 1989, Nr. 200 („Fliesen-Fall"), abgedruckt in: Auswahl zivil- und strafrechtlicher Entscheidungen des Obersten Gerichtshofs, Bd. 10/1, S. 57 ff.; siehe zu diesem Fall unten 3. c).

[434] Vgl. *Hsu Hsiao-po/Liu Shau-liang*, Vergleichende Untersuchung, S. 162 ff.; *Jan Sen-lin/Feng Jen-yu/Liu Ming-chu*, Einführung in das Verbraucherschutzgesetz, S. 21.

277 des taiwanesischen Zivilprozessgesetzes (TwZPG), hat jede Partei die Voraussetzungen der ihr günstigen Norm darzulegen und zu beweisen. Für die deliktische Produkthaftung hat dies zur Folge, dass der Geschädigte sämtliche Voraussetzungen des § 184 Abs. 1 S. 1 TwZGB beweisen muss, was anerkanntermaßen besondere Schwierigkeiten hinsichtlich des Kausalzusammenhangs und des Verschuldens bereitet.

Diese typischen Beweisschwierigkeiten in Produkthaftungsfällen haben auch nicht, wie etwa in der Hühnerpestentscheidung des BGH[435] geschehen, zu einer richterlichen Rechtsfortbildung in der Form einer Beweislastumkehr geführt. Im Gegensatz zur Rechtsprechung des BGH zum § 823 Abs. 1 BGB, haben taiwanesische Gerichte hinsichtlich der Haftung nach § 184 Abs. 1 S. 1 TwZGB bisher keine Neigung gezeigt, dem Produktgeschädigten mittels einer Beweislastumkehr entgegenzukommen. Daran hat auch die Tatsache nichts geändert, dass in der Literatur vielfach eine Beweislastverteilung nach Gefahrenbereichen, entsprechend dem Modell des BGH, befürwortet worden ist.[436]

bb) Haftung für Verrichtungsgehilfen, § 188 Abs. 1 TwZGB

Ein Schadensersatzanspruch gegen einen Hersteller kann sich im Falle eines Fehlverhalten eines Verrichtungsgehilfen auch aus § 188 Abs. 1 TwZGB ergeben. Diese Vorschrift stimmt in ihrem Wortlaut nahezu exakt mit § 831 Abs. 1 BGB überein. Nach § 188 Abs. 1 S. 1 TwZGB haften der Dienstherr und der Dienstpflichtige gesamtschuldnerisch, wenn der Dienstpflichtige in Ausführung des Dienstes das Recht eines anderen in rechtswidriger Weise verletzt. Der Dienstpflichtige ist in dieser Vorschrift ähnlich einem Verrichtungsgehilfe i.S. des § 831 Abs. 1 BGB aufzufassen, d.h. es muss sich um eine Hilfsperson handeln, die gegenüber einer anderen Person weisungsgebunden ist. Ähnlich wie § 831 Abs. 1 S. 2 BGB, sieht § 188 Abs. 1 S. 2 TwZGB für den Dienstherrn eine Exkulpationsmöglichkeit vor. Nach dieser Vorschrift tritt die Ersatzpflicht des Dienstherrn nicht ein, wenn der Dienstherr bei der Auswahl des Dienstpflichtigen und seiner Überwachung während der Ausfüh-

---

[435] BGHZ 51, 91 = NJW 1969, 269.
[436] *Wang Tze-chien*, Zivilrechtliche Lehrmeinungen (Bd. 1), S. 365 f. und Zivilrechtliche Lehrmeinungen (Bd. 3), S. 190; *Kuo Li-jen*, Chung Hsing Law Review, Vol. 40 (März 1996), 341, 372. Beachte aber den 1999 eingeführten § 191-1 TwZGB, der eine solche Beweislastumkehr vorsieht. Siehe hierzu unten cc).

rung des Dienstes angemessene Sorgfalt anwendete oder wenn der Schaden auch bei Anwendung dieser Sorgfalt entstanden wäre.

Zu beachten ist allerdings, dass trotz des von § 831 Abs. 1 BGB kaum zu unterscheidenden Wortlauts, § 188 Abs. 1 TwZGB von der h.M. in einem wesentlichen Punkt anders interpretiert wird. Während nämlich im deutschen Recht nach allgemeiner Meinung schon eine bloß rechtswidrige Handlung des Verrichtungsgehilfen ausreicht, um die Haftung des Dienstherrn zu begründen, wird für § 188 Abs. 1 TwZGB nach h.M. grundsätzlich auch ein schuldhaftes Verhalten verlangt.[437]

Hinsichtlich der Exkulpationsmöglichkeit des § 188 Abs. 1 S. 2 TwZGB (vgl. § 831Abs. 1 S. 2 BGB) enthält § 188 Abs. 2 TwZGB eine ausnahmsweise Billigkeitshaftung, wonach dem Dienstherrn trotz Exkulpation nach § 188 Abs. 1 S.2 TwZGB eine zumindest teilweise Leistung des Schadensersatzes auferlegt werden kann, wenn die wirtschaftlichen Verhältnisse dies nahelegen. In der Praxis hat der Dienstherr auch aufgrund der im Allgemeinen sehr hohen Anforderungen an Auswahl und Überwachung von Verrichtungsgehilfen nur selten eine Möglichkeit sich zu exkulpieren.[438]

Als Anspruchsgrundlage für die Produkthaftung wurde § 188 Abs. 1 TwZGB zwar von einigen Gerichten herangezogen, doch wurde sie schnell durch den allgemeinen Deliktstatbestand des § 184 Abs. 1 S. 1 TwZGB als hauptsächliche Produkthaftungsgrundlage verdrängt. Eine Anwendung des 188 Abs. 1 TwZGB auf Fälle der Produkthaftung wird in der Literatur im heutigen Zeitalter der Massenproduktion und Spezialisierung von Arbeitskräften als nicht mehr angemessen empfunden.[439]

cc) Die Produkthaftungsnorm § 191-1 TwZGB

Die am 21.4.1999 eingeführte Produkthaftungsnorm § 191-1 TwZGB nimmt insoweit eine Sonderstellung ein, als diese Norm bereits zum Zeitpunkt ihres Inkrafttretens nicht mehr dem in Taiwan geltenden Produkthaftungsstandard entsprach.

---

[437] Vgl. *Cheng Yü-po*; Schuldrecht Allgemeiner Teil, S. 183; *Hu Chang-ching*, Schuldrecht Allgemeiner Teil, S. 171.
[438] Vgl. *Kuo Li-jen*, Produkthaftung, S. 177.

Angesichts der Aufstellung einer verschuldensunabhängigen Haftung durch das Verbraucherschutzgesetz im Jahre 1994, muss § 191-1 TwZGB mit der darin geregelten Haftung aus vermutetem Verschulden als obsolet betrachtet werden. Es ist daher nicht davon auszugehen, dass § 191-1 TwZGB neben den §§ 7 ff. des Verbraucherschutzgesetzes eine tragende Rolle im taiwanesischen Produkthaftungsrecht spielen wird. Zum besseren Verständnis ist an dieser Stelle auf die Entstehungsgeschichte des § 191-1 TwZGB einzugehen, die im Zusammenhang mit den langjährigen Reformanstrengungen zum taiwanesischen Zivilgesetzbuch betrachtet werden muss.

(1) Hintergrund der Norm

Die taiwanesische Gesetzgebung befasste sich zum ersten Mal mit der Produkthaftung im Rahmen der 1974 vom taiwanesischen Justizministerium eingeleiteten Zivilrechtsreform.[440] Bei dieser Reform ging es in der Hauptsache um eine Neubewertung und Modifizierung der fünf Bücher des Zivilgesetzbuches.[441]

Hinsichtlich des Schuldrecht-Teils des Zivilgesetzbuches wurde von einer 1977 eingesetzten Reformkommission[442] u.a. bemängelt, dass das Deliktsrecht (§§ 184 ff. TwZGB) für die zunehmend an Bedeutung gewinnende Produkthaftungsproblematik keine angemessene Lösung bereithalte. Das geltende Deliktsrecht berücksichtige auch nicht genügend Interessen des Verbraucherschutzes. Aus diesem Grund wurde im ersten Entwurf einer Reformnovelle zum allgemeinen Schuldrechts[443], der 1983 von der Reformkommission fertiggestellt wurde, mit § 191-1 TwZGB eine spezielle Produkthaftungsvorschrift in den Reformentwurf aufgenommen.[444] § 191-1 TwZGB sollte für den Bereich der Produkthaftung die allgemeine Deliktsnorm § 184 Abs. 1 S. 1 TwZGB als Anspruchsgrundlage ablösen. Nachdem es um die Reformbemü-

---

[439] Vgl. *Tseng Lung-hsing*, Modernes Schadensersatzrecht, S. 420.

[440] Siehe den Plan des Justizministeriums zur Reform des Zivilgesetzbuches im Rundschreiben des Exekutiv-Yuan vom 18.4.1974, Justiz Nr. 8555.

[441] Dem Modell des BGB folgend, ist das Zivilgesetzbuch in die Bücher Allgemeiner Teil, Schuldrecht, Sachenrecht, Familienrecht und Erbrecht eingeteilt.

[442] Ausführlich dazu *Kuo Li-jen*, Produkthaftung, S. 180 ff.

[443] Nach der Systematik des Zivilgesetzbuches zählt das Deliktsrecht zum allgemeinen Teil des Schuldrechts.

hungen zum Schuldrecht lange Zeit still gewesen war, wurden endlich am 21.4.1999 die teilweise seit 1983 bestehenden Reformvorschläge in geltendes Recht umgesetzt. So trat am 21.4.1999 auch § 191-1 TwZGB in der Fassung des Reformentwurfs von 1983 in Kraft.

Ein Grund für die erhebliche Verzögerung scheint die für die Zivilrechtsreform tragende Kodifikationsidee zu sein. Von Anfang an war nämlich die Zielsetzung des Justizministeriums gewesen, nur das Zivilgesetzbuch als Gesamtgesetz für das Zivilrecht zu reformieren. Eine Zersplitterung des geltenden Rechts in viele kleine Spezialgesetze wollte man vermeiden, um größerer Übersichtlichkeit und Einheitlichkeit des Zivilrechts beizubehalten.[445] Dabei hat sich jedoch herausgestellt, dass die Kodifikationsidee wegen dem damit verbundenen höheren Arbeits- und Zeitaufwand wenig praktikabel und kaum zu verwirklichen war. Vor allem ist nun zu bezweifeln, ob auf dem eingeschlagenen Weg das eigentliche Ziel der Zivilrechtsreform, nämlich eine Anpassung des Zivilgesetzbuches an neue gesellschaftliche Gegebenheiten, überhaupt erreicht werden kann.[446]

(2) Die Haftung nach § 191-1 TwZGB

Gemäß § 191-1 Abs. 1 TwZGB haften Hersteller für Schäden, die ein anderer infolge des üblichen Gebrauchs oder Verbrauchs ihrer Waren erleidet. Dabei tritt die Ersatzpflicht nach § 191-1 Abs. 1 S. 1 TwZGB nicht ein, wenn bei der Herstellung, der Weiterverarbeitung und der Konstruktion keine Fehler gemacht wurden oder der Schaden nicht auf einen solchen Fehler zurückzuführen ist. Gleiches gilt, wenn der Hersteller die zur Schadensvermeidung angemessene Sorgfalt bereits beachtet hat.

Als Hersteller gilt nach § 191-1 Abs. 2 TwZGB derjenige, der das Produkt konstruiert, produziert oder bearbeitet, also nicht notwendigerweise der Endhersteller. Darüberhinaus haften in gleicher Weise Quasi-Hersteller, nämlich Unternehmer, die sich als Hersteller ausgeben, indem sie eigene Warenzeichen oder andere unter-

---

[444] Vgl. *Chu Peh-sung*, National Taiwan University Law Journal, Vol. 24-1 (Dezember 1994), 353, 360 (Fn. 20); *Jan Sen-lin/Feng Jen-yu/Liu Ming-chu*, Einführung in das Verbraucherschutzgesetz, S. 24.

[445] *Kuo Li-jen*, Produkthaftung, S. 184.

[446] Vgl. *Chu Peh-sung*, National Taiwan University Law Journal, Vol. 24-1 (Dezember 1994), 353, 360 f.

scheidungskräftige Kennzeichnungen auf dem Produkt anbringen (§ 191-1 Abs. 2 TwZGB) sowie Importeure von Produkten (§ 191-1 Abs. 4 TwZGB).

Die Vorschrift statuiert, entsprechend der Rechtsprechungspraxis zu § 184 Abs. 1 S. 1 TwZGB, eine spezielle Haftung zwar für den Hersteller, nicht aber für den Vertriebshändler. Damit folgte die Reformkommission dem Richtlinienvorschlag des Rates der Europäischen Gemeinschaft vom 9. September 1976, der für den gesamten § 191-1 TwZGB des Reformentwurfs Vorbildfunktion hatte.[447] Bemerkenswert an § 191-1 TwZGB ist vor allem die im ersten Absatz festgeschriebene sehr weitgehende Beweislastverschiebung zugunsten des Geschädigten. So muss der Geschädigte nach § 191-1 Abs. 1 S. 1 TwZGB nur beweisen, dass ihm ein Schaden durch den bestimmungsgemäßen Gebrauch der Ware entstanden ist, wobei der Geschädigte nicht notwendigerweise der Produktbenutzer sein muss. Demgegenüber werden die Rechtswidrigkeit (Sorgfaltspflichtverletzung), der Kausalzusammenhang zwischen Fehler und Schaden sowie ein Verschulden zuungunsten des Herstellers vermutet.

Der Wortlaut des § 191-1 Abs. 1 S. 2 TwZGB scheint den Geschädigten auch von der Beweislast hinsichtlich des Fehlers zu befreien.

Eine Fehlerdefinition enthält § 191-1 TwZGB nicht. Nach § 191-1 Abs. 3 TwZGB soll ein Fehler aber jedenfalls dann anzunehmen sein, wenn die Konstruktion, Herstellung oder Verarbeitung des Produkts nicht dem Inhalt der Gebrauchsanweisung oder der Werbung entspricht. Das Fehlen einer an eine Produktgefährlichkeit anknüpfende Fehlerdefinition macht deutlich, dass § 191-1 TwZGB seit dem Reformentwurf von 1983 nicht weiterentwickelt wurde. So macht sich der Einfluss der EG-Produkthaftungsrichtlinie von 1985 im Wortlaut der Norm nicht bemerkbar. Vielmehr wollte die Reformkommission die Ausgestaltung des Fehlerbegriffs bewusst der Lehre und der Rechtsprechung überlassen.[448]

Es bleibt abzuwarten, wie der „neue" § 191-1 TwZGB in der Rechtsprechungspraxis aufgenommen wird. Zweifelhaft ist jedoch, ob und inwieweit sich § 191-1 TwZGB gegenüber den im taiwanesichen Recht mittlerweile etablierten Produkthaftungsregeln des Verbraucherschutzgesetzes durchsetzen können wird. Festzu-

---

[447] *Kuo Li-jen*, Produkthaftung, S. 192.
[448] *Kuo Li-jen*, Produkthaftung, S. 196.

halten bleibt nämlich, dass der Gesetzgeber mit der Einführung des obsoleten § 191-1 TwZGB nicht zu einer Weiterentwicklung des taiwanesischen Produkthaftungsrechts beigetragen hat.

c) Verhältnis von Vertrags- und Deliktshaftung

In Literatur und Rechtsprechung ist das Verhältnis zwischen vertraglicher und deliktischer Haftung umstritten.[449] Relevant wird diese Frage im Rahmen der Produkthaftung i.d.R. dann, wenn ein Geschädigter die fehlerhafte Ware direkt vom Hersteller erworben hat, mithin ein Vertragsverhältnis zwischen beiden besteht. Je nach Anwendbarkeit vertraglicher oder deliktischer Anspruchsgrundlagen ergeben sich Unterschiede hinsichtlich des Schadensersatzumfanges und der Verjährungsfristen. So sind über die deliktische Haftung Vermögens- und Nichtvermögensschäden ersetzbar, jedoch begrenzt auf die Höhe des eingetretenen Schadens.[450] Dagegen sind über die vertragliche Haftung regelmäßig nur Vermögensschäden ersetzbar, die aber nicht notgedrungen von der Schadenshöhe abhängen (insbesondere in dem Fall, dass Vertragsstrafen vereinbart worden sind).[451] Für Ansprüche aufgrund nicht vollständiger Leistung (§ 227 TwZGB) gilt die regelmäßige 15-jährige Verjährungsfrist nach § 125 TwZGB, während deliktische Schadensersatzansprüche in zwei Jahren ab Kenntnis des Schadens und des Schädigers verjähren (§ 197 Abs. 1 TwZGB).[452]

Grundsätzlich werden zur Frage des Verhältnisses von Deliktshaftung und Vertragshaftung zwei gegensätzliche Standpunkte vertreten. Die h.M. in der Literatur geht von einer Anspruchskonkurrenz aus.[453] Danach sollen deliktische und vertragliche Anspruchsgrundlagen nebeneinander anwendbar sein. Der Geschädigte soll sich die ihm günstigste Anspruchsgrundlage aussuchen können. Die Gegenmeinung, die in der Vergangenheit auch von der Rechtsprechung[454] vertreten wurde, folgt

---

[449] Siehe dazu *Tseng Lung-hsing*, Modernes Schadensersatzrecht, S. 16 ff.

[450] *Tseng Lung-hsing*, Modernes Schadensersatzrecht, S. 15.

[451] *Tseng Lung-hsing*, Modernes Schadensersatzrecht, S. 15; vgl. Urteil des Obersten Gerichtshofs, 1988, Nr. 1989 (Kunststofftuch), abgedruckt in: Auswahl zivil- und strafrechtlicher Entscheidungen des Obersten Gerichtshofs, Bd. 9/3, S. 51 ff. und Anmerkung *Wang Tze-chien*, China Law Journal, Oktober 1994, 17 ff.

[452] *Tseng Lung-hsing*, Modernes Schadensersatzrecht, S. 15 f.

[453] *Wang Tze-chien*, Zivilrechtliche Lehrmeinungen (Bd. 1), S. 395, 410; *Shih Shang-kuan*, Schuldrecht Allgemeiner Teil, S. 220; *Ho Hsiao-yuan*, Schuldrecht Allgemeiner Teil, S. 258 f.

[454] Urteil des Obersten Gerichtshofs, 1969, Nr. 1613, veröffentlicht in: Amtsblatt des Justiz-Yuan („Justiz-Hof"), Bd. 12, Nr. 10; Urteil des Obersten Gerichtshof, 1971, Nr. 1611 (siehe im folgen-

demgegenüber der Theorie der Gesetzeskonkurrenz.[455] Danach stellen die vertrags-rechtlichen Schadensersatzansprüche im Vergleich zu den deliktischen Ansprüchen lex specialis dar, so dass der Vertragshaftung insoweit Vorrang gebührt. Um ein Unterlaufen gesetzlicher oder vertraglicher Bestimmungen zu verhindern, müsse da-her die deliktische Haftung bei Bestehen eines Vertragsverhältnisses ausgeschlossen sein.[456] Dieser Auffassung ist jedoch entgegenzuhalten, dass kein Grund ersichtlich ist, weshalb ein Geschädigter, der sich auf ein Vertragsverhältnis berufen kann, un-ter Umständen schlechter dastehen soll, als ein Verbraucher, der ein solches Ver-tragsverhältnis nicht vorweisen kann. Das Gegenteil sollte der Fall sein. Um einen möglichst lückenlosen Schutz zu gewährleisten, ist daher der Anname einer An-spruchskonkurrenz der Vorzug zu geben. Ein weiteres Argument für die h.M. kann darin gesehen werden, dass § 220 TwZGB ausdrücklich verbietet, die Haftung we-gen Vorsatz oder grober Fahrlässigkeit im voraus durch Vertrag auszuschließen. Von einer generellen Anwendbarkeit der deliktischen Haftungsnormen auch bei Be-stehen eines Vertragsverhältnisses geht also auch das Gesetz selbst aus.

3. Die Entwicklung der Produkthaftungsrechtsprechung vor Einfüh-rung des Verbraucherschutzgesetzes

Im folgenden werden drei bekannte Entscheidungen zur deliktischen Produkthaftung dargestellt und kurz erläutert. Dabei handelt es sich um den „Dampfkochtopf-Fall"[457] von 1971, den „Limonadenflaschen-Fall"[458] von 1974 und den „Fliesen-Fall"[459] von 1989. Alle drei Entscheidungen können in mehrfacher Hinsicht als re-präsentativ für die Produkthaftungspraxis vor Einführung des Verbraucherschutzge-

---

den „Dampfkochtopf-Fall"). In späteren Entscheidungen änderte der Oberste Gerichtshof jedoch seine Rechtsprechung in diesem Punkt und folgte der herrschenden Literaturmeinung. Vgl. Urteil des Obersten Gerichtshofs, 1974, Nr. 1988, veröffentlicht in: Amtsblatt des Justiz-Yuan, Bd. 17, Nr. 5; Urteil des Obersten Gerichtshofs, 1980, Nr. 1402, abgedruckt in: Journal for Laws and regulations, Bd. 32 (1981), Nr. 1.

[455] *Wang Po-chi*, Schuldrecht Allgemeiner Teil, S. 179; *Cheng Yü-po*, Schuldrecht Allgemeiner Teil, S. 303.

[456] *Tseng Lung-hsing*, Modernes Schadensersatzrecht, S. 23.

[457] Urteil des Obersten Gerichtshofs, 1971, Nr. 1611; veröffentlicht in: Amtsblatt des Justiz-Yuan, Bd. 14, Nr. 4, S. 11 ff.

[458] Urteil des Obersten Gerichtshofs, 1974, Nr. 806 (nicht offiziell veröffentlicht); abgedruckt in: *Lin Rung-yau*, China Law Journal, September 1977, 72, 73 f.

[459] Urteil des Obersten Gerichtshofs, 1989, Nr. 200, veröffentlicht in: Auswahl zivil- und straf-rechtlicher Entscheidungen des Obersten Gerichtshofs, Bd. 10/1, S. 57 ff.

setzes im Jahre 1994 angesehen werden, was auch durch die relativ häufige Besprechung dieser Entscheidungen in der Literatur widergespiegelt wird.[460]

Die Tatsache, dass es innerhalb von Jahrzehnten, abgesehen von den genannten Fällen, kaum zu Produkthaftungsprozessen gekommen ist, verdeutlicht die taiwanesische Rechtswirklichkeit auf dem Gebiet der Produkthaftung. Angesichts der wirtschaftlichen Entwicklung, die Taiwan in den 70er und 80er Jahren erlebt hat, erscheint dies in der Tat erstaunlich, im übrigen eine Situation, die sich auch nach der Einführung des Verbraucherschutzgesetzes im Jahre 1994 nicht spürbar verändert hat.

Als Begründung für die geringe Zahl der durch Gerichtsurteil entschiedenen Produkthaftungsfälle kann zum einen das damals noch geringe Verbraucherbewusstsein innerhalb der taiwanesischen Gesellschaft genannt werden, das erst Ende der 80er Jahre im Zusammenhang mit der allmählichen Demokratisierung des Landes sich zu entwickeln begann. Die Verbraucher sahen zuvor kaum Möglichkeiten, ihre Rechte gegenüber den Produkt- und Dienstleistungsanbietern durchzusetzen und hatten i.d.R. zu geringe Kenntnisse des geltenden Rechts. Ein anderer Grund für die allgemein mangelnde Klagefreudigkeit in Taiwan kann in der chinesischen Mentalität gesehen werden. Der Rechtsstreit vor dem Gericht wird in Taiwan, stärker als z.B. in westlichen Kulturen, als ultima ratio aufgefasst, das es nach Möglichkeit zu vermeiden gilt.[461] Für die Praxis ist daher davon auszugehen, dass die Mehrzahl der Produkthaftungsfälle außergerichtlich abgewickelt werden.

Die im folgenden dargestellten Entscheidungen machen zudem auch die Unsicherheit der Gerichte bei der rechtlichen Beurteilung von Produkthaftungsfällen erkennbar, was sicherlich zum Teil auf die seinerzeitige Neuheit dieses Rechtsgebietes zurückzuführen ist. So besteht in den Urteilen häufig Unklarheit darüber, welche rechtliche Grundlage für eine Entscheidung herangezogen wurde. Im Zusammenhang hiermit ist auch festzustellen, dass Urteile taiwanesischer Gerichte im Vergleich zu deutschen Urteilen i.d.R. mit einem erheblich geringerem argumentativen

---

[460] Vgl. *Wang Tze-chien*, Zivilrechtliche Lehrmeinungen (Bd. 1), S. 357 ff. („Dampfkochtopf-Fall") und Zivilrechtliche Lehrmeinungen (Bd. 3), S. 177 ff. („Limonadenflaschen-Fall"); *ders.* China Law Journal, Oktober 1994, 17, 23 ff. („Fliesen-Fall"); *Tseng Lung-hsing*, Modernes Schadensersatzrecht, S. 410 ff. und 417 ff.; *Kuo Li-jen*, Chung Hsing Law Review, Vol. 40 (März 1996), 341, 357 ff.

[461] Vgl. *Kuo Li-je*n, Produkthaftung, S. 161 f.

Aufwand begründet werden bzw. Begründungen in vielen Fällen einfach fehlen, weshalb sie für eine abschließende Beurteilung allgemein nicht die gleiche Zuverlässigkeit besitzen können wie Urteile deutscher Gerichte.

a) Urteil des Obersten Gerichtshofs, 1971, Nr. 1611 („Dampfkochtopf-Fall")

Diesem vom taiwanesischen Obersten Gerichtshof[462] im Jahre 1971 entschiedenen Fall lag folgender Sachverhalt zugrunde:

Die Firma F, ein mittelständischer Betrieb, kaufte im November 1965 einen Dampfkochtopf bei der Eisenwarenfabrik E, dem Hersteller des Dampfkochtopfes. Der Dampfkochtopf sollte innerhalb des Fabrikgebäudes der F eingesetzt werden. Bei der ersten Inbetriebnahme des Dampfkochtopfes wenige Tage später ereignete sich eine heftige Explosion, durch die eine von F angestellte Arbeiterin tödlich verletzt wurde. Des weiteren entstand Sachschaden am Fabrikgebäude.

Vor Gericht klagte F gegen E auf Ersatz der von ihr (F) getragenen Beerdigungskosten für die getötete Mitarbeiterin sowie auf Ersatz der Reparaturkosten für die Gebäudeschäden. Die Eltern der getöteten Arbeiterin, die Eheleute K, klagten gegen E auf Ersatz der angefallenen Kosten für die erfolglose Heilbehandlung und forderten darüberhinaus eine Entschädigung für den Tod ihrer Tochter.

Aus dem Urteil des Obersten Gerichtshofs (Revisionsinstanz) und anderen Materialien ist nicht zu entnehmen, wie das erstinstanzliche Gericht im einzelnen entschieden hatte. Jedenfalls erkannte das Berufungsgericht den Klägern den vollen Ersatz der materiellen und den teilweisen Ersatz der immateriellen Schäden zu. Ein Sachverständigengutachten kam zu dem Ergebnis, dass eine Befestigungsschraube am Dampfkochtopf nicht normgemäß war und dadurch der Druck innerhalb des Dampfkochtopfes von maximal 3,97 kg/cm^2 auf unzulässige 5 kg/cm^2 steigen konnte, was schließlich zur Explosion führte. Aus den Ausführungen der Revision geht hervor, dass das Berufungsgericht eine Haftung des Herstellers aus dem Deliktsrecht herleitete, ohne jedoch eine Anspruchsgrundlage zu spezifizieren. Der

---

[462] Der taiwanesische Oberste Gerichtshof (*Zui Gao Fayuan*) mit Sitz in Taipei ist das Pendant zum Bundesgerichtshof in Deutschland. Es bildet als Revisionsgericht die höchste Instanz auf dem Gebiet der ordentlichen Gerichtsbarkeit.

157

Oberste Gerichtshof wies den Rechtsstreit an das Berufungsgericht zurück. Da zwischen den Klägern und der beklagten Herstellerfirma ein direktes Vertragsverhältnis[463] bestand, sei eine Heranziehung des Deliktsrechts ausgeschlossen gewesen.[464] Eine Haftung aus § 184 ff. TwZGB sei daher nicht anzunehmen.

Enttäuschend an dem Urteil des Obersten Gerichtshofs ist vor allem, dass darin der Oberste Gerichtshof zur Thematik der Produkthaftung selbst nicht näher Stellung nimmt. Dies wurde im Schrifttum vor allem von *Wang Tze-chien* kritisiert,[465] der in Taiwan maßgeblich zur Produkthaftungsdiskussion beigetragen hat. Die Bedeutung dieser Entscheidung liegt daher hauptsächlich darin, dass erstmalig ein typischer Produkthaftungssachverhalt vor ein taiwanesisches Gericht kam, wenn auch die rechtliche Behandlung dieses Falles durch den Obersten Gerichtshof nicht überzeugen konnte.

b) Urteil des Obersten Gerichtshofs, 1974, Nr. 806 („Limonadenflaschen-Fall")

Im „Limonadenflaschen-Fall" aus dem Jahre 1974 äußerte sich der Oberste Gerichtshof, wenn auch wiederum nur sehr knapp, erstmalig konkret zum Problem der Produkthaftung und erkannte einen Schadensersatzanspruch auf deliktischer Grundlage an. Der Entscheidung lag folgender Sachverhalt zugrunde:

Die Klägerin K kaufte im Oktober 1970 in einem Laden des V eine Flasche Limonade der Herstellerfirma H. Dabei wurde sie von der im Laden arbeitenden Ehefrau F des V bedient, die auch die Flasche für K öffnete. Die Flasche trug ein Firmenetikett der H und war zusammen mit anderen Limonadenflaschen der gleichen Sorte in einem Verkaufsregal von V aufgestellt worden. Aufgrund einer im Herstellungsprozess geschehenen Falschfüllung, enthielt die von K gekaufte Flasche aber anstelle

---

[463] Die Sachverhaltsdarstellung enthält zwar den Hinweis, dass die Firma S „über die Eheleute W" den Dampfkochtopf von der K kauften. Jedoch ist unklar, zwischen wem der Vertrag zustandegekommen ist. Da für die Industrie Taiwans seit jeher kleinere und mittlere Familienbetriebe charakteristisch sind, ist es denkbar, dass die Eheleute W auch die Inhaber und Betreiber der Firma S waren, obwohl dies im Urteil nicht genannt wird.

[464] Damit setzte sich der Oberste Gerichtshof in deutlichen Widerspruch zur h.M. in der Literatur, die eine gleichzeitige Anwendbarkeit der vertraglichen und deliktischen Haftung befürwortete. Vgl. hierzu oben 2. c).

[465] Vgl. *Wang Tze-chien*, Zivilrechtliche Lehrmeinungen (Bd. 1), S. 357 ff.

der erwarteten Limonade eine ätzende alkalische Lösung. Nachdem die nichtsahnende K einen Schluck von der Flasche nahm, erlitt sie schwere gesundheitliche Schäden.

K war der Auffassung, dass V und F gegen ihre Sorgfaltspflicht verstoßen hätten, als sie die besagte Flasche zusammen mit den anderen Limonadenflaschen in das Regal stellten und zum Verkauf anboten. Sie seien daher beide zum Ersatz des ihr daraus entstandenen Schadens verpflichtet. Darüberhinaus hätte auch der Hersteller eine Sorgfaltspflichtverletzung begangen, da er fahrlässig die Falschfüllung vorgenommen und die Flasche zum Verkauf ausgeliefert hätte, weshalb auch ihn eine Schadensersatzpflicht träfe.

K klagte daraufhin gegen V, F und H und machte Schadensersatzansprüche für die Gesundheitsschäden und die dadurch entstandenen Heilungskosten geltend.

Das zuständige Landgericht (*Difang fayuan*) gab der Klage in allen Punkten statt. Es hielt die Herstellerfirma H auch ohne Feststellung eines Verschuldens für schadensersatzpflichtig, womit es entgegen § 184 Abs. 1 S. 1 TwZGB im Prinzip eine verschuldensunabhängige Haftung statuierte.[466] Dagegen begründete das Gericht die Haftung des V und der F damit, dass V und F fahrlässigerweise die gefährliche Flüssigkeit an K verkauft hätten. Denn, dass der Flascheninhalt ein anderer war als der der übrigen Flaschen, sei von außen her erkennbar gewesen. Da F als Verrichtungsgehilfin des V tätig war, hafteten V und F gesamtschuldnerisch nach § 188 Abs. 1 S. 1 TwZGB.[467]

Das Berufungsgericht bestätigte das Urteil des Landgerichts nur im Hinblick auf die Haftung des H, wobei es allerdings auf das Verschuldenserfordernis im Deliktsrecht hinwies. Das Gericht ging dabei von einer Fahrlässigkeit der bei H tätigen Arbeiter aus und gründete daher die Haftung des H auf § 188 Abs. 1 S. 1 TwZGB. Angesichts der fehlerhaften Abfüllung der Limonadenflasche mit der alkalischen Lösung und der Anbringung des Firmenetikettes sowie der anschließenden Lieferung an den V sei deutlich eine fahrlässige Sorgfaltspflichtverletzung zu erkennen gewesen.

---

[466] Vgl. *Wang Tze-chien*, Zivilrechtliche Lehrmeinungen (Bd. 3), S. 177; *Tseng Lung-hsing*, Modernes Schadensersatzrecht, S. 419.

[467] Vertragliche Ansprüche wurden von den Gerichten entsprechend der auf deliktische Ansprüche beschränkten Klage der K nicht geprüft, vgl. *Wang Tze-chien*, Zivilrechtliche Lehrmeinungen (Bd. 3), S. 178.

Über die Haftung des V und der F entschied das Berufungsgericht jedoch anders als die Erstinstanz, denn es hielt V und F wegen fehlender Fahrlässigkeit nicht für ersatzpflichtig. Eine Sorgfaltspflichtverletzung sei nicht schon in dem Nichterkennen der Falschfüllung zu sehen, da das Erkennen der Falschfüllung nicht von V oder F verlangt werden konnte. Insoweit wurde damit eine Kontrollpflicht des Verkäufers verneint. Eine Haftung wäre nach dieser Ansicht auch auf Grundlage des § 227 TwZGB (positive Vertragsverletzung) gescheitert.[468]

In der Revisionsinstanz bestätigte der Oberste Gerichtshof mit knapper Begründung die Berufung. Es hielt ebenfalls eine Fahrlässigkeit der Herstellerfirma für gegeben und verneinte eine Haftung des V und der F mangels Sorgfaltspflichtverletzung. Eine Anspruchsgrundlage für die Haftung der H wird durch das Gericht nicht ausdrücklich benannt. Anders als das Berufungsgericht, scheint es den Anspruch aber nicht auf § 188 Abs. 1 TwZGB zu gründen, sondern direkt auf die deliktische Grundnorm § 184 Abs. 1 S. 1 TwZGB, was auch die bevorzugte Anspruchsgrundlage der h.M. ist.[469]

Die Hauptaussage der Entscheidung kann darin gesehen werden, dass diejenigen an der Herstellung und am Vertrieb eines Produkts beteiligten Personen nur im Rahmen ihres individuellen Verschuldens für Produktfehler haftbar sind. Auf diesem Wege findet, ähnlich wie im deutschen Produkthaftungsrecht, eine Kanalisierung der Produkthaftung auf den Hersteller statt. Im Unterschied zur Rechtsprechung der VR China findet in Taiwan keine pauschale Gleichbehandlung von Herstellern und Vertriebshändlern statt, weshalb die taiwanesische Rechtsprechung eher den tatsächlichen Gegebenheiten entspricht und zu mehr Einzelfallgerechtigkeit beitragen dürfte.

c) Urteil des Obersten Gerichtshofs, 1989, Nr. 200 („Fliesen-Fall")

In einem Urteil aus dem Jahre 1989 stellte der Oberste Gerichtshof folgenden Leitsatz auf: „Ein Hersteller, der ein fehlerhaftes Produkt herstellt und in den Verkehr bringt, so dass es zu einem Gegenstand des Rechtsverkehrs wird, verletzt dadurch Verkehrssicherungspflichten. Erleidet ein Verbraucher infolgedessen Schäden, so

---

[468] Vgl. *Wang Tze-chien*, Zivilrechtliche Lehrmeinungen (Bd. 3), S. 179; siehe auch oben II. 2. a) bb).

[469] Vgl. *Tseng Lung-hsing*, Modernes Schadensersatzrecht, S. 420. Vgl. oben II. 2. b) bb).

trägt der Hersteller hierfür die deliktische Schadensersatzhaftung." Mit diesem Leitsatz hat der Oberste Gerichtshof auf explizite Weise das Institut der Produkthaftung anerkannt und dem Deliktsrecht zugeordnet. Die im „Limonadenflaschen-Fall" schon zu beobachtende Kanalisierung der Haftung auf den Hersteller wird in diesem Leitsatz erneut bestätigt. Darüberhinaus wurde durch den Hinweis auf die Verletzung von Verkehrssicherungspflichten (*jiaoyi anquan yiwu*) die in der Literatur befürwortete Lehre der Verkehrssicherungspflichten von der Rechtsprechung anerkannt.[470]

Das Urteil wurde indes von der Literatur kritisiert, weil es den Umfang des ersatzfähigen Schadens auf reine Vermögensschäden ausdehnte.[471] Dem Urteil lag folgender Sachverhalt zugrunde:

Im November 1986 kaufte der Bauunternehmer B beim Baumaterialienhändler V eine Ladung Fliesen des Herstellers H. Nach Einbau der Fliesen in einem Wohnungsbauprojekt durch B bildeten sich Risse in den Fliesen, was zu Reklamationen und Ersatzansprüchen seitens der Auftraggeber des B führte. Der Schaden des B belief sich auf rund 1,56 Mio. NT$ (New Taiwan Dollar).
B behauptete, die Risse in den Fliesen seien auf Unachtsamkeit des H während des Herstellungsprozesses zurückzuführen. Daher verlangte B neben vertraglichen Schadensersatz von V auch deliktischen Schadensersatz von H.

Das Gericht der Erstinstanz gab der Klage nur bezüglich des Schadensersatzverlangens gegenüber V statt, wies die Klage aber im übrigen, insbesondere den Schadensersatzanspruch gegenüber H ab. Dagegen legte B erfolgreich Berufung ein. Das Berufungsgericht sah es als erwiesen an, dass H fahrlässig die bei der Herstellung der Fliesen erforderliche Temperatur und Wassermenge nicht eingehalten hatte, wodurch sich später Risse bilden konnten. Der Fehler sei daher direkt dem H zurechenbar gewesen. Durch den Fehler habe B einen tatsächlichen Schaden in Form der gegen B gerichteten Schadensersatzansprüche seiner Auftraggeber erlitten.

In der von H eingeleiteten Revision bestätigte der Oberste Gerichtshof das Urteil des Berufungsgerichts mit dem oben zitierten Leitsatz. Dabei hat der Oberste Gerichtshof zwar deutlich eine Anerkennung des Instituts der deliktsrechtlichen Pro-

---

[470] Siehe *Kuo Li-jen*, Chung Hsing Law Review, Vol. 40 (März 1996), 341, 359.
[471] Vgl. *Wang Tze-chien*, China Law Journal, Oktober 1994, 17, 25 f.

dukthaftung ausgesprochen. Jedoch ist das Urteil insgesamt nicht überzeugend, da es gleichzeitig die Grenzen zwischen deliktischer und vertraglicher Produkthaftung verwischt, indem es reine Vermögensschäden als nach § 184 Abs. 1 S. 1 TwZGB ersatzfähig ansieht.[472]

---

[472] *Wang Tze-chien*, China Law Journal, Oktober 1994, 17, 26; *Kuo Li-jen*, Chung Hsing Law Review, Vol. 40 (März 1996), 341, 359, 361 f.

B. Die Haftung nach §§ 7 ff. Verbraucherschutzgesetz (TwVSG) i.V.m. §§ 4 ff. Ausführungsverordnung (AusfVO)

I. Entstehung des Verbraucherschutzgesetzes

Unabhängig von der schon beschriebenen Zivilrechtsreform, die schließlich die Einführung des § 191-1 TwZGB bewirkte, wurde etwa zeitgleich die Notwendigkeit einer umfassenden gesetzlichen Regelung zum Verbraucherschutz immer deutlicher.

Offiziell wurde die gesetzgeberische Arbeit zum Verbraucherschutzgesetz am 25. Juni 1982 durch den damaligen Vorsitzenden des Exekutiv-Yuan („Verwaltungshof" Taiwans) *Sun Yun-hsuen* eingeleitet.[473] In einer Versammlung des Exekutiv-Yuan gab er eine Weisung aus, in der die Erarbeitung eines Gesetzesvorschlags für ein Verbraucherschutzgesetz dem Innenministerium zugewiesen wurde. Jedoch blieb die Arbeit am Verbraucherschutzgesetz mehrere Jahre lang liegen. In der Zwischenzeit wurde eine Verbraucherschutzverordnung erlassen, die aber einen effektiven Verbraucherschutz nicht gewährleisten konnte. Als Reaktion auf die unbefriedigende Regierungsarbeit hinsichtlich der Schaffung eines Verbraucherschutzgesetzes, begann die „Stiftung für Verbraucherkultur und –erziehung" (*Xiaofeizhe wenjiao jijin huei*), die schon damals größte (private) Verbraucherschutzorganisation Taiwans, in eigener Initiative die Arbeit an einem eigenen Gesetzesentwurf.[474] Eine spezielle Arbeitsgruppe zur Erarbeitung eines Verbraucherschutzgesetzes, die sich aus einer Reihe namhafter Juristen und mehreren Experten anderer Bereiche zusammensetzte, wurde noch im Januar 1987 gebildet. Der Gesetzesentwurf wurde im November desselben Jahres fertiggestellt und durch den Parlamentsabgeordneten *Jau Shau-kang* im Legislativ-Yuan bekanntgemacht. Dort wurde die Initiative der „Stiftung für Verbaucherkultur und –erziehung" von 65 weiteren Abgeordneten unterstützt. Am 16. Mai 1988 wurde der sog. „Parlaments-" oder „Stiftungsentwurf" als Gesetzesvorlage im Legislativ-Yuan eingebracht.[475]

---

[473] *Liu Chun-tang*, Verbraucherschutz und Verbraucherrecht, S. 99 f.; *Lee Shen-yi*, Verbraucherschutzgesetz, S. 321.

[474] *Chiu Ching-hwa*, Einführung in das Verbraucherschutzgesetz, S. 29 ff.; *Liu Chun-tang*, Verbraucherschutz und Verbraucherrecht, S. 101 f.; *Chu Peh-sung*, China Law Journal, Oktober 1994, 29, 31.

[475] *Liu Chun-tang*, Verbraucherschutz und Verbraucherrecht, S. 102.; *Feng Jen-yu* (u.a.), Erläuterungen zum Verbraucherschutzgesetz, S. 12 ff.

Unterdessen hatte der Exekutiv-Yuan von diesem Parallelentwurf erfahren und daraufhin seine eigenen Anstrengungen bezüglich des Verbraucherschutzgesetzes verstärkt. Ein neuer sog. „Exekutiventwurf" wurde vom Innenministerium erarbeitet, der schließlich am 5. Mai 1988 dem Legislativ-Yuan zur Beratung vorgelegt wurde. Dort wurde beschlossen, über beide Entwürfe zusammen zu beraten und beide Entwürfe zu einem einzigen Verbraucherschutzgesetz zusammenzuführen.[476]

Allerdings verlief das Gesetzgebungsverfahren im Legislativ-Yuan, das eine dreifache Lesung voraussetzt, sehr langsam. Erst auf wachsenden Druck der Öffentlichkeit, insbesondere nachdem die VR China am 31. Oktober 1993 ihr eigenes Verbraucherschutzgesetz verkündet hatte, wurden die Beratungen im Legislativ-Yuan beschleunigt.[477] So wurde endlich am 11. Januar 1994 die dritte Lesung[478] abgeschlossen und am gleichen Tag wurde das Verbraucherschutzgesetz durch den Staatspräsidenten *Lee Teng-hui* verkündet. Am 13. Januar 1994 trat das Gesetz in Kraft.

Das Verbraucherschutzgesetz ist, ähnlich wie das chinesische Produktqualitätsgesetz, kein rein zivilrechtliches Gesetz. Neben zivilrechtlichen Anspruchsgrundlagen zur Produkthaftung, enthält es verwaltungsrechtliche und strafrechtliche Vorschriften. Das 64 Paragraphen umfassende Verbraucherschutzgesetz ist eingeteilt in sieben Kapitel, wobei das zweite Kapitel (Rechte von Verbrauchern) das Kernstück des Gesetzes darstellt. Neben der Produkthaftung sind in diesem Kapitel Standardverträge, besondere Kaufgeschäfte und Verbraucherinformationen geregelt. Im Vergleich zum deutschen Produkthaftungsgesetz und auch zum chinesischen Produktqualitätsgesetz ist die Zahl der Produkthaftungsnormen im Verbraucherschutzgesetz aber sehr gering. Speziell mit der Produkthaftung befassen sich nur die §§ 7 bis 10 TwVSG, die durch die §§ 4 bis 8 der Ausführungsverordnung[479] (AusfVO) zum Verbraucherschutzgesetz ergänzt werden.

---

[476] *Jan Sen-lin/Feng Jen-yu/Liu Ming-chu*, Einführung in das Verbraucherschutzgesetz, S. 1; *Liu Chun-tang*, Verbraucherschutz und Verbraucherrecht, S. 102.

[477] *Hor, Spenser Y.*, Hwa Kang Law Review, Oktober 1995, 127, 128.

[478] Die erste Lesung wurde am 11. Dezember 1991, die zweite Lesung am 28. Dezember 1993 abgeschlossen.

[479] Die „Ausführungsverordnung zum Verbraucherschutzgesetz" (*xiaofeizhe baohu fa shixing xize*) wurde am 2. November 1994 entsprechend § 63 TwVSG, vom Exekutiv-Yuan durch Versammlungsbeschluss erlassen. Sie trat am 4. November 1994 in Kraft. Die Ausführungsverordnung hat vor allem ergänzende und konkretisierende Funktion hinsichtlich der Auslegung des Verbraucherschutzgesetzes. Für den Bereich der Produkthaftung enthält sie Definitionen zum

Das Verbraucherschutzgesetz sieht in den §§ 7 ff. eine verschuldensunabhängige Haftung für den Hersteller vor. Im Vergleich zur Verschuldenshaftung des allgemeinen Deliktsrecht bedeuten die §§ 7 ff. TwVSG eine wesentliche Besserstellung des Geschädigten gegenüber dem Hersteller. Auch die Haftung des Vertriebshändlers wurde gegenüber der früheren Rechtslage verschärft. Vertriebshändler haften ähnlich wie Hersteller nach § 191-1 TwZGB, d.h. es gilt zwar das Verschuldensprinzip, doch wird zu Lasten des Vertriebshändlers eine (widerlegbare) Verschuldensvermutung aufgestellt. Die Beweislast für ein Verschulden seitens des Unternehmers soll grundsätzlich nicht bei dem Geschädigten liegen.

II. Anwendungsbereich

1. Sachlicher Anwendungsbereich

a) Produkte[480]

Das Verbraucherschutzgesetz selbst enthält keine Definition des Produktbegriffs. Erst in der Ausführungsverordnung wurde in § 4 eine Legaldefinition speziell für die Produkthaftung nach §§ 7 ff. TwVSG aufgenommen. Gemäß § 4 AusfVO ist ein Produkt i.S. des § 7 TwVSG jede bewegliche oder unbewegliche Sache, die Gegenstand des Handelsverkehrs (*jiao yi*) ist, gleichgültig ob es sich dabei um ein Endprodukt, Halb- oder Teilprodukt oder um einen Grundstoff handelt.

Auffallend ist zunächst, dass der Produktbegriff der §§ 7 ff. TwVSG im Gegensatz zum Produktbegriff sowohl des deutschen Produkthaftungsgesetzes[481] als auch des chinesischen Produktqualitätsgesetzes[482] auch Immobilien in den Anwendungsbereich der (verschuldensunabhängigen) Produkthaftung mit einbezieht. Unter „unbeweglichen Sachen" (*bu dong chan*) versteht man nach der Legaldefinition des § 66

Produkt- und Fehlerbegriff, deren Aufnahme in den eigentlichen Text des Verbraucherschutzgesetzes scheinbar versäumt wurde.

[480] Wie am Beginn dieses Teils der Arbeit bereits ausgeführt, gebraucht das TwVSG den Begriff „*shangpin*", der genauer als „Handelsware" zu übersetzen ist. Innerhalb der taiwanesischen Produkthaftungsdiskussion wird „*shangpin*" aber weitgehend als Synonym zu „*chanpin*" („hergestellte Ware" = „Produkt") verstanden. Im folgenden soll daher zur Vereinfachung nur vom „Produkt" die Rede sein, auch wenn der Gesetzestext wörtlich von „(Handels-)Waren" spricht.

[481] Vgl. § 2 ProdHaftG.

[482] Vgl. § 2 Abs. 2 PQG.

TwZGB Grundstücke sowie alle mit einem Grundstück fest verbundene Sachen, vor allem also Gebäude. Eine Haftung für Schäden, die durch fehlerhaftes Baumaterial oder fehlerhafte Konstruktion eines Gebäudes oder auch durch falsche Grundstücksverwendung entstehen, kann insbesondere in Betracht kommen in Verbindung mit Naturkatastrophen, beispielsweise Erdrütsche oder Erdbeben.[483]

Der Umfang des Produktbegriffs in § 4 AusfVO bezüglich beweglicher Sachen wird im Gesetz, im Unterschied zum chinesischen Produkthaftungsrecht, nicht ausdrücklich eingegrenzt. Dies gilt vor allem für die Frage, ob reine Naturprodukte ebenfalls Gegenstand der Produkthaftung nach §§ 7 ff. TwVSG sein können. Während § 2 Abs. 2 PQG für die Produkteigenschaft eine Verarbeitung (*jiagong*) oder Herstellung (*zhizuo*) voraussetzt,[484] wodurch unverarbeitete Naturprodukte vom Produktbegriff ausgeschlossen werden, lässt die Formulierung des § 4 AusfVO diese Frage offen. In der Literatur wird zum Teil eine einschränkende Auslegung des § 4 AusfVO nach dem Modell des damaligen Artikel 2 der EG-Produkhaftungsrichtlinie[485] befürwortet. Argumentiert wird dabei, dass der Kreis der nach §§ 7 ff. TwVSG Haftungspflichtigen sich beschränken müsse auf Personen, die für die Qualität und Sicherheit von Produkten verantwortlich sind und insoweit Einfluss nehmen können.[486] Dies sei aber bei unverarbeiteten Naturprodukten nicht im gleichen Maße wie bei verarbeiteten Produkten gegeben. Die h.M., die auch von den Verfassern der Ausführungsverordnung vertreten wird, stellt dagegen nicht auf die Verarbeitung des Produkts, sondern auf dessen Inverkehrbringen durch einen Unternehmer als entscheidendes Kriterium ab.[487] Dieses Kriterium wird in dem Erfordernis des § 4

---

[483] Ein Beispiel dafür bilden die massiven Schäden durch eingestürzte Häuser im Fall des großen Erdbebens von Nantou (Taiwan) vom 21. September 1999. Untersuchungen an eingestürzten Gebäuden haben nämlich gezeigt, dass in vielen Fällen erst Bau- oder Konstruktionsfehler zum Einsturz der Gebäude und damit zur Tötung oder Verletzung von Hausbewohnern geführt haben. Es bleibt im Moment noch abzuwarten, ob und in welchem Umfang Schadensersatzansprüche nach § 7 TwVSG von Erdbebenopfern gegen Bauunternehmer und Architekten gerichtet werden. Zu beachten ist dabei freilich, dass wegen dem Rückwirkungsverbot (§ 42 AusfVO) nur für Gebäude gehaftet werden kann, die nach dem 13. Januar 1994 fertiggestellt worden sind.
[484] Siehe oben Erster Teil, B. III. 1. a) aa).
[485] Inzwischen wurde Art. 2 der EG-Richtlinie 95/374/EWG durch die Richtlinie 99/34/EG vom 10. Juli 1999 dahingehend geändert, dass nunmehr auch landwirtschaftliche Primärerzeugnisse vom Produktbegriff erfasst werden. Vgl. auch die entsprechende Änderung des § 2 ProdHaftG durch das Gesetz zur Änderung produkthaftungsrechtlicher Vorschriften vom 7. November 2000, das am 1. Dezember 2000 in Kraft getreten ist.
[486] Vgl. *Lin Yi-shan*, Verbraucherschutzgesetz, S. 59.
[487] Materialien zur Ausführungsverordnung (herausgegeben vom Exektuv-Yuan), S. 485; *Chiu Tsung-jr*, Bericht des Sonderausschusses zum TwVSG, S. 58.

AusfVO gesehen, dass nur Sachen, die Gegenstand des Handelsverkehrs geworden sind, auch Produkte i.S. des § 7 TwVSG sein können. Nach dieser Auffassung sollen Produkte der Land-, Forst- und Viehwirtschaft sowie Fischereiprodukte unabhängig von jeglicher Verarbeitung ebenfalls unter den Produktbegriff des § 4 AusfVO fallen, soweit sie gewerblich von Unternehmern angeboten werden und in den Verkehr gebracht worden sind.[488] Daraus ist ersichtlich, dass eine generelle Beschränkung des Anwendungsbereichs der §§ 7 ff. TwVSG auf industriell hergestellte Produkte (im Gegensatz zu Agrar- und anderen Naturprodukten) vom Gesetzgeber nicht beabsichtigt worden ist.

Eine weitere Frage ist, ob auch nichtkörperliche „Gegenstände", vor allem Elektrizität, vom Produktbegriff des § 7 TwVSG erfasst werden. Denn eine ausdrückliche Einbeziehung der Elektrizität in den Produktbegriff, wie dies in § 2 ProdHaftG geschehen ist, enthält § 4 AusfVO nicht. Da jedoch vom Begriff der „Sache" (wu), der im Zivilgesetzbuch (§§ 66 ff. TwZGB) gebraucht wird, im Unterschied zu § 90 BGB, auch nichtkörperliche Gegenstände mitumfasst werden, wird in der Literatur überwiegend die Meinung vertreten, dass es einer ausdrücklichen Nennung der Elektrizität in § 4 AusfVO nicht bedarf.[489] Vielmehr sei Elektrizität unter den Begriff der „beweglichen Sache" (dong chan) zu subsumieren.

Festzuhalten ist, dass durch die Einbeziehung von Immobilien und unverarbeiteten Naturprodukten der Produktbegriff i.S. der §§ 7 ff. TwVSG wesentlich weiter verstanden wird, als der Produktbegriff im chinesischen Produktqualitätsgesetz.

Im übrigen gilt nach § 42 AusfVO, dass das Verbraucherschutzgesetz nicht auf solche Produkte (bzw. Dienstleistungen) anwendbar ist, die vor Inkrafttreten des Verbraucherschutzgesetzes, also vor dem 13. Januar 1994, in den Verkehr gebracht worden sind.

---

[488] *Chiu Tsung-jr*, Bericht des Sonderausschusses zum TwVSG, S. 58; *Jan Sen-lin/Feng Jen-yu/Liu Ming-chu*, Einführung in das Verbraucherschutzgesetz, S. 34; *Liu Chun-tang*, Verbraucherschutz und Verbraucherrecht, S. 107; *Chu Peh-sung*, National Taiwan University Law Journal, Vol. 24-1 (Dezember 1994), 353, 378.
[489] Vgl. *Shih Chi-yang*, Zivilgesetzbuch Allgemeiner Teil, S. 175.

Exkurs: Arzneimittelhaftung

Noch nicht abschließend zu beantworten ist die Frage, inwieweit das Verbraucherschutzgesetz auch auf Arzneimittel Anwendung findet. Zwar lässt der offene Wortlaut des § 4 AusVO ohne weiteres eine Subsumtion von Arzneimitteln unter den Produktbegriff der §§ 7 ff. TwVSG zu. Doch ist zu beachten, dass seit der Einführung des Arzneimittelschadenhilfegesetzes (TwASHG) vom 31.5.2000 eine eigenständige gesetzliche Regelung zur Abwicklung von Arzneimittelschäden besteht. In diesem Gesetz ist das Verhältnis zum Verbraucherschutzgesetz nicht ausdrücklich geregelt worden. Jedoch stellt § 1 TwASHG klar, dass andere relevante Gesetze insoweit zur Anwendung kommen, als das Arzneimittelschadenhilfegesetz keine einschlägige Regelung enthält. Zu beachten ist hierbei, dass das Arzneimittelschadenhilfegesetz (im Gegensatz zum deutschen Arzneimittelgesetz) keine direkte Haftungsgrundlage gegen Hersteller von Arzneimitteln statuiert, auf die sich ein Geschädigter berufen könnte. Stattdessen funktioniert die Abwicklung von Schadensfällen nach dem Arzneimittelschadenhilfegesetz ähnlich einer Haftpflichtversicherung, indem Arzneimittelhersteller zur Abgabe eines bestimmten Prozentsatzes ihres jährlichen Umsatzes in einen Stiftungsfond verpflichtet werden, aus dem Arzneimittelgeschädigte befriedigt werden sollen. Über die Entschädigung von Opfern mit Geldern aus dem Stiftungsfond entscheidet dabei auf Antrag das Gesundheitsamt des Exekutiv-Yuan.

Angesichts ihrer unterschiedlichen Funktionsweisen ist nicht von einer direkten Konkurrenzsituation zwischen den Produkthaftungsvorschriften des Verbraucherschutzgesetzes und den Regeln des Arzneimittelschadenhilfegesetzes auszugehen. Anders als das Produkthaftungsrecht stellt das Arzneimittelschadenhilfegesetz auch nicht auf einen Produktfehler ab, sondern lediglich auf den Begriff des Arzneimittelschadens.[490] Zielsetzung des Gesetzes ist die möglichst rasche und unkomplizierte Entschädigung von Opfern bei besonders schwerwiegenden Folgen von Arzneimittelnebenwirkungen, ohne jedoch ausdrücklich eine Anspruchsgrundlage für den Geschädigten aufzustellen. Es wäre daher verfehlt, das Arzneimittelschadenhilfegesetz als lex specialis gegenüber dem Verbraucherschutzgesetz - mit der Folge der Nichtanwendbarkeit der §§ 7 ff. TwVSG - anzusehen. Vielmehr erscheint eine

---

[490] Ein Arzneimittelschaden (*yao hai*) liegt nach § 3 Ziff. 1 TwASHG vor, wenn infolge einer Nebenwirkung (*bu liang fanying*) des Arzneimittels der Tod, eine Behinderung oder eine schwere Erkrankung bei einem Patienten eintritt.

Arzneimittelhaftung nach den Regeln der Produkthaftung unabhängig von der Möglichkeit einer Befriedigung aus dem Stiftungsfond weiterhin erforderlich und angemessen.[491]

b) Dienstleistungen

Obwohl Dienstleistungen schon rein begrifflich nicht von der Produkthaftung erfasst werden und sie daher auch nicht Gegenstand der eigentlichen Produkthaftungsdiskussion sind, gelten die §§ 7 ff. TwVSG dem Wortlaut nach in gleicher Weise auch für Dienstleistungen. Die in §§ 7 ff. TwVSG vom Gesetzgeber geregelte Ausdehnung der verschuldensunabhängigen Produkthaftung auf Dienstleistungen stellt den auffälligsten Unterschied zum deutschen und chinesischen Produkthaftungsrecht dar und ist nicht unerwartet Gegenstand einer kontroversen Diskussion geworden.[492] Zweifel an der Angemessenheit der in §§ 7 ff. vorgesehenen Dienstleistungshaftung werden bereits dadurch hervorgerufen, dass eine Definition oder Erläuterung des Dienstleistungsbegriffs weder im Verbraucherschutzgesetz noch in der Ausführungsverordnung enthalten sind. Mangels vergleichbarer Vorschriften in ausländischen Rechtsordnungen und mangels einer richterlichen Ausfüllung des Begriffs besteht in Taiwan eine generelle Unsicherheit bei der Auslegung des Dienstleistungsbegriffs.[493] Man kann jedoch eine Tendenz in der Literatur erkennen, die hin zu einer weiten Auslegung geht. Grundsätzlich sollen danach als Dienstleistungen alle Arbeitsleistungen verstanden werden, die nicht direkt auf die Konstruktion, Herstellung, den Vertrieb oder die Einfuhr von Produkten gerichtet sind.[494] Es wird damit eine Negativabgrenzung zum Produktbegriff der §§ 7 ff. TwVSG vorgenommen. Unter diesen Dienstleistungsbegriff fallen Tätigkeiten etwa aus den Bereichen Gastronomie, Tourismus, Personen- und Warentransport.[495] Darüberhinaus werden

---

[491] So auch *Tsai Pei-ni*, Taiwan bentu faxue, Vol. 14 (September 2000), 200, 209 f.

[492] Vgl. *Jan Sen-lin/Feng Jen-yu/Liu Ming-chu*, Einführung in das Verbraucherschutzgesetz, S. 34 f.

[493] Vgl. *Jan Sen-lin/Feng Jen-yu/Liu Ming-chu*, Einführung in das Verbraucherschutzgesetz, S. 15; *Chu Peh-sung*, National Taiwan University Law Journal, Vol. 24-1 (Dezember 1994), 353, 375.

[494] *Chiu Tsung-jr*, Bericht des Sonderausschusses zum TwVSG, S. 59.

[495] Vgl. zum Personentransport das Urteil des Obersten Gerichtshofs, 1997, Nr. 1445, abgedruckt in: *Liu Chao-hsuen* (Hrsg.), Entscheidungssammlung zum Verbraucherschutzgesetz (Bd. 1), S. 257 ff. In dem Fall klagte ein Verbraucher gegen ein städtisches Busunternehmen auf Schadensersatz und Schmerzensgeld für Körperverletzungen, die der Verbraucher als Kunde des Busunternehmens infolge eines Busunfalls erlitt.

teilweise auch die freien Berufe zum Begriff der Dienstleistungen gezählt, so dass u.a. auch Ärzte, Rechtsanwälte, Wirtschaftsprüfer und Ingenieure der verschuldens-unabhängigen Haftung nach §§ 7 ff. TwVSG unterliegen können.[496] Jedoch hat das Verbraucherschutzgesetz insbesondere wegen der daraus folgenden Einbeziehung der medizinischen Heilberufe in den Anwendungsbereich der verschuldensunabhän-gigen Haftung seit seiner Einführung heftige Kritik erfahren.[497]

2. Personeller Anwendungsbereich - Unternehmerbegriff

Im Unterschied zum chinesischen Produktqualitätsgesetz[498] verwendet das Ver-braucherschutzgesetz nicht den Begriff des Herstellers oder den des Vertriebshänd-lers, sondern geht zunächst vom Oberbegriff des „Unternehmers" (*qiye jingying zhe*) aus, um den personellen Anwendungsbereich des gesamten Verbraucher-schutzgesetzes zu bestimmen. Dieser Begriff wird dann in den einzelnen Haftungs-grundlagen präzisiert, indem z.B. vom „Waren herstellenden Unternehmer" (§ 7 Abs. 1 TwVSG) gesprochen wird.

Gemäß § 2 Ziff. 2 TwVSG ist unter einem Unternehmer i.S. des Verbraucher-schutzgesetzes jeder Betreiber eines Gewerbes zu verstehen, welches in der Kon-struktion, Produktion, Herstellung, dem Vertrieb oder der Einfuhr von Waren oder im Anbieten von Dienstleistungen besteht. Von der Haftung nach §§ 7 ff. TwVSG sollen alle diejenigen Personen erfasst werden, die in den Produktionsablauf und die Vertriebskette eines Produkts (bzw. einer Dienstleistung) eingeschaltet sind und ihre Tätigkeit als Gewerbe ausführen. Ergänzend hierzu bestimmt § 2 AusfVO, dass das in § 2 Ziff. 2 TwVSG vorausgesetzte Gewerbe nicht auf eine Gewinnerzielungsab-sicht gerichtet sein muss.

Der Unternehmerbegriff wurde im Verbraucherschutzgesetz bewusst weit gefasst, um das Verbraucherschutzgesetz auf eine möglichst große Zahl von Fallkonstella-tionen anwendbar zu machen. An die Unternehmereigenschaft werden daher keine hohen Anforderungen geknüpft. So werden i.d.R. sowohl staatliche als auch private Unternehmen und Organisationen als Unternehmer i.S. des Verbraucherschutzgeset-

---

[496] *Chiu Tsung-jr*, Bericht des Sonderausschusses zum TwVSG, S. 59; *Chu Peh-sung*, National Taiwan University Law Journal, Vol. 24-1 (Dezember 1994), 353, 380.
[497] Vgl. *Lin Shi-hwa* (Hrsg.), Praxis des Verbraucherschutzgesetzes, S. 55.

zes angesehen.[499] Das Hauptkriterium bildet das Betreiben eines Gewerbes (*ying ye*), also einer dauerhaften selbständigen Tätigkeit.[500] Es sollen nämlich vor allem Tätigkeiten aus dem rein privaten Bereich, z.b. der private Gebrauchtwagenverkauf, vom Anwendungsbereich des Verbraucherschutzgesetzes ausgeschlossen werden.[501]

Problematisch und umstritten ist dagegen, ob der Unternehmerbegriff im Verbraucherschutzgesetz auch die freien Berufe, insbesondere Ärzte und Rechtsanwälte umfasst, soweit diese selbständig tätig sind. Dies wird von einem Teil der Literatur mit Hinweis auf den Gesetzeswortlaut bejaht.[502] Denn § 2 Ziff. 2 TwVSG rechnet grundsätzlich auch Dienstleistungsanbieter zu den Unternehmern. Außerdem spreche auch § 2 AusfVO, der eine Gewinnerzielungsabsicht ausdrücklich nicht zur Voraussetzung macht, für eine Einbeziehung der freien Berufe in den Unternehmerbegriff. Die Gegenmeinung beruft sich vor allem auf den „nichtgewerblichen" Charakter der freien Berufe, der sich vom Charakter der typischen handelsbezogenen Berufe wesentlich unterscheide.[503] Der Großteil der Literatur hält das Verbraucherschutzgesetz in gewissen Grenzen auch für die freien Berufe für anwendbar, soweit es z.B. um Formverträge oder um das Informationsrecht des Verbrauchers geht. Jedoch hat sich in der Frage der Dienstleistungshaftung nach § 7 TwVSG insoweit noch keine feste Meinung gebildet.[504]

3. Verhältnis des Verbraucherschutzgesetzes zum Zivilgesetzbuch

Nach § 1 Abs. 2 TwVSG kommt das Verbraucherschutzgesetz, soweit Fragen des Verbraucherschutzes berührt sind, vorrangig vor anderen Gesetzen zur Anwendung. Nur wenn das Verbraucherschutzgesetz für eine bestimmte Frage keine Regelung vorsieht, sollen andere Gesetze ergänzend anwendbar sein. Im Verhältnis zum Zivilgesetzbuch und anderen Gesetzen gilt das Verbraucherschutzgesetz also grund-

---

[498] Vgl. oben Erster Teil, B. III. 1. b).

[499] Z.B. erfasst der Anwendungsbereich des TwVSG auch städtische Verkehrsunternehmen, Elektrizitätswerkbetreiber, etc. Vgl. *Jan Sen-lin/Feng Jen-yu/Liu Ming-chu*, Einführung in das Verbraucherschutzgesetz, S. 12.

[500] Vgl. *Jan Sen-lin/Feng Jen-yu/Liu Ming-chu*, Fragen und Antworten zum TwVSG, S. 13; *Feng Jen-yu* (u.a.), Erläuterungen zum Verbraucherschutzgesetz, S. 41.

[501] Vgl. *Feng Jen-yu* (u.a.), Erläuterungen zum Verbraucherschutzgesetz, S. 41.

[502] Vgl. *Wu Chien-liang*, Ärztliche Heilbehandlungen und rechtliche Probleme, S. 110.

[503] Vgl. Materialien zur Ausführungsverordnung (herausgegeben vom Exekutiv-Yuan), S. 196 f.

sätzlich als *lex specialis* des Verbraucherschutzes, durch das allgemeine Vorschriften verdrängt werden. Im Gegensatz zum deutschen Produkthaftungsrecht, wo gemäß § 15 Abs. 2 ProdHaftG die Haftung aufgrund anderer Vorschriften unberührt bleibt, besteht in der taiwanesischen Produkthaftung kein Konkurrenzverhältnis zwischen den Haftungsgrundlagen des Verbraucherschutzgesetzes (§§ 7 ff. TwVSG) und dem allgemeinen Deliktsrecht (§ 184 TwZGB).[505] Stattdessen wird eine Haftung nach § 184 im Normalfall ausgeschlossen sein, falls die Voraussetzungen für eine Haftung nach §§ 7 ff. TwVSG vorliegen.

Problematisch erscheint das Verhältnis der §§ 7 ff. TwVSG zum neu eingeführten § 191-1 TwZGB zu sein, da auch § 191-1 TwVSG speziell die Herstellerhaftung regelt. Wie bereits erläutert, ist jedoch nicht damit zu rechnen, dass dem § 191-1 TwZGB neben den §§ 7 ff. TwVSG eine tragende Rolle in der Produkthaftungspraxis zukommt. Aufgrund der detaillierteren und weitergehenden Regelung der Produkthaftung im Verbraucherschutzgesetz erscheint es vielmehr vorzugswürdig, § 191-1 TwZGB durch die §§ 7 ff. TwVSG im Wege der Spezialität verdrängt anzusehen.

Im übrigen kommt dem Zivilgesetzbuch neben dem Verbraucherschutzgesetz entsprechend § 1 Abs. 2 TwVSG nur noch insoweit eine Funktion zu, als einzelne Regelungsbereiche betroffen sind, die nicht vom Verbraucherschutzgesetz abgedeckt werden, wie z.B. der Umfang des Schadensersatzes (§§ 192 ff. TwZGB) sowie die Frage der Verjährung (§ 197 TwZGB).

III. Haftungsgrundlagen, §§ 7 ff. TwVSG

Die §§ 7 ff. TwVSG bestimmen, dass Unternehmer grundsätzlich dafür zu sorgen haben, dass ihre Waren und Dienstleistungen keine Gefahren für Sicherheit oder Hygiene in sich tragen. Entsprechend der insoweit unterschiedlichen Einflussmöglichkeiten von Unternehmern, sieht das Verbraucherschutzgesetz für die Produkthaftung unterschiedliche Anspruchsgrundlagen für die Herstellerhaftung (§ 7 TwVSG) und die Vertriebshändlerhaftung (§ 8 TwVSG) vor.

---

[504] Vgl. *Feng Jen-yu* (u.a.), Erläuterungen zum Verbraucherschutzgesetz, S. 39; *Jan Sen-lin/Feng Jen-yu/Liu Ming-chu*, Einführung in das Verbraucherschutzgesetz, S. 13.

1. Die Herstellerhaftung gemäß § 7 TwVSG

a) Gesetzessystematik

Die zentrale Produkthaftungsnorm des Verbraucherschutzgesetzes ist in § 7 TwVSG zu sehen, der die Herstellerhaftung regelt. Im Vergleich zum § 41 PQG im chinesischen Recht, gründet § 7 TwVSG die Haftung nicht unmittelbar auf das Vorhandensein eines Fehlers. Angeknüpft wird stattdessen an eine objektive Pflichtverletzung des Unternehmers, hinter der sich letztendlich aber auch ein Fehlerbegriff verbirgt. Systematisch ist § 7 TwVSG dabei derart aufgebaut, dass in den Absätzen 1 und 2 bestimmte (Hersteller-)Pflichten statuiert werden, bei deren Verletzung sich der Unternehmer nach Absatz 3 haftbar machen kann. Genau genommen ist daher § 7 Abs. 3 TwVSG als Anspruchsgrundlage der Herstellerhaftung anzusehen.

§ 7 Abs. 3 TwVSG enthält drei Tatbestandsvoraussetzungen: Erstens, es muss eine Verletzung einer der in § 7 Abs. 1 und 2 TwVSG formulierten Pflichten seitens des Unternehmers vorliegen. Zweitens, es muss ein Schaden beim Verbraucher oder einem Dritten entstanden sein, der, drittens, auf die Pflichtverletzung kausal zurückzuführen ist. Auf der Rechtsfolgenseite sieht § 7 Abs. 3 TwVSG eine gesamtschuldnerische Haftung aller von § 7 Abs. 1 TwVSG erfassten Unternehmer (Hersteller, Konstrukteure, etc.) vor. Unstreitig ist, dass es sich bei der Haftung nach § 7 TwVSG um eine verschuldensunabhängige Haftung handelt, weshalb ein Verschulden, anders als etwa im allgemeinen Deliktsrecht (§ 184 TwZGB), keine Tatbestandsvoraussetzung ist.[506] Die Frage des Verschuldens kann aber für eine eventuelle Haftungsminderung (nach § 7 Abs. 3 S. 2 TwVSG) sowie für eine Verurteilung zu Strafschadensersatz (nach § 51 TwVSG) Bedeutung erlangen.[507]

---

[505] Vgl. *Jan Sen-lin/Feng Jen-yu/Liu Ming-chu*, Einführung in das Verbraucherschutzgesetz, S. 5; *Kuo Li-jen*, Taipei Bar Journal, Juli 1997, 42, 49.

[506] Anders als in der chinesischen Herstellerhaftung nach §§ 41, 43 PQG, war das Haftungsprinzip des § 7 TwVSG, d.h. die verschuldensunabhängige Haftung, in der Literatur nicht ernsthaft in Frage gestellt worden, vgl. *Wang Tze-jian*, China Law Journal, Januar 1995, 13, 14; *Jan Sen-lin/Feng Jen-yu/Liu Ming-chu*, Fragen und Antworten zum TwVSG, S. 18.

[507] Siehe unten e) dd) (Haftungsminderungsgrund) bzw. IV. 3. (Strafschadensersatz).

b) Herstellerbegriff i.S. des § 7 TwVSG

Wie zuvor schon dargelegt, enthält das Verbraucherschutzgesetz keinen einheitlichen Herstellerbegriff. Maßgebend für die Herstellereigenschaft i.S. des § 7 TwVSG sind stattdessen die Begriffe „Konstruktion" und „Produktion" („Herstellung") in Verbindung mit dem Begriff des Unternehmers. Haftender nach § 7 TwVSG kann nämlich, soweit es um die Produkthaftung (im Gegensatz zur Dienstleistungshaftung) geht, jeder Unternehmer sein, der Waren (d.h. Produkte) konstruiert, herstellt oder produziert.[508] Aus der Legaldefinition zum Produktbegriff (§ 4 AusfVO) ergibt sich weiter, dass ein Hersteller i.S. des § 7 TwVSG der Hersteller eines End- oder Teilproduktes sowie der Zulieferer von Grund- oder Rohstoffen sein kann. Im Unterschied zum chinesischen Produkthaftungsrecht,[509] wird der Konstrukteur eines Produkts nach § 7 Abs. 1 TwVSG grundsätzlich dem eigentlichen Hersteller gleichgesetzt. Damit sollte vor allem bezweckt werden, dass Konstruktionsfehler neben Herstellungsfehlern ebenfalls als haftungsauslösend anerkannt werden. Erfasst werden daher auch diejenigen Fälle, in denen die Konstruktion eines Produkts und dessen Herstellung von verschiedenen Unternehmern ausgeführt werden.[510] Dabei muss es für die Haftung nach § 7 TwVSG als unerheblich angesehen werden, wenn die Konstruktion im Einzelfall als reine Dienstleistung, d.h. ohne tatsächliche Beteiligung an der Herstellung, erbracht wird, da es lediglich auf eine Mitbeeinflussung des Herstellungsprozesses ankommt. Dies trifft insbesondere auf die Gebäudehaftung zu, die wegen des weiten Produktbegriffs ebenfalls in den Anwendungsbereich der Produkthaftung fällt. Nach § 7 TwVSG kommen demnach gleichermaßen selbständige Architekten wie Bauunternehmer als Haftende in Betracht.[511]

Gemäß § 9 TwVSG unterliegen auch Importeure der Herstellerhaftung nach § 7 TwVSG. Dabei orientierten sich die Verfasser offenbar an der EG-Produkthaftungs-

---

[508] Hierbei kann „Produktion" (*shengchan*) mit „Herstellung" (*zhizao*) gleichgestellt werden. Der erstere Begriff (*shengchan*) ist nach allgemeinem Sprachgebrauch als der weitergehendere der beiden Begriffe zu verstehen. „Produktion" setzt nämlich im Gegensatz zur „Herstellung" keine Verarbeitung durch den Menschen voraus. Der Begriff erstreckt er sich daher auch auf die Gewinnung landwirtschaftlicher Produkte. Siehe *Chiu Tsung-jr*, Bericht des Sonderausschusses zum TwVSG, S. 63.

[509] Siehe oben Erster Teil, B. III. 1. b) aa).

[510] *Chu Peh-sung*, National Taiwan University Law Journal, Vol. 24-1 (Dezember 1994), 353, 364.

174

richtlinie (Art. 3 Abs. 2) bzw. am deutschen Produkthaftungsgesetz (§ 4 Abs. 2). Der Schutz des § 7 TwVSG soll sich mit gleicher Wirksamkeit auch auf außerhalb Taiwans hergestellte Produkte erstrecken, was nur durch eine Gleichstellung des Importeurs mit dem Hersteller zu erreichen ist. Eine solche Gleichstellung gilt unter bestimmten Umständen gemäß § 8 Abs. 2 TwVSG auch für Vertriebshändler.[512]

c) Verletzung einer Herstellerpflicht

§ 7 TwVSG stellt in den ersten beiden Absätzen zum einen eine Gefahrvermeidungspflicht (§ 7 Abs. 1 TwVSG), zum anderen eine Warn- und Instruktionspflicht (§ 7 Abs. 2 TwVSG) für den herstellenden oder konstruierenden Unternehmer („Hersteller" i.S. des § 7 TwVSG) auf. Die weitaus größere Bedeutung kommt dabei der Gefahrvermeidungspflicht zu, da sie den Fehlerbegriff des Verbraucherschutzgesetzes umschließt und somit in praktisch allen Fallkonstellationen den Anknüpfungspunkt der Haftung darstellt.

aa) Gefahrvermeidungspflicht (Fehlerbegriff)

Gemäß § 7 Abs. 1 TwVSG muss der Hersteller sicherstellen, dass die von ihm angebotenen, d.h. konstruierten oder hergestellten, Produkte keine „Gefahr für die Sicherheit oder Hygiene" enthalten. Die Formulierung „Gefahr für die Sicherheit oder Hygiene" (*anquan huo weisheng shang zhi weixian*) stellt dabei lediglich eine andere Bezeichnung für den in anderen Rechtsordnungen üblichen Begriff des Fehlers oder Defekts dar.[513] Auf die Auslegung der einzelnen Begriffe „Sicherheit" und „Hygiene" kommt es hierbei allerdings nicht an, stattdessen ist nur der Gesamtbegriff von Bedeutung. Eine Legaldefinition ist in § 5 Abs. 1 S. 1 AusfVO aufgenommen worden.[514]

---

[511] Vgl. *Jan Sen-lin/Feng Jen-yu/Liu Ming-chu*, Einführung in das Verbraucherschutzgesetz, S. 34.

[512] Siehe ausführlich zur Haftung des Vertriebshändlers unten 2.

[513] Vgl. im chinesischen Recht § 46 PQG, im deutschen Recht § 3 ProdHaftG.

[514] § 5 Abs. 1 AusfVO: „Waren, die zum Zeitpunkt der Markteinführung oder Dienstleistungen, die zum Zeitpunkt ihres Anbietens nicht die normalerweise und vernünftigerweise zu erwartende Sicherheit besitzen, stellen eine Gefahr für die Sicherheit oder Hygiene i.S. des § 7 Abs. 1 TwVSG dar. Ausgenommen hiervon sind jedoch Waren oder Dienstleistungen, die bereits dem seinerzeitigen technischen oder fachlichen Standard entsprachen."

Nach § 5 Abs. 1 S. 1 AusfVO ist ein Produkt „fehlerhaft" i.S. des § 7 Abs. 1 TwVSG, wenn es zum Zeitpunkt des Inverkehrbringens nicht diejenige Sicherheit aufweist, die normalerweise und vernünftigerweise vom Produkt erwartet werden kann. Eine Parallele zu Art. 6 EG-Produkthaftungsrichtlinie bzw. zu § 3 ProdHaftG, wo von der „Sicherheit, die berechtigterweise erwartet werden kann" die Rede ist, ist hier deutlich erkennbar.[515] Im Vergleich zum chinesischen § 46 PQG, der einen Fehler als „unangemessene Gefahr für die Sicherheit von Körper oder Vermögen" definiert, scheint die Definition in § 5 Abs. 1 AusfVO noch näher am europäischen Vorbild orientiert zu sein. In ihrer Auslegung unterscheiden sich beide Vorschriften insoweit aber kaum, denn es ist sowohl für § 46 PQG als auch für § 5 Abs. 1 AusfVO anerkannt, dass ein rein objektiver Maßstab für die Fehlerfeststellung gelten soll.[516] Es soll nämlich, wie nach dem Modell der EG-Produkthaftungsrichtlinie, auf die berechtigten Sicherheitserwartungen des durchschnittlichen, idealtypischen Verbrauchers ankommen.[517] Die Parallele zum europäischen bzw. deutschen Produkthaftungsrecht wird noch deutlicher bei Betrachtung des § 5 Abs. 2 AusfVO, der ähnlich wie § 3 Abs. 1 ProdHaftG, für die Fehlerhaftigkeit eines Produkts Beurteilungskriterien aufzählt.[518]

Ob einem Produkt die normalerweise und vernünftigerweise zu erwartende Sicherheit fehlt, soll demnach unter Heranziehung folgender Kriterien beurteilt werden:

- Kennzeichnungen und Erklärungen zum Produkt
- der zu erwartende vernünftige Gebrauch des Produkts
- der Zeitpunkt des Inverkehrbringens des Produkts

---

[515] Vgl. *Kuo Li-jen*, China Law Journal, Januar 1996, 87, 95.

[516] *Kuo Li-jen*, China Law Journal, Januar 1996, S. 87, 95. Zum Begriff der „unangemessenen Gefahr" in § 46 PQG siehe oben Erster Teil, B. III. 3. b).

[517] *Liu Chun-tang*, Verbraucherschutz und Verbraucherrecht, S. 126.

[518] § 5 Abs. 2 AusfVO: „Ein Fehlen der normalerweise und vernünftigerweise zu erwartenden Sicherheit i.S. des vorangehenden Absatzes soll unter Berücksichtigung folgender Umstände festgestellt werden.

(1) Kennzeichungen und Erklärungen an der Ware bzw. Dienstleistung
(2) der zu erwartende vernünftige Gebrauch der Ware bzw. die zu erwartende vernünftige Inanspruchnahme der Dienstleistung
(3) der Zeitpunkt der Markteinführung der Ware bzw. der Zeitpunkt des Anbietens der Dienstleistung.

Waren oder Dienstleistungen sollen nicht allein deswegen als eine Gefahr für die Sicherheit oder Hygiene angesehen werden, weil später verbesserte Waren oder Dienstleistungen erscheinen."

Diese drei Kriterien sind erkennbar Art. 6 Abs. 1 EG-Richtlinie bzw. § 3 Abs. 1 ProdHaftG entnommen worden.[519] Im Unterschied zur deutschen Vorschrift setzt § 5 AusfVO jedoch nicht ausdrücklich eine Berücksichtigung „aller Umstände" voraus, was darauf hinzudeuten scheint, dass die obige Aufzählung im Gesetz nicht lediglich beispielhaft, sondern abschließend sein soll. Ob dies tatsächlich von den Verfassern der Ausführungsverordnung beabsichtigt war, lässt sich nicht sagen. Angesichts der klaren Tendenz sowohl im Gesetzestext selbst als auch in der Literatur, dem europäischen bzw. deutschen Vorbild zu folgen, kann aber § 5 Abs. 2 AusfVO im Sinne des § 3 ProdHaftG ausgelegt werden, so dass grundsätzlich alle Umstände zu berücksichtigen sind, wobei die drei ausdrücklich genannten Kriterien vorrangig zu prüfen sind.[520]

Hinsichtlich des Kriteriums der äußeren Präsentation des Produkts wurde in der taiwanesischen Fassung eine geringfügig andere Formulierung als in § 3 Abs. 1 ProdHaftG gewählt. Anstelle des allgemeineren Begriffs der „Darbietung" des Produkts, wurde einer konkreteren Formulierung („Kennzeichnungen und Erklärungen") der Vorzug gegeben. Letztendlich wird aber hierin kein wesentlicher Unterschied zu § 3 Abs. 1 lit a ProdHaftG gesehen.[521] Denn unter der „Darbietung" des Produkts sind auch im deutschen Produkthaftungsrecht in erster Linie Kennzeichnungen und Produkterklärungen zu verstehen.[522] Hier dürfte die Überlegung maßgebend gewesen sein, dass die Erwartungshaltung des Verbrauchers gegenüber dem Produkt in einem hohen Grad auch von Erklärungen und Anleitungen erzeugt wird. Verspricht der Hersteller in der Produktanleitung eine höhere Sicherheit, als das Produkt tatsächlich besitzt, so muss sich das bei der Beurteilung der Fehlerhaftigkeit zu Lasten des Herstellers auswirken.

Durch Nennung dieses Kriteriums in § 5 Abs. 2 AusfVO wird auch § 7 Abs. 2 TwVSG ergänzt, der eine Warn- und Instruktionspflicht hinsichtlich potenziell gefährlicher Produkte statuiert.

---

[519] Vgl. *Chu Peh-sung*, National Taiwan University Law Journal, Vol. 24-2 (Juni 1995), 457, 482 (Fn. 238).
[520] So auch *Kuo Li-jen*, China Law Journal, Januar 1996, 87, 95
[521] Vgl. *Liu Chun-tang*, Verbraucherschutz und Verbraucherrecht, S. 118, 123.
[522] Vgl. *v. Westphalen, Friedrich* (Hrsg.), Produkthaftungshandbuch, Bd. 2, § 62 Rn. 39 ff.

Das zweite Kriterium in § 5 Abs. 2 AusfVO, nämlich der „zu erwartende vernünftige Gebrauch",[523] soll vor allem sicherstellen, dass das Produkt in der ihm zugedachten Funktion gefahrlos benutzt werden kann. Der objektiv zu erwartende Gebrauch wird in den meisten Fällen auch das Grundkriterium darstellen, anhand dessen über die Fehlerhaftigkeit des Produkts entschieden wird. Dies hat auf der anderen Seite den Effekt, dass im Falle eines Fehlgebrauchs, also eines „unvernünftigen" Gebrauchs des Produkts, die Fehlerhaftigkeit eher verneint werden kann.[524] Denn der Verbraucher kann nicht vernünftigerweise erwarten, dass ein Produkt auch bei einem offensichtlichen Fehlgebrauch diejenige Sicherheit aufweist, die bei bestimmungsgemäßem Gebrauch besteht. Jedoch kommt es auch dann stets auf den Einzelfall an, da Fehlgebräuche zu einem gewissem Grad vom Hersteller vorausgesehen werden können und müssen.[525]

Das dritte Kriterium in § 5 Abs. 2 AusfVO, der Zeitpunkt des Inverkehrbringens, bewirkt, dass die Fehlerhaftigkeit eines Produkts nur unter Berücksichtigung desjenigen Standards beurteilt werden soll, der zum Zeitpunkt des Inverkehrbringens existierte.[526] Unter „Standard" sind hier sowohl die seinerzeitigen berechtigten Sicherheitserwartungen der Verbraucher zu verstehen, als auch der zu dieser Zeit erreichte Stand der Wissenschaft und Technik.[527] Dies kann direkt aus § 5 Abs. 1 AusfVO geschlossen werden. Denn dort wird das zeitliche Kriterium sowohl in Satz 1, nämlich in der eigentlichen Definition von „Gefahr für die Sicherheit oder Hygiene", als auch in Satz 2 vorausgesetzt, der einen Haftungsausschluss zum Gegenstand hat.[528]

---

[523] Die Formulierung in § 5 Abs. 2 Ziff. 2 AusfVO unterscheidet sich von derjenigen in § 3 Abs. 1 lit. b) ProdHaftG („Gebrauch, mit dem billigerweise gerechnet werden kann") nur darin, dass sich das Wort „vernünftig" (*heli*) in der taiwanesischen Fassung auf den Gebrauch bezieht, nicht auf die Erwartung. Dies ist möglicherweise auf eine Ungenauigkeit bei der Übersetzung zurückzuführen, die jedoch keine Auswirkungen für die Auslegung hat.

[524] Vgl. *Feng Jen-yu*, Taiwan Law Review, März 1995, 80, 81 f.

[525] *Liu Chun-tang*, Verbraucherschutz und Verbraucherrecht, S. 124.

[526] In diesem Zusammenhang ist auch § 5 Abs. 2 S. 2 AusfVO zu erwähnen, wonach nicht schon allein deswegen auf einen Produktfehler zu schließen ist, weil später ein verbessertes Produkt in den Verkehr gebracht wurde. Klar erkennbar liegt dieser Vorschrift § 3 Abs. 2 ProdHaftG als Modell zugrunde. Die Norm soll sicherstellen, dass es für den Nachweis eines Fehlers nicht schon genügt, wenn der Geschädigte darlegt, dass später ein verbessertes Produkt auf den Markt gekommen ist. Der dahinterliegende Gedanke ist, dass durch das Produkthaftungsrecht Innovationen auf dem Gebiet der Produktentwicklung oder -herstellung nicht verhindert werden sollen.

[527] Dabei ist davon auszugehen, dass die berechtigten Sicherheitserwartungen der Verbraucher maßgeblich vom gegenwärtigen Stand der Technik und Wissenschaft beeinflusst wird. Siehe *Liu Chun-tang*, Verbraucherschutz und Verbraucherrecht, S. 125.

[528] § 5 Abs. 1 S. 2 AusfVO erinnert auf den ersten Blick an § 46 2. Halbsatz PQG, wonach ein Produktfehler unabhängig von einer „unangemessenen Gefahr", auch dann bejaht werden soll,

Die Nennung dieses Kriteriums in § 5 Abs. 2 Nr. 3 AusfVO ist daher streng genommen nicht notwendig gewesen. Die Fehlerdefinition in § 5 Abs. 1 AusfVO
macht bereits deutlich, dass die Fehlerhaftigkeit im Produkt bereits zum Zeitpunkt
des Inverkehrbringens bestanden haben muss. Eine gefährliche Eigenschaft, die erst
nach Inverkehrbringen, etwa durch das Verhalten eines Vertriebshändlers im Produkt auftritt, ist daher schon per Definition nicht als „Gefahr für die Sicherheit oder
Hygiene" anzusehen.[529]

bb) Warn- und Instruktionspflicht

Neben dem Vorliegen eines Fehlers nach § 5 AusfVO kann auch eine Verletzung
der in § 7 Abs. 2 TwVSG für den Hersteller aufgestellten Warn- und Instruktionspflicht haftungsauslösend sein. Nach dieser Vorschrift hat der Hersteller dafür zu
sorgen, dass Produkte, die das Leben, den Körper, die Gesundheit oder das Vermögen von Verbrauchern gefährden können, an deutlich sichtbarer Stelle mit Warnzeichen und Instruktionen für den Notfall versehen werden. Im Unterschied zur Gefahrvermeidungspflicht in § 7 Abs. 1 TwVSG sollen von der Warn- und Instruktionspflicht insbesondere solche Produkte erfasst werden, die schon von sich aus eine
gewisse Gefahr beinhalten, aber noch nicht die Schwelle zur „Gefahr für die Sicherheit oder Hygiene" erreichen, also nicht fehlerhaft i.S. des § 5 AusfVO sind.[530] So
gilt beispielsweise eine Kreissäge in diesem Sinne als von sich aus oder angemessen
gefährlich, obwohl das Produkt im Einzelfall derjenigen Sicherheit entsprechen mag,

---

wenn das Produkt sicherheitsrelevante staatliche oder gewerbliche Standards nicht einhält. Jedoch
geht es bei § 46 PQG um konkrete Normen, die nicht unbedingt den „technologischen oder fachlichen Standard" i.S. des § 5 Abs. 1 S. 2 AusfVO repräsentieren. Die staatlichen oder gewerblichen Standards haben vielmehr die Funktion eines Minimalstandards, bei deren Unterschreitung
die Annahme eines Fehlers gerechtfertigt erscheint. Demgegenüber ist der technologische oder
fachliche Standard in § 5 Abs. 1 S. 2 AusfVO als „Maximalstandard" aufzufassen, da er die Ge-
samtheit der in der Wissenschaft verfügbaren Kenntnisse bezeichnet. Daher schließt § 5 Abs. 1 S.
2 AusfVO die Haftung bei Einhalten dieses Maximalstandards aus. Zum Haftungsausschlussgrund siehe unten e) aa).
[529] Was unter „Inverkehrbringen" oder „Markteinführung" (*liutong jinru shichang*) i.S. des § 5
AusfVO zu verstehen ist, wird weder im Verbraucherschutzgesetz noch in der Ausführungsverordnung erläutert. Da sich § 5 AusfVO aber direkt nur auf § 7 Abs. 1 TwVSG bezieht, kann nur
ein Hersteller (oder über § 9 TwVSG ein Importeur) ein Produkt „in den Verkehr bringen", nicht
jedoch ein Vertriebshändler. Im übrigen ist der Begriff, wie im Fall der EG-Richtlinie, als beabsichtigte Einführung des Produkts in den Wirtschaftskreislauf zu verstehen. Siehe *Liu Chun-tang*,
Verbraucherschutz und Verbraucherrecht, S. 125.
[530] *Chiu Tsung-jr*, Bericht des Sonderausschusses zum TwVSG, S. 66.

die vom Verbraucher vernünftigerweise erwartet werden kann. Vorausgesetzt wird also eine generelle Möglichkeit der Gefährdung von Verbraucherinteressen, die die Anbringung von Warnhinweisen und speziellen Instruktionen erforderlich macht.

Allerdings wird weder im Verbraucherschutzgesetz noch in der Ausführungsverordnung der Beurteilungsmaßstab für die Warn- und Instruktionspflicht konkretisiert. In der Literatur wird allgemein für die Erfüllung dieser Pflicht vorausgesetzt, dass Warnhinweise und Instruktionen zur Gefahrenbekämpfung zutreffend, notwendig, umfassend und angemessen sein müssen.[531] Hierbei sind, ähnlich wie bei der Beurteilung einer Gefahr für die Sicherheit oder Hygiene i.S. des § 7 Abs. 1 (und § 5 AusfVO), alle Umstände zu berücksichtigen, insbesondere die Art und der Grad der potenziellen Gefahren, das durchschnittliche Verbraucherwissen, die Positionierung der Warnhinweise, die Verkehrssitte und Handelsbräuche.[532] Wie schon beim Fehlerbegriff wird also auch für die Warn- und Instruktionspflicht ein objektiver Maßstab aufgestellt, der sowohl die Verbraucher- als auch die Unternehmersicht mit einbezieht.

In der Literatur wird die Frage der Warn- und Instruktionspflicht oftmals wie ein spezieller Fall der Gefahrvermeidungspflicht des § 7 Abs. 1 TwVSG behandelt. § 7 Abs. 2 TwVSG enthält demnach eine konkrete Anerkennung der Haftung für Instruktionsfehler, was in § 5 Abs. 2 Nr. 1 lediglich angedeutet werde. Die Grenzen zwischen einer Verletzung der Warn- und Instruktionspflicht nach § 7 Abs. 2 TwVSG einerseits und der Verletzung der Gefahrvermeidungspflicht durch einen Instruktionsfehler nach § 7 Abs. 1 TwVSG werden dabei zwangsläufig verwischt.[533] In der Praxis wird der Regelung in § 7 Abs. 2 TwVSG daher hauptsächlich eine klarstellende Funktion beizumessen sein, die im Zusammenhang mit dem Fehlerbegriff des § 5 AusfVO gesehen werden muss.

Durch § 7 Abs. 2 TwVSG sollte ohne Zweifel das generelle Bestehen einer Warn- und Instruktionspflicht des Herstellers und eine daran anknüpfende Schadensersatzhaftung ausdrücklich betont werden.

---

[531] *Chiu Tsung-jr*, Bericht des Sonderausschusses zum TwVSG, S. 66.

[532] *Chiu Tsung-jr*, Bericht des Sonderausschusses zum TwVSG, S. 66.

[533] Vgl. *Feng Jen-yu*, Taiwan Law Review, März 1995, 80, 81; *Kuo Li-jen*, China Law Journal, Januar 1996, 87, 94; *Jan Sen-lin/Feng Jen-yu/Liu Ming-chu*, Einführung in das Verbraucherschutzgesetz, S. 47, 52.

d) Schadenseintritt und Kausalität

§ 7 Abs. 3 TwVSG setzt neben einer Pflichtverletzung des Unternehmers auch einen Schaden beim Verbraucher sowie einen Kausalzusammenhang zwischen Pflichtverletzung und Schaden voraus. Anders als in den Anspruchsgrundlagen des deutschen Produkthaftungsgesetzes oder des chinesischen Produktqualitätsgesetzes wird der Schutzbereich der Produkthaftung in § 7 TwVSG selbst nicht näher konkretisiert. Dass die Produkthaftung in erster Linie dem Ersatz von Körper- und Gesundheitsschäden dienen soll, geht aber schon aus der Gefahrvermeidungspflicht des Herstellers hervor, die sich auf eine „Gefahr für die Sicherheit oder Hygiene" bezieht. Dies spiegelt sich ebenfalls im systematischen Standort der Produkthaftung im Unterabschnitt „Gewährleistung von Gesundheit und Sicherheit" wider. Im Allgemeinen wird aber davon ausgegangen, dass der Schadensbegriff des § 7 TwVSG sich nach seinem Abs. 2 orientiert, obwohl dieser Absatz sich konkret auf die Warn- und Instruktionspflicht des Herstellers bezieht. Demnach werden, wie schon nach allgemeinem Deliktsrecht, die Rechtsgüter Leben, körperliche Unversehrtheit, Gesundheit und Vermögen von der Produkthaftung nach § 7 Abs. 3 TwVSG geschützt. Hinsichtlich Vermögensschäden beschränkt das Verbraucherschutzgesetz aber, anders als etwa § 41 Abs. 1 PQG im chinesischen Recht, die Haftung nicht ausdrücklich auf Schäden außerhalb des Produkts selbst. Nach der h.M. in der Literatur sei aber eine solche einschränkende Auslegung des Schadenbegriffs vorzunehmen, da auch die Haftung nach §§ 7 ff. TwVSG als besonderes Deliktsrecht gezielt nur das Integritätsinteresse, nicht jedoch das Interesse an einer vertragsgemäßen Erfüllung schütze.[534]

Hinsichtlich des Kausalzusammenhangs zwischen der Pflichtverletzung bzw. dem Produktfehler und dem eingetretenen Schaden hat sich auch im taiwanesischen Zivilrecht die Adäquanztheorie durchgesetzt, so dass ganz unwahrscheinliche Kausalverläufe nicht zu einer Haftung führen.[535]

---

[534] Vgl. *Wang Tze-chien*, China Law Journal, Januar 1995, 13, 19; *Jan Sheng-Lin/Etgen, Björn*, PHi 1995, 191, 195; *Chiu Tsung-jr*, Bericht des Sonderausschusses zum TwVSG, S. 63; *Kuo Li-jen*, China Law Journal, Januar 1996, 87, 100. Die Rechtsprechung hat zum Vermögensbegriff des § 7 TwVSG bisher noch keine Gelegenheit zur Stellungnahme gehabt. Siehe zur Auslegung des Vermögensbegriff unten IV. 2.

[535] Vgl. *Cheng Yü-po*, Schuldrecht AT, S. 156; *Chu Peh-sung*, National Taiwan University Law Journal, Vol. 24-1 (Dezember 1994), 353, 397.

e) Haftungsausschluss- und Haftungsminderungsgründe

Anders als das chinesische Produkthaftungsrecht in § 41 Abs. 2 PQG, enthalten weder das Verbraucherschutzgesetz noch die Ausführungsverordnung eine dem § 1 Abs. 2 ProdHaftG entsprechende Norm, in der anwendbare Haftungsausschlussgründe zusammengefasst sind. Letztere ergeben sich vielmehr im Wege der Auslegung verschiedener Normen sowohl des Verbraucherschutzgesetzes als auch der Ausführungsverordnung.

aa) Einhaltung des technischen oder fachlichen Standards (§ 5 Abs. 1 S. 2 AusfVO)

Eine ähnliche Regelung wie die in § 41 Abs. 2 Nr. 3 PQG oder § 1 Abs. 2 Nr. 5 ProdHaftG enthaltene Einrede des Entwicklungsrisikos stellt im taiwanesischen Recht § 5 Abs. 1 S. 2 AusfVO dar, der nach allgemeiner Auffassung den gleichen Zweck erfüllen soll wie die deutsche Norm.[536] Es soll also ebenfalls eine Haftung für „Entwicklungsrisiken"[537] ausgeschlossen werden. Dabei wurde bewusst auch dem Modell der EG-Produkthaftungsrichtlinie gefolgt.[538] Gemäß § 5 Abs. 1 S. 2 AusfVO sind solche Produkte von der Definition der „Gefahr für die Sicherheit oder Hygiene" im vorangehenden Satz ausgeschlossen, die dem technischen oder fachlichen Standard zur Zeit des Inverkehrbringens entsprechen.

Bei dieser Norm fällt als erstes eine vom EG-Vorbild abweichende systematische Einordnung dieses Haftungsausschlussgrunds auf, wodurch sich § 5 Abs. 1 S. 2 AusfVO deutlich von den genannten Normen des chinesischen bzw. deutschen Produkthaftungsrechts unterscheidet. Während nämlich letztere vom Vorliegen eines Fehlers (neben den übrigen tatbestandlichen Voraussetzungen) ausgehen, schließt § 5 Abs. 1 S. 2 AusfVO bereits die Fehlerhaftigkeit des Produkts aus. In der Literatur bleibt dieser systematische Unterschied weitgehend unbeachtet. Stattdessen wird

---

[536] Vgl. *Feng Jen-yu* (u.a.), Erläuterungen zum Verbraucherschutzgesetz, S. 109.

[537] In Taiwan werden anstelle des Begriffs des Entwicklungsrisikos meist die Begriffe „Entwicklungsgefahr" (*fazhan weixian*) oder „Entwicklungsmangel" (*fazhan xiaci*) verwendet, worin von der Literatur aber kein Unterschied zur westlichen Terminologie gesehen wird. Zu beachten ist dabei jedoch, dass inhaltliche Diskrepanzen zwischen der Auslegung dieses Begriffs in Taiwan und Deutschland in der Tat bestehen, wie im folgenden erläutert wird.

von den meisten Autoren eine generelle Übereinstimmung insbesondere mit der deutschen Regelung zum Entwicklungsrisiko, § 1 Abs. 2 Nr. 5 ProdHaftG, betont.[539] Die systematische Einordnung des Entwicklungsrisikos auf tatbestandlicher Ebene hat mit Blick auf die beabsichtigte Rechtsfolge, nämlich die Haftung des Herstellers auszuschließen, keinen wesentlichen Unterschied zur Folge. Sowohl nach der EG-Produkthaftungsrichtlinie als auch nach § 5 Abs. 1 S. 2 AusfVO muss eine Haftung verneint werden. Auch hinsichtlich der Beweislastverteilung ergeben sich im taiwanesischen Recht für den Geschädigten keine Nachteile. Denn § 6 AusfVO stellt klar, dass bezüglich der Einrede des § 5 Abs. 1 S. 2 AusfVO der Hersteller die Beweislast trägt. Das Einhalten des technischen oder fachlichen Standards bleibt grundsätzlich unberücksichtigt, solange sich der Hersteller nicht darauf beruft und hierfür den Nachweis erbringt. Deshalb kann § 5 Abs. 1 S. 2 AusfVO mit Recht als Haftungsausschlussgrund bezeichnet werden.

Fragen ergeben sich jedoch hinsichtlich der Auslegung und Anwendung dieser Norm. Relativ unproblematisch ist dabei das Merkmal „technischer oder fachlicher Standard" (*keji huo zhuanye shueizhun*)[540], der nach h.M. ähnlich wie der „Stand der Wissenschaft und Technik" in § 1 Abs. 2 Nr. 5 ProdHaftG zu verstehen ist. So soll es auf eine rein objektive Betrachtung ankommen, ohne Rücksicht auf einen konkreten Hersteller. Der Begriff umfaßt alle zum Zeitpunkt des Inverkehrbringens zugänglichen Erkenntnisse in den Bereichen Technik und Wissenschaft, gleichgültig ob es sich um eine allgemein verbreitete Auffassung handelt oder um eine Minderheitsmeinung.[541] Unbeachtlich soll auch die Herkunft der Kenntnisse sein, ob aus dem In- oder Ausland. Der Begriff ist also nicht nur auf den in Taiwan bestehenden technischen oder fachlichen Standard beschränkt.[542]

Hinsichtlich des übrigen Wortlauts des § 5 Abs. 1 S. 2 AusfVO fällt auf, dass für den Haftungsausschluss bereits ausreicht, wenn das fragliche Produkt den seinerzei-

---

[538] *Feng Jen-yu* (u.a.), Erläuterungen zum Verbraucherschutzgesetz, S. 109; *Liu Chun-tang*, Verbraucherschutz und Verbraucherrecht, S. 131.

[539] *Liu Chun-tang*, Verbraucherschutz und Verbraucherrecht, S. 131; *Feng Jen-yu*, Taiwan Law Review, März 1995, 80, 82; *Kuo Li-jen*, China Law Journal, Januar 1996, 87, 94; *Jan Senlin/Feng Jen-yu/Liu Ming-chu*, Einführung in das Verbraucherschutzgesetz, S. 54.

[540] Genau genommen ist hierbei vom „technologischen" (*keji*) anstelle des „technischen" (*jishu*) Standards die Rede, wodurch der Aspekt der Wissenschaftlichkeit stärker betont wird. Da sich dieser Unterschied in der Auslegung aber nicht bemerkbar macht, wird hier zur Vereinfachung *keji* mit „technisch" übersetzt.

[541] *Kuo Li-jen*, China Law Journal, Januar 1996, 87, 95.

[542] *Kuo Li-jen*, China Law Journal, Januar 1996, 87, 95.

tigen technischen oder fachlichen Standard „einhält" (*fuhe*). Demgegenüber setzen sowohl § 41 Abs. 2 Nr. 3 PQG als auch § 1 Abs. 2 Nr. 5 ProdHaftG eine Nichtentdeckbarkeit bzw. Nichterkennbarkeit des Fehlers nach dem Stand der Wissenschaft und Technik voraus. Der Wortlaut der taiwanesischen Norm scheint weitergehender zu sein, was die Vermutung zulässt, dass für einen Haftungsausschluss nach § 5 Abs. 1 S. 2 AusfVO geringere Anforderungen gestellt werden.

In der Literatur wird häufig die Meinung vertreten, dass die allgemeiner gefasste Formulierung des § 5 Abs. 1 S. 2 AusfVO („einhalten") nicht im Widerspruch zur konkreteren Formulierung des Art. 7 EG-Richtlinie bzw. § 1 Abs. 2 Nr. 5 ProdHaftG stehen dürfe. So soll der Haftungsausschluss des § 5 Abs. 1 S. 2 AusfVO (ebenfalls) diejenigen Fälle erfassen, in denen eine schadenstiftende gefährliche Eigenschaft des Produkts zum Zeitpunkt des Inverkehrbringens auch nach dem neuesten Stand der Wissenschaft und Technik nicht zu entdecken oder zu vermeiden war.[543] Um dem Normzweck gerecht zu werden, nämlich lediglich Entwicklungsrisiken von der Haftung auszuschließen, und um den Schutz des Geschädigten ausreichend zu gewährleisten, sollen hohe Anforderungen an die Auslegung des § 5 Abs. 1 S. 2 AusfVO gestellt werden.[544] Schließlich soll die „Einhaltung" des technischen oder fachlichen Standards gleichbedeutend sein mit der „Nichterkennbarkeit" des Fehlers in § 5 Abs. 2 Nr. 5 ProdHaftG. Die allgemeinere Formulierung wurde möglicherweise gewählt, um nicht der systematischen Einordnung des § 5 Abs. 1 S. 2 AusfVO als tatbestandlicher Ausschlussgrund zu widersprechen. Da in dieser Norm bereits ein Fehler ausgeschlossen wird, konnte nicht gleichzeitig auf die Nichterkennbarkeit eines „Fehlers" abgestellt werden.

Bei näherer Untersuchung der Literatur stellt sich jedoch heraus, dass § 5 Abs. 1 S. 2 AusfVO trotzdem weiter ausgelegt wird als die Entwicklungsrisiko-Einrede im deutschen Recht. Denn der überwiegende Teil der Literatur stellt zwar äußerlich die Parallele zum deutschen bzw. EG-Recht heraus, geht im Grunde aber von einem anderen Verständnis des Begriffs „Entwicklungsrisiko" aus:

Die Literatur versteht diesen Begriff auch auf die **Herstellung** des Produkts, nicht nur auf dessen **Konstruktion** bezogen. Danach ist auch dann von einem Entwick-

---

[543] *Kuo Li-jen*, China Law Journal, Januar 1996, 87, 95; *Liu Chun-tang*, Verbraucherschutz und Verbraucherrecht, S. 127; *Feng Jen-yu* (u.a.), Erläuterungen zum Verbraucherschutzgesetz, S. 109.

[544] *Kuo Li-jen*, China Law Journal, Januar 1996, 87, 95.

lungsrisiko zu sprechen, wenn die **Herstellung** des Produkts tatsächlich dem damaligen Stand von Wissenschaft und Technik entsprach und das Produkt dementsprechende Kontrollverfahren durchlaufen hat, aber trotzdem später eine Gefahr festgestellt wird, die zur Zeit des Inverkehrbringens nicht entdeckbar war.[545]

Diese Auslegung des § 5 Abs. 1 S. 2 AusfVO hat dann aber konsequenterweise zur Folge, dass Hersteller in Fällen von sog. „Ausreißern" nicht nach § 7 TwVSG verschuldensunabhängig haften. Das Problem soll an den Fällen explodierender Mineralwasserflaschen verdeutlicht werden. Diese auf feinen Haarrissen im Flaschenmaterial beruhenden Unfälle scheinen unvermeidbar zu sein, selbst dann, wenn die Herstellung auf höchstem technischen Niveau erfolgt und moderne Kontrollverfahren eingesetzt werden.[546] Nach der gängigen Auslegung in der taiwanesischen Literatur würden solche gefahrenträchtigen Mineralwasserflaschen, die in der Endkontrolle nicht entdeckt und aussortiert werden, noch den Voraussetzungen des § 5 Abs. 1 S. 2 AusfVO genügen. Denn der neueste technische und fachliche Standard wurde während der Herstellung eingehalten.

Völlig unberücksichtigt bliebe dabei aber, dass ein normaler Verbraucher vernünftigerweise nicht mit dem plötzlichen Explodieren einer Mineralwasserflasche rechnen muss. Ein solches Ergebnis kann angesichts der verbraucherschützenden Zielsetzung der verschuldensunabhängigen Produkthaftung im Verbraucherschutzgesetz schwerlich akzeptiert werden.

Die Lösung muss darin liegen, § 5 Abs. 1 S. 2 AusfVO, entsprechend der deutschen h.M. zur Entwicklungsrisiko-Einrede,[547] eng auszulegen. Nach der Meinung des BGH zu § 1 Abs. 2 Nr. 5 ProdHaftG sind Entwicklungsrisiken „nur Gefahren, die von der Konstruktion ausgehen, aber nach dem neuesten Stand der Technik nicht zu vermeiden waren (...), nicht aber die bei der Produktion nicht zu vermeidenden Fehler."[548] Der „Ausreißer-Einwand", der ausschließlich den Herstellungsprozess

---

[545] *Feng Jen-yu* (u.a.), Erläuterungen zum Verbraucherschutzgesetz, S. 109; *ders.* in Taiwan Law Review, März 1995, 80, 82.

[546] Vgl. BGH NJW 1995, 2162, 2163 (Mineralwasserflasche).

[547] BGHZ 51, 91, 105 (Hühnerpest); BGH NJW 1995, 2162, 2163 (Mineralwasserflasche); *v. Westphalen, Friedrich* (Hrsg.), Produkthaftungshandbuch, § 24 Rn. 38.

[548] BGH NJW 1995, 2162, 2163 (Mineralwasserflasche).

betrifft, soll dagegen in der verschuldensunabhängigen Produkthaftung nicht mehr zulässig sein.[549]

Die gleiche Überlegung trifft auch auf die Produkthaftung nach dem Verbraucherschutzgesetz zu. Die Einhaltung des technischen oder fachlichen Standards i.S. des § 5 Abs. 1 S. 2 AusfVO muss also richtigerweise einschränkend ausgelegt werden, so dass nur dann ein Fehler verneint (und eine Haftung ausgeschlossen) werden kann, wenn es sich um eine Gefahr handelt, die mit der Konstruktions- oder Entwicklungsphase des Produkts im Zusammenhang steht.

bb) Fehlendes Inverkehrbringen

Wie erläutert, enthält das taiwanesische Produkthaftungsrecht - außer zur Problematik des Entwicklungsrisikos - keine konkrete Norm, die als Haftungsausschlussnorm in der Art des § 1 Abs. 2 ProdHaftG oder § 41 Abs. 2 PQG zu bezeichnen wäre. Der in diesen Normen geregelte Haftungsausschlussgrund des fehlenden Inverkehrbringens ist aber im taiwanesischen Produktbegriff mitberücksichtigt. Denn nach § 4 AusfVO ist Voraussetzung für die Produkteigenschaft, dass es sich um einen „Gegenstand des Handelsverkehrs" (*jiaoyi keti*) handelt. Dies ist nach h.M. dann gegeben, wenn das Produkt durch den Hersteller auf dem Markt eingeführt, d.h., in den Verkehr gebracht worden ist.[550] Ein Produkt, das vor seiner Inverkehrgabe ohne ein Zutun des Herstellers abhanden kommt, gilt nicht als Gegenstand des Handelsverkehrs und ist somit kein „Produkt", für das der Hersteller nach § 7 TwVSG haften muss. Zum gleichen Schluss gelangt man über § 5 Abs. 1 AusfVO.[551] Denn dort wird die Fehlereigenschaft des Produkts vom Zeitpunkt des Inverkehrbringens abhängig gemacht. Ein fehlendes Inverkehrbringen würde also auch einen Fehler ausschließen. Im Ergebnis steht dem Hersteller nach taiwanesischem Recht ebenso wie im chinesischen Recht (§ 41 Abs. 2 Nr. 1 PQG) die Mög-

---

[549] Vgl. *Schmidt-Salzer, Joachim*, BB 1986, 1103, 1106; BGH NJW 1995, 2162, 2163 (Mineralwasserflasche). Diese Sichtweise zur Ausreißer-Problematik ist in der taiwanesischen Literatur teilweise übernommen worden. Jedoch wird dabei i.d.R. versäumt, gleichzeitig die Konsequenz für die Auslegung des § 5 Abs. 1 S. 2 AusfVO zu ziehen. Vgl. *Kuo Li-jen*, China Law Journal, Januar 1996, 87, 95; *dies.* Chung Hsing Law Review, Vol. 40 (März 1996), 341, 353 f.

[550] *Chiu Tsung-jr*, Bericht des Sonderausschusses zum TwVSG, S. 58; *Chu Peh-sung*, National Taiwan University Law Journal, Vol. 24-2 (Juni 1995), 457, 471.

[551] Vgl. *Chu Peh-sung*, National Taiwan University Law Journal, Vol. 24-2 (Juni 1995), 457, 470 f.

lichkeit zu, sich durch Nachweis des fehlenden Inverkehrbringens des fraglichen „Produkts" zu entlasten.

cc) Entstehen einer Gefahr nach dem Inverkehrbringen

§ 5 Abs. 1 AusfVO macht deutlich, dass als Voraussetzung für einen Fehler i.S. des § 7 TwVSG die gefährliche Eigenschaft im Produkt zum Zeitpunkt des Inverkehrbringens bestanden haben muss. Entsteht die schadenverursachende Gefahr erst nach diesem Zeitpunkt im Produkt, so kann deshalb schon gar nicht von einem Fehler gesprochen werden. Eine Haftung des Herstellers ist in solchen Fällen von vorneherein ausgeschlossen, weshalb es insoweit keinen Regelungsbedarf für einen ausdrücklichen Haftungsausschluss gab.[552]

Der Unterschied in der Vorgehensweise macht sich allerdings in der Frage der Beweislastverteilung bemerkbar. Da die Beweislast für die Fehlerhaftigkeit des Produkts beim Geschädigten liegt, hat dieser dann grundsätzlich auch nachzuweisen, dass der Sicherheitsmangel im Produkt bereits zum Zeitpunkt des Inverkehrbringens existierte. Im Vergleich zum deutschen oder chinesischen Recht, wo der maßgebliche Zeitpunkt aus dem Fehlerbegriff ausgeklammert wurde, könnte dieser Umstand für die Haftung nach § 7 TwVSG eine Beweiserschwerung für den Geschädigten zur Folge haben. Denn ein solcher Beweis dürfte ihm mangels Einblick in den Produktionsvorgang i.d.R. sehr schwer fallen. In der Literatur ist dieses Problem bislang noch nicht aufgegriffen worden. Auch die Rechtsprechung hat bisher noch keinen Anlass gehabt, sich damit zu befassen. Es scheint wahrscheinlich, dass die Verfasser des Verbraucherschutzgesetzes dieses Problem übersehen haben und eine Beweiserschwerung zu Lasten des Geschädigten daher gar nicht beabsichtigt haben. Wie sich dieser Umstand in der Praxis auswirken wird, ist daher noch nicht absehbar.

---

[552] Vgl. *Chu Peh-sung*, National Taiwan University Law Journal, Vol. 24-1 (Dezember 1994), 353, 401 (Fn. 140).

dd) Haftungsminderung bei fehlendem Verschulden

Eine Besonderheit im Vergleich zum deutschen oder chinesischen Produkthaftungs-recht enthält § 7 Abs. 3 S. 2 TwVSG. Nach dieser Vorschrift kann das Gericht trotz grundsätzlicher Anerkennung einer Haftung nach § 7 TwVSG die Schadensersatz-pflicht des Herstellers reduzieren, falls der Hersteller beweisen kann, dass ihn hin-sichtlich des Schadenseintritts keine Fahrlässigkeit trifft. Das ist dann anzunehmen, wenn der Hersteller die zur Vermeidung von Schäden erforderliche und angemesse-ne Sorgfalt beachtet hat.[553]

Grundsätzlich wird durch § 7 Abs. 3 S. 2 TwVSG eine Fahrlässigkeitsvermutung aufgestellt, die aber nicht gleichzeitig als Haftungsvermutung zu verstehen ist. Denn die (Hersteller-)Haftung als solche bleibt nach h.M. weiterhin unabhängig von einem Verschulden des Herstellers.[554] Man könnte von einer Haftung aus vermutetem Verschulden allenfalls dann sprechen, wenn der Nachweis der Schuldlosigkeit nach dieser Norm zwingend zu einer vollständigen Haftungsbefreiung führen würde. Er-stens macht aber schon der Wortlaut des § 7 Abs. 3 S. 2 TwVSG deutlich, dass nur eine Reduzierung, nicht aber ein Ausschluss der Haftung erreicht werden kann.[555] Zweitens, steht dem Hersteller trotz fehlenden Verschuldens auch kein Anspruch auf eine Haftungsminderung zu. Wie nämlich ebenfalls aus dem Wortlaut hervor-geht, liegt die Entscheidung über das Ob und Wie einer Haftungsminderung im Er-messen des Gerichts. Der Hersteller kann folglich nur eine fehlerfreie Ermessens-ausübung verlangen.[556]

§ 7 Abs. 3 S. 2 TwVSG ist eine Billigkeitsregelung, die der Vermeidung von Unge-rechtigkeiten dient, welche durch die strikte Anwendung der verschuldensunabhän-gigen Haftung auftreten können.[557] Bei der Ermessensentscheidung des Gerichts

---

[553] *Chiu Tsung-jr*, Bericht des Sonderausschusses zum TwVSG, S. 64.

[554] *Wang Tze-chien*, China Law Journal, Januar 1995, 13, 14; *Jan Sen-lin/Feng Jen-yu/Liu Ming-chu*, Fragen und Antworten zum TwVSG, S. 18; *Chu Peh-sung*, National Taiwan University Law Journal, Vol. 24-1 (Dezember 1994), 353, 399; *Chiu Tsung-jr*, Bericht des Sonderausschusses zum TwVSG, S. 48.

[555] Vgl. *Wang Tze-chien*, China Law Journal, Januar 1995, 13, 14; *Chu Peh-sung*, National Tai-wan University Law Journal, Vol. 24-1 (Dezember 1994), 353, 399.

[556] Vgl. *Chiu Tsung-jr*, Bericht des Sonderausschusses zum TwVSG, S. 65; *Chu Peh-sung*, Na-tional Taiwan University Law Journal, Vol. 24-1 (Dezember 1994), 353, 402.

[557] Bei den parlamentarischen Beratungen zum Verbraucherschutzgesetz spielte grundsätzlich der Gedanke eine Rolle, dass ein Verschulden, obwohl nicht haftungsbegründend, bei der Höhe der

sollen daher alle Umstände hinsichtlich der Streitparteien, z.B. die wirtschaftlichen Verhältnisse, die Lebensumstände, die Schwere der verursachten Schäden, gesellschaftliche Auswirkungen, usw. berücksichtigt werden.[558] Auf diese Weise hat das Gericht die Möglichkeit, z.b. in Fällen mit zahlreichen Geschädigten, wo eine sehr hohe Gesamtschadensersatzsumme zu erwarten ist, eine Senkung dieses Betrages zu erreichen. Dies könnte in der Praxis insoweit eine Rolle spielen, als das taiwanesische Produkthaftungsrecht weder eine Haftungshöchstgrenze noch eine Selbstbeteiligung des Geschädigten vorsieht. Jedoch ist damit zu rechnen, dass an den Nachweis des Nichtverschuldens seitens den Hersteller hohe Anforderungen gestellt werden. Denn ein Verschulden in Form von Fahrlässigkeit wird bei Vorliegen einer objektiven Pflichtverletzung i.S. der § 7 Abs. 1 und 2 TwVSG regelmäßig gegeben sein. Eine Haftungsminderung nach § 7 Abs. 3 S. 2 TwVSG muss daher als seltener Ausnahmefall angesehen werden.

ee) Mitverschulden

Ein weiterer Haftungsminderungsgrund kann in einem Mitverschulden des Geschädigten liegen. Zwar ist eine dahingehende Regelung weder im Verbraucherschutzgesetz noch in der Ausführungsverordnung enthalten. Doch ist es anerkannt, dass die allgemeine Schuldrechtsnorm § 217 Abs. 1 TwZGB, in der eine Haftungsminderung aufgrund Mitverschulden geregelt ist, auch auf die (verschuldensunabhängige) Produkthaftung nach dem Verbraucherschutzgesetz anwendbar sein soll.[559] Gemäß § 217 Abs. 1 TwZGB kann das Gericht die Höhe des zu leistenden Schadensersatzes mindern oder den Schadensersatzanspruch ganz ausschließen, wenn der Geschädigte an der Schadensentstehung oder Schadensvergrößerung fahrlässig mitgewirkt hat.

In der Produkthaftung kommt dieser Haftungsminderungsgrund vor allem in Betracht, wenn dem Geschädigten die Fehlerhaftigkeit des Produkts bekannt war oder ihm hätte bekannt sein müssen und er das Produkt trotzdem benutzte. Ähnliches gilt

---

Schadensersatzsumme mitberücksichtigt werden soll. Siehe *Chu Peh-sung*, National Taiwan University Law Journal, Vol. 24-1 (Dezember 1994), 353, 400 (Fn. 138).

[558] *Chiu Tsung-jr*, Bericht des Sonderausschusses zum TwVSG, S. 65.

[559] Vgl. *Chu Peh-sung*, National Taiwan University Law Journal, Vol. 24-1 (Dezember 1994), 353, 402 (Fn. 142); *Hsu Hsiao-po/Liu Shau-liang* (Hrsg.), Vergleichende Untersuchung, S. 187 f.; *Lin Shi-tsung*, Warenhaftung im Verbraucherschutzgesetz, S. 221.

für Fälle des Fehlgebrauchs von Produkten. Jedoch ist hierbei zu beachten, dass offensichtliche Fehlgebräuche schon innerhalb der Fehlerbestimmung nach § 5 AusfVO berücksichtigt werden und möglicherweise fehlerausschließend sind. Ähnlich wie in § 7 Abs. 3 S. 2 TwVSG sieht die Rechtsfolgenseite des § 217 Abs. 1 TwZGB eine Haftungsminderung vor, die im Ermessen des Gerichts liegt. Maßgebliches Kriterium für die Höhe der Haftungsminderung ist hierbei der Grad des eigenen Verschuldens sowie der Anteil an der Verursachung des Schadens.[560] Erkennbar hat diese Norm ebenfalls die Funktion einer Billigkeitsregelung.[561]

2. Die Haftung des Vertriebshändlers gemäß § 8 TwVSG

a) Vertriebshändlerbegriff i.s. des § 8 TwVSG

Ähnlich wie das Produktqualitätsgesetz im chinesischen Recht enthält das Verbraucherschutzgesetz in § 8 eine eigene Haftungsgrundlage für die Produkthaftung von Vertriebshändlern. Was unter dem Begriff „Vertriebshändler" (*jingxiao zhe*)[562] zu verstehen ist, geht allerdings weder aus dem Verbraucherschutzgesetz noch aus der Ausführungsverordnung hervor. Nach Meinung in der Literatur ist ein Vertriebshändler i.s. des § 8 TwVSG jeder Unternehmer, der Waren zum Zwecke des Verkaufs anbietet und sich dadurch in die Vertriebskette einschaltet, jedoch ohne gleichzeitig Hersteller i.s. des § 7 TwVSG zu sein.[563] Erfasst werden von § 8 TwVSG daher typischerweise Großhändler, Zwischenhändler und Einzelhändler, unabhängig von der Größe des Unternehmens.[564] In der Praxis werden von § 8 TwVSG vor allem Einzelhändler unmittelbar betroffen sein, da regelmäßig nur diese direkten Kontakt zum Verbraucher haben. Im Unterschied zum Vertriebshändlerbegriff des Produktqualitätsgesetzes, kommt es in § 8 TwVSG entscheidend auf die Verkaufstätigkeit an, so dass sich die Frage, ob auch Vermieter von (beweglichen oder unbeweglichen) Sachen Vertriebshändler in diesem Sinne sind, nicht stellen

---

[560] Vgl. *Sun Sen-jen*, Schuldrecht Allgemeiner Teil, S. 330; *Chiu Tsung-jr*, Schuldrecht Allgemeiner Teil, S. 226 (Fn. 19).

[561] Vgl. *Lin Shi-tsung*, Warenhaftung im Verbraucherschutzgesetz, S. 221.

[562] In der (festländisch) chinesischen Terminologie wird im Unterschied zur taiwanesischen Terminologie der Begriff *xiaoshou zhe* verwendet, der aber mit dem auf Taiwan gebräuchlichen Begriff *jingxiao zhe* grundsätzlich synonym zu verstehen ist.

[563] *Chiu Tsung-jr*, Bericht des Sonderausschusses zum TwVSG, S. 71.

[564] *Jan Sen-lin/Feng Jen-yu/Liu Ming-chu*, Einführung in das Verbraucherschutzgesetz, S. 29; *Chu Peh-sung*, National Taiwan University Law Journal, Vol. 24-1 (Dezember 1994), 353, 368.

kann.[565] Aus dem gleichen Grund zählen hierzu auch nicht Mittelspersonen, Transporteure oder Lagerhalter.[566]

b) Regelfall nach § 8 Abs. 1 TwVSG

Gemäß § 8 Abs. 1 S. 1 TwVSG haften Vertriebshändler grundsätzlich gesamtschuldnerisch mit Herstellern für Schäden, die anderen durch ihre Produkte entstehen.[567] Jedoch ist diese Haftung, anders als die Herstellerhaftung nach § 7 TwVSG nicht verschuldensunabhängig. Denn nach § 8 Abs. 1 S. 2 TwVSG haftet der Vertriebshändler nicht, wenn er die zur Schadensvermeidung angemessene Sorgfalt beachtet hat oder wenn der Schaden selbst bei Beachtung dieser Sorgfalt nicht zu verhindern gewesen wäre. Dem Vertriebshändler bleibt also die Möglichkeit, sich durch Erbringung eines Entlastungsbeweises von der Haftung zu befreien.[568] In der Literatur bezeichnet man die Haftung des Vertriebshändlers als „Mittelhaftung" (*zhongjian zeren*), worunter im Allgemeinen eine Haftung aus vermutetem Verschulden zu verstehen ist.[569] Jedoch ist die Aussage, dass für den Vertriebshändler eine Haftung aus vermutetem Verschulden gelte, missverständlich. Denn sie legt den Schluss nahe, dass der Vertriebshändler unabhängig vom Hersteller haften könne, wie dies im chinesischen Produkthaftungsrecht in §§ 42, 43 PQG der Fall ist.[570] In Wirklichkeit verhält sich jedoch die Vertriebshändlerhaftung nach § 8 Abs. 1

---

[565] *Chiu Tsung-jr*, Bericht des Sonderausschusses zum TwVSG, S. 71; *Chu Peh-sung*, National Taiwan University Law Journal, Vol. 24-1 (Dezember 1994), 353, 371.

[566] *Chiu Tsung-jr*, Bericht des Sonderausschusses zum TwVSG, S. 71.

[567] § 8 Abs. 1 TwVSG: „Unternehmer, die auf dem Gebiet des Vertriebs tätig sind, haften für Schäden, die durch Waren oder Dienstleistungen entstanden sind, zusammen mit Waren konstruierenden, produzierenden oder herstellenden Unternehmern [Herstellern i.S. § 7 TwVSG] oder Dienstleistungsanbietern gesamtschuldnerisch auf Schadensersatz. Hat jedoch der Unternehmer hinsichtlich der Vermeidung des Schadens eine angemessene Sorgfalt beachtet oder wäre trotz Beachtung einer angemessenen Sorgfalt der Schadenseintritt unvermeidbar gewesen, so ist er von der Haftung ausgenommen."

[568] *Lin Shi-hwa* (Hrsg.), Praxis des Verbraucherschutzgesetzes, S. 67; *Jan Sen-lin/Feng Jen-yu/Liu Ming-chu*, Einführung in das Verbraucherschutzgesetz, S. 29; *Chu Peh-sung*, National Taiwan University Law Journal, Vol. 24-1 (Dezember 1994), 353, 363.

[569] Vgl. *Jan Sen-lin/Feng Jen-yu/Liu Ming-chu*, Einführung in das Verbraucherschutzgesetz, S. 29; *Chiu Tsung-jr*, Bericht des Sonderausschusses zum TwVSG, S. 72; *Liu Chun-tang*, Verbraucherschutz und Verbraucherrecht, S. 143.

[570] Im chinesischen Recht wird in § 43 PQG zwar ebenfalls eine gesamtschuldnerische Haftung mit dem Hersteller statuiert, doch kann die Vertriebshändlerhaftung nach § 42 PQG festgestellt werden, ohne dass inzident die Haftung des Herstellers nach § 41 PQG geprüft werden muss. Vgl. oben Erster Teil, B. III. 2. a).

TwVSG akzessorisch gegenüber der Herstellerhaftung nach § 7 TwVSG. Dies ergibt sich aus dem Wortlaut des § 8 Abs. 1 TwVSG, der keine konkreten Anspruchsvoraussetzungen für die Haftung des Vertriebshändlers nennt, sondern nur eine gesamtschuldnerische Haftung mit dem Hersteller bestimmt. Es ist deshalb davon auszugehen, dass die Voraussetzungen der Herstellerhaftung nach § 7 TwVSG vorliegen müssen, was eine Inzidentprüfung erforderlich macht. Eine Verschuldensvermutung zu Lasten des Vertriebshändlers wird somit nur für den Fall aufgestellt, dass tatsächlich ein Produktfehler (oder allgemein eine Verletzung der in § 7 Abs. 1 und 2 TwVSG genannten Herstellerpflichten) im Bereich des Herstellers entstanden ist.[571] Folglich kann sich die Verschuldensvermutung nicht auf den Fehler oder die konkrete Schadensursache beziehen, sondern nur auf eine vertriebshändlerspezifische Sorgfaltspflicht oder Gefahrvermeidungspflicht.

Der Vertriebshändler hat beim Verkauf von Produkten stets eine angemessene Sorgfalt mit Blick auf die Vermeidung von Schäden einzuhalten. Schäden sind i.d.R. dann vermeidbar, wenn durch Kontrollen an den verkauften Produkten Fehler entdeckt und entsprechende Gegenmaßnahmen getroffen werden können.

Da Vertriebshändler insoweit nicht die gleichen Möglichkeiten wie Hersteller besitzen, müssen die Anforderungen dieser Sorgfaltspflicht niedriger angesetzt werden als im Fall der Gefahrvermeidungspflicht des Herstellers nach § 7 Abs. 1 TwVSG. In diesem Zusammenhang ist bereits im Rahmen der allgemeindeliktischen Produkthaftung anerkannt, dass dem Vertriebshändler grundsätzlich keine besonderen Überprüfungspflichten bezüglich der von ihm verkauften Produkte obliegen.[572] Vielmehr kann ein Vertriebshändler im Normalfall davon ausgehen, dass eine solche Endkontrolle bereits vom Hersteller vorgenommen wurde.

Für die Praxis hat die Akzessorietät der Vertriebshändlerhaftung zur Folge, dass nur typische Produkthaftungsfälle erfasst werden, in denen Konstruktions- oder Herstellungsfehler zu Schäden führen, nicht dagegen die eher untypischen Fälle, in denen eine gefährliche Eigenschaft des Produkts durch ein Verhalten des Vertriebshändlers, etwa eine unsachgemäße Lagerung, veranlasst wird. Solche Fälle können streng genommen nicht über § 8 Abs. 1 TwVSG gelöst werden, möglicherweise

---

[571] Vgl. *Lin Shi-hwa* (Hrsg.), Praxis des Verbraucherschutzgesetzes, S. 68; *Chu Peh-sung*, National Taiwan University Law Journal, Vol. 24-1 (Dezember 1994), 353, 403.
[572] *Wang Tze-chien*, Zivilrechtliche Lehrmeinungen (Bd. 3), S. 179. Vgl. oben A. II. 2. a) bb).

aber über § 8 Abs. 2 TwVSG, falls der Vertriebshändler als Quasi-Hersteller anzusehen ist.

Im übrigen bleibt nur die Möglichkeit einer Inanspruchnahme des Vertriebshändlers nach allgemeinem Deliktsrecht (§ 184 TwZGB), wo aber eine Verschuldensvermutung gerade nicht aufgestellt wird.[573]

Die Regelung des § 8 Abs. 1 TwVSG unterscheidet sich wesentlich von der chinesischen Vertriebshändlerhaftung nach §§ 42, 43 PQG. Denn § 42 PQG macht deutlich, dass eine Haftung nur entsteht, falls durch ein Verschulden des Vertriebshändlers ein *Fehler* im Produkt hervorgerufen wird und dadurch Schäden bei einem anderen entstehen. Es wird für die regelmäßige Haftung eine aktive Fehlerherbeiführung durch den Vertriebshändler vorausgesetzt, womit letztlich gerade die Fälle erfasst werden, die in § 8 Abs. 1 TwVSG von der Haftung ausgeschlossen sind. Noch größer ist der Unterschied zur deutschen Produkthaftung, die eine Haftung des Vertriebshändlers nur in Form einer Auffanghaftung bei Nichtfeststellbarkeit des Herstellers vorsieht (§ 4 Abs. 3 ProdHaftG). Im deutschen Recht kann daher grundsätzlich nur über das Vertragsrecht (pVV) oder das allgemeine Deliktsrecht (§ 823 Abs. 1 BGB) gegen den Vertriebshändler vorgegangen werden.

Angesichts dessen stellt sich die Frage der Zweckmäßigkeit der in § 8 Abs. 1 TwVSG getroffenen Regelung. Für eine Regelung der Vertriebshändlerhaftung neben der Herstellerhaftung entschied sich der Gesetzgeber aufgrund der Überlegung, dass für den Geschädigten der Verkäufer des Produkts i.d.R. besser erreichbar ist als der Hersteller.[574] Es sollte verhindert werden, dass der Geschädigte allein durch die Entfernung zum Hersteller oder mangels Geschäftskontakt zu diesem abgeschreckt wird und eine Geltendmachung von Ansprüchen unterlässt. Da aber, wie erwähnt, Vertriebshändler nicht in gleicher Weise Einfluss auf die Entstehung und Vermeidung von Produktfehlern nehmen können wie Hersteller, entschied man sich in § 8 Abs. 1 TwVSG nicht für eine verschuldensunabhängige Haftung, sondern für eine Haftung aus vermutetem Verschulden (bezogen auf die vertriebshändlerspezifische Sorgfaltspflicht), die als „Mittelhaftung" genau zwischen der verschuldensunabhängigen Haftung und der reinen Verschuldenshaftung einzuordnen ist. Ob die-

---

[573] § 191-1 TwZGB, der eine Verschuldensvermutung aufstellt, regelt dagegen nur die Hersteller- bzw. Importeurshaftung.
[574] *Chiu Tsung-jr*, Bericht des Sonderausschusses zum TwVSG, S. 71; *Chu Peh-sung*, National Taiwan University Law Journal, Vol. 24-1 (Dezember 1994), 353, 369.

se gesetzgeberische Entscheidung ihren Zweck erfüllen kann, hängt schließlich davon ab, welche Anforderungen an die vertriebshändlerspezifische Sorgfaltspflicht in der gerichtlichen Praxis Taiwans gestellt werden. Werden nämlich die Anforderungen entsprechend den Auffassungen zur vertraglichen Produkthaftung niedrig angesetzt,[575] dann wird sich der Vertriebshändler häufig durch Entlastungsbeweis von der Haftung befreien können, was die Wirkung der Verschuldensvermutung stark relativieren würde. Werden die Anforderungen an den Entlastungsbeweis dagegen sehr hoch gestellt, wäre damit zwar dem Geschädigten geholfen. Da eine solche Haftung aber im Ergebnis einer verschuldensunabhängigen Haftung sehr nahe käme, muss die Angemessenheit dieser Praxis bezweifelt werden. Denn eine verschuldensunabhängige Haftung soll für den Vertriebshändler wegen der genannten Gründe gerade nicht gelten.

Eine bessere Lösung wäre gewesen, die Vertriebshändlerhaftung weiterhin im Anwendungsbereich des allgemeinen Deliktsrechts zu belassen und von der Regelung des § 8 Abs. 1 TwVSG abzusehen. Insbesondere ist nicht ersichtlich, weshalb ein Sorgfaltspflichtverstoß seitens des Vertriebshändlers gemäß der Systematik des § 8 Abs. 1 TwVSG dann unterstellt werden kann, wenn bereits ein Pflichtverstoß des Herstellers nach § 7 Abs. 1 und 2 TwVSG festgestellt wurde. Denn dann wäre es für den Geschädigten im Allgemeinen günstiger, von vorneherein den Hersteller in Anspruch zu nehmen.

c) Haftung als Quasi-Hersteller, § 8 Abs. 2 TwVSG

§ 8 Abs. 2 TwVSG sieht unter bestimmten Voraussetzungen eine Haftungsverschärfung für den Vertriebshändler gegenüber der regelmäßigen Haftung nach § 8 Abs. 1 TwVSG vor. Vertriebshändler, die über ihre eigentliche Tätigkeit des Produktvertriebs hinausgehen, indem sie Produkte modifizieren oder verändern, sollen als Hersteller i.S. des § 7 TwVSG anzusehen sein. D.h., solche Vertriebshändler unterliegen ebenfalls der verschuldensunabhängigen Haftung. Der etwas missverständliche Wortlaut des § 8 Abs. 2 TwVSG nennt als Voraussetzung für die Haftungsverschärfung ein „Neuverpacken" (*gaizhuang*) oder „Umverpacken" (*fenzhuang*) des betreffenden Produkts durch den Vertriebshändler. Hierbei ist anzumerken, dass beide Begriffe keine direkte Entsprechung im Deutschen haben, weshalb

---

[575] Vgl. oben A. II. 2. a) bb).

eine Übersetzung nicht ohne weiteres möglich ist. Der Begriff *gaizhuang* („Neuverpacken") bezeichnet vom Wortsinn her in erster Linie die Veränderung oder den
Wechsel der Verpackung eines Produkts. Darüberhinaus kann er aber auch das
(insbesondere technische) Modifizieren oder Neuausstatten des Gegenstands selbst
(z.B. einer Maschine) bedeuten. Der Begriff *fenzhuang* („Umverpacken") beinhaltet
dagegen das Auflösen einer Verpackungseinheit und das anschließende Wiederver-
packen in anderen Einheiten.[576]

Der problematischere der beiden Begriffe ist dabei der erste (*gaizhuang*), weshalb
in § 8 AusfVO, ergänzend zu § 8 Abs. 2 TwVSG, eine Begriffsdefinition aufgenommen wurde. Nach dieser Vorschrift ist unter *gaizhuang* i.S. des § 8 Abs. 2
TwVSG jede qualitative oder quantitative Veränderung eines Produkts gegenüber
der ursprünglichen Konstruktion, Produktion oder Herstellung sowie jede Veränderung der Verpackung zu verstehen. § 8 Abs. 2 TwVSG ist daher weiter zu verstehen
als vom Wortlaut her zunächst anzunehmen ist. Es geht in Wirklichkeit nicht nur um
die Verpackung des Produkts, sondern um jegliche Veränderung des Produkts
selbst, inklusive seiner Verpackung. Die Veränderung muss vom Vertriebshändler
auch beabsichtigt worden sein.[577] Denn, würde man schon ein unfreiwilliges Verändern genügen lassen, z.B. eine Qualitätsminderung infolge unsachgemäßer Lagerung, so würde eine Gleichstellung von Vertriebshändlern mit Herstellern zum Regelfall werden, was offensichtlich nicht der Zweck des § 8 Abs. 2 TwVSG sein
kann. Die Quasi-Herstellerhaftung zielt vielmehr auf eine Haftungsverschärfung für
solche Vertriebshändler, die bewusst „Herstellertätigkeiten" ausführen und dadurch
Gefahren im Produkt hervorrufen können. Aus demselben Grunde sollten die Voraussetzungen des § 8 Abs. 2 TwVSG im Allgemeinen restriktiv ausgelegt werden.[578] So sollte ein Verändern der Verpackung oder ein „Umverpacken" vor allem
dann eine Rolle spielen, wenn die Verpackung einen wesentlichen oder notwendi-
gen Bestandteil des Produkts darstellt, z.B. im Fall von Lebensmitteln oder Medi-
kamenten.

Die Rechtsfolge des § 8 Abs. 2 TwVSG besteht, wie erwähnt, in einer haftungs-
rechtlichen Gleichstellung des Vertriebshändlers mit dem Hersteller. Der „Quasi-

---

[576] *Chiu Tsung-jr*, Bericht des Sonderausschusses zum TwVSG, S. 74.
[577] Ähnlich *Chu Peh-sung*, National Taiwan University Law Journal, Vol. 24-1 (Dezember 1994),
353, 405.
[578] Vgl. *Jan Sen-lin/Feng Jen-yu/Liu Ming-chu*, Einführung in das Verbraucherschutzgesetz, S.
30; *Chiu Tsung-jr*, Bericht des Sonderausschusses zum TwVSG, S. 73.

Hersteller" soll unter den gleichen Voraussetzungen und im gleichen Umfang wie ein Hersteller entsprechend § 7 TwVSG haften.[579] Sobald die Voraussetzungen des § 7 TwVSG vom Geschädigten dargelegt und bewiesen sind, ist eine Haftung unabhängig von einem Verschulden des Vertriebshändlers zu bejahen. Belanglos ist auch die Frage, ob der Vertriebshändler durch seine Veränderung am Produkt den tatsächlichen Fehler herbeigeführt hat oder ob dieser Fehler unabhängig von ihm bereits im Herstellungsprozess entstanden war. Im letzteren Fall haftet er als „Hersteller" gemäß § 7 Abs. 3 TwVSG gesamtschuldnerisch mit allen an der Konstruktion oder Herstellung beteiligten Unternehmern.[580]

d) Die Haftung des Importeurs gemäß § 9 TwVSG

Das Verbraucherschutzgesetz enthält in § 9 für den Importeur, als speziellen Fall eines Vertriebshändlers, eine eigene Vorschrift. Gemäß § 9 TwVSG ist auch ein Importeur von Waren oder Dienstleistungen als Hersteller i.S. des § 7 TwVSG anzusehen. Für Importeure gilt damit, ähnlich wie im Fall der Quasi-Herstellerhaftung des Vertriebshändlers, die verschuldensunabhängige Haftung des § 7 TwVSG. Als Importeure gelten alle Unternehmer, die Waren (oder Dienstleistungen) aus dem Ausland nach Taiwan einführen. Zum „Ausland" wird in diesem Zusammenhang auch die VR China gezählt.[581] Angesichts des hohen Anteils importierter Waren auf dem taiwanesischen Markt, legten die Verfasser des Verbraucherschutzgesetzes Wert darauf, eine separate Regelung für die Importeurshaftung im Gesetz aufzunehmen. Im Inhalt und der gesetzgeberischen Absicht, ist § 9 TwVSG mit der entsprechenden Regelung im Produkthaftungsgesetz (§ 4 Abs. 2 ProdHaftG) vergleichbar. Denn der Hauptgedanke für die Gleichstellung des Importeurs mit dem Hersteller lag hier wie dort in einem umfassenden Schutz des Verbrauchers vor Rechtsverfolgungsproblemen, die in Fällen mit ausländischen Herstellern regelmäßig zu erwarten sind.

---

[579] *Chiu Tsung-jr*, Bericht des Sonderausschusses zum TwVSG, S. 74; *Chu Peh-sung*, National Taiwan University Law Journal, Vol. 24-1 (Dezember 1994), 353, 405.

[580] Dagegen würde im ersteren Fall nur der Vertriebshändler nach § 7 Abs. 3 TwVSG haften. Da die gefährliche Produkteigenschaft zum Zeitpunkt des Inverkehrbringens (durch den Hersteller) noch nicht bestand, entfällt eine Haftung des (eigentlichen) Herstellers.

[581] *Chiu Tsung-jr*, Bericht des Sonderausschusses zum TwVSG, S. 75.

Bei entsprechender Anwendung des § 7 Abs. 1 TwVSG ist der Importeur verpflichtet, dafür Sorge zu tragen, dass die von ihm importierten Waren frei von Gefahren für die Sicherheit oder Hygiene sind. Die Warn- und Instruktionspflicht in § 7 Abs. 2 TwVSG wird für den Importeur durch § 24 Abs. 2 und 3 TwVSG ergänzt. Gemäß § 24 Abs. 1 TwVSG sollen importierte Waren mit Beschriftungen und Anleitungen in chinesischer Sprache versehen sein, wobei diese im Inhalt nicht weniger ausführlich sein dürfen als die Beschriftungen und Anleitungen des Ursprungslandes. Dies soll gemäß § 24 Abs. 3 TwVSG insbesondere auch für Warnhinweise gelten.

Liegen die Voraussetzungen des § 7 TwVSG vor, haftet der Importeur gesamtschuldnerisch mit dem Hersteller.[582]

IV. Umfang des Schadensersatzes

Im Unterschied zur chinesischen und deutschen Produkthaftung fehlen für die taiwanesische Produkthaftung sowohl im Verbraucherschutzgesetz als auch in der Ausführungsverordnung konkrete Normen zur Bestimmung des Schadensersatzumfangs. Aus § 7 Abs. 2 TwVSG gehen lediglich die durch die Produkthaftung geschützten Rechtsgüter hervor. Darüberhinaus enthält § 51 TwVSG eine Regelung bezüglich der Gewährung von Strafschadensersatz. Für den Umfang des regulären Schadensersatzes, den der Geschädigte nach §§ 7 ff. TwVSG vom jeweiligen Unternehmer verlangen kann, ist daher auf die allgemeinen Schadensersatzregeln des Zivilgesetzbuches zurückzugreifen.[583]

---

[582] Die gesamtschuldnerische Haftung mit dem Hersteller ergibt sich analog aus § 7 Abs. 3 TwVSG, der eine gesamtschuldnerische Haftung aller am Produktionsprozess beteiligten Unternehmer aufstellt. *Chu Peh-sung* kommt zu diesem Ergebnis über § 8 Abs. 1 S. 1 TwVSG, indem er hierbei auf die Funktion des Importeurs als Vertriebshändler abstellt. Siehe *Chu Peh-sung*, National Taiwan University Law Journal, Vol. 24-1 (Dezember 1994), 353, 367.

[583] *Chu Peh-sung*, National Taiwan University Law Journal, Vol. 24-1 (Dezember 1994), 353, 394.

1. Schäden an Leben, Körper und Gesundheit

Nach § 192 TwZGB haben im Falle der Tötung die Hinterbliebenen einen Anspruch auf Ersatz der Beerdigungskosten. Dritte, gegenüber denen der Getötete kraft Gesetzes unterhaltspflichtig war, haben ebenfalls einen Anspruch auf Schadensersatz.

Bei einer Verletzung des Körpers oder der Gesundheit steht dem Geschädigten gemäß § 193 Abs. 1 TwZGB neben dem Ersatz der Heilungskosten auch ein Schadensersatzanspruch wegen Arbeitsunfähigkeit oder Minderung der Arbeitsfähigkeit zu. Des weiteren soll auch jede durch die Verletzung oder Gesundheitsschädigung entstandene Erhöhung der Lebenshaltungskosten vom Schadensersatz umfasst sein, worin eine Parallele zur Behindertenentschädigung im chinesischen Recht gesehen werden kann.[584] § 193 Abs. 2 TwZGB bestimmt für diesen Fall, dass das Gericht auf Antrag der Parteien, anstelle einer einmaligen Schadensersatzleistung, eine Geldrente bestimmen kann, die von der Hinterlegung einer Sicherheitsleistung durch den Geschädigten abhängig gemacht wird.

Umstritten ist die Frage, ob auch immaterielle Schäden im Rahmen der Produkthaftung nach §§ 7 ff. TwVSG ersatzfähig sind. Im Verbraucherschutzgesetz und in der Ausführungsverordnung gibt es dafür keine eindeutige Bestätigung. Lediglich § 50 Abs. 2 TwVSG bestimmt, dass für den Fall einer Verbandsklage nach § 50 Abs. 1 TwVSG auch Ansprüche auf Ersatz immaterieller Schäden an einen Verbraucherschutzverein abgetreten werden können.[585] Die Vorschrift verweist dabei auf die §§ 194, 195 Abs. 1 TwZGB, in denen Ansprüche auf Ersatz immaterieller Schäden für das allgemeine Deliktsrecht enthalten sind. Ein Teil der Literatur vertritt die Auffassung, § 50 Abs. 2 TwVSG setze das Bestehen entsprechender Ansprüche nach § 184 i.V.m. §194 bzw. § 195 TwZGB voraus. Denn § 50 Abs. 2 TwVSG würde nur generell, d.h. unabhängig von der Produkthaftung nach §§ 7 ff. TwVSG, die Klageerhebung durch einen Verbraucherschutzverein regeln. Verbraucher, denen ein Anspruch auf Ersatz immaterieller Schäden zusteht, sollen auch hinsichtlich dieser Ansprüche eine Abtretung an einen Verbraucherschutzverein bewirken können. Da der Ersatz immaterieller Schäden nur in dieser Vorschrift und in diesem Zusammenhang

---

[584] Vgl. oben Erster Teil, B. III. 5. a) bb).

[585] § 50 Abs. 1 TwVSG bestimmt, dass ein Verbraucherschutzverein dann, wenn eine Vielzahl von Verbrauchern durch den gleichen Vorfall (das gleiche Produkt) geschädigt worden sind, die Schadensersatzansprüche von 20 oder mehr Geschädigten an sich abtreten lassen kann, um die Klage in eigenem Namen zu erheben.

erwähnt werde, sei für den Regelfall der Produkthaftung nach §§ 7 ff. TwVSG, die Anwendung der §§ 194, 195 Abs. 1 TwZGB ausgeschlossen. Immaterielle Schäden könne der Geschädigte dieser Meinung zufolge nur über das allgemeine Deliktsrecht (§ 184 TwZGB) ersetzt bekommen.[586]

Die überwiegende Meinung sieht in § 50 Abs. 2 TwVSG stattdessen eine generelle Bestätigung dafür, dass immaterielle Schäden nach §§ 194, 195 Abs. 1 TwZGB auch im Rahmen des Verbraucherschutzgesetzes ersatzfähig sind.[587] Diese Auffassung ist zutreffend, denn ein Ausschluss immaterieller Schäden nur auf der Grundlage des § 50 Abs. 2 TwVSG erscheint keineswegs zwingend. Der Hinweis in § 50 Abs. 2 TwVSG stellt eine notwendige Klarstellung für die Regelung der Verbandsklage in § 50 Abs. 1 TwVSG dar. Eine Abtretung von Schmerzensgeldansprüchen ist nämlich gemäß § 195 Abs. 2 TwZGB grundsätzlich nicht möglich. Daraus ist aber nicht unweigerlich zu schließen, dass für einen solchen Anspruch stets die Voraussetzungen des allgemeinen Deliktsrechts (§ 184 TwZGB) vorliegen müssen. Genannt werden in § 50 Abs. 2 TwVSG nur die §§ 194, 195 TwZGB, die nach der Systematik des Zivilgesetzbuches lediglich den Umfang des Schadensersatzes betreffen. Da der Ersatz immaterieller Schäden im Verbraucherschutzgesetz andererseits nicht ausdrücklich ausgeschlossen wird, kann man der Auffassung sein, dass innerhalb des Verbraucherschutzgesetzes die §§ 194, 195 Abs. 1 TwZGB regelmäßig anwendbar sein sollen. Dafür spricht schließlich auch eine Auslegung des § 50 Abs. 2 TwVSG am Gesetzeszweck des Verbraucherschutzgesetzes. Angesichts der starken Betonung des Verbraucherschutzgedankens innerhalb des Gesetzes, ist nicht ersichtlich, weshalb der Geschädigte auf die verschuldensabhängige Haftung des § 184 TwZGB verwiesen werden soll, soweit immaterielle Schäden betroffen sind.

Im Falle einer rechtswidrigen Tötung können gemäß § 194 TwZGB die Hinterbliebenen vom Schädiger eine angemessene Entschädigung verlangen für den Schaden, der nicht Vermögensschaden ist. Der Kreis der hierbei Anspruchsberechtigten wird in § 194 TwZGB auf die Eltern, den Ehegatten und die Kinder des Getöteten beschränkt. Der Anspruch ist vergleichbar mit dem Anspruch auf Hinterbliebenentrost-

---

[586] *Kuo Li-jen,* Taipei Bar Journal, Juli 1997, 42, 48; *dies.* China Law Journal, Januar 1996, 87, 96, 99.

[587] *Chu Peh-sung,* National Taiwan University Law Journal, Vol. 24-1 (Dezember 1994), 353, 395; *Chiu Tsung-jr* in: Vorträge zum Symposium über rechtliche Probleme des Verbraucherschutzes, S. 229, 237; *ders.* Bericht des Sonderausschusses zum TwVSG, S. 64; *Jan Sheng-*

geld in der chinesischen Produkthaftung.[588] Bei der Festlegung der Höhe der angemessenen Entschädigung sind u.a. das Ausmaß des (immateriellen) Schadens, die persönlichen Eigenschaften des Geschädigten, ein evt. Verschulden des Schädigers sowie der Grad des Verschuldens, die wirtschaftlichen Verhältnisse beider Parteien zu berücksichtigen.[589] Ein vergleichbarer Anspruch existiert im deutschen Recht bisher noch nicht.

Für den Fall der Verletzung des Körpers, der Gesundheit, des Rufs oder der Freiheit kann der Geschädigte gemäß § 195 Abs. 1 TwZGB, zusätzlich zu den von § 193 TwZGB gewährten Heilungskosten, etc. vom Schädiger eine angemessene Entschädigung für immaterielle Schäden geltend machen. Dadurch sind Schmerzensgeldansprüche auch im Rahmen der Produkthaftung nach dem Verbraucherschutzgesetz möglich. Jedoch kann immaterieller Schaden innerhalb des Verbraucherschutzgesetzes nur insoweit nach § 195 Abs. 1 TwZGB ersetzt werden, als die Rechtsgüter Körper oder Gesundheit betroffen sind, da nur diese von § 7 TwVSG geschützt werden.

2. Schäden am Vermögen

Bei der Ersatzfähigkeit von Vermögensschäden ist grundsätzlich zwischen zwei Fallkonstellationen zu unterscheiden.

Unproblematisch ist zunächst der Fall der Eigentumsverletzung, der jedenfalls vorliegt, wenn eine (im Eigentum des Geschädigten stehende) andere Sache als die fehlerhafte Sache selbst beschädigt wurde. Denn solche Schäden werden traditionell vom Schutzbereich des Deliktsrechts umfasst und sind auch ohne weiteres unter „Vermögen" i.S. des § 7 TwVSG subsumierbar. Für die Bestimmung des Schadensersatzumfangs ist in diesem Fall § 196 TwZGB anwendbar. Danach steht dem Geschädigten bei Sachschäden ein Anspruch auf Wertersatz in Höhe der Wertminderung der beschädigten Sache zu. Insoweit besteht kein Unterschied zum chinesischen oder deutschen Schadensersatzrecht.

Lin/Etgen, Björn, PHi 1995, 191, 194 f.; *Lin Shi-tsung*, Warenhaftung im Verbraucherschutzgesetz, S. 198.
[588] Siehe oben Erster Teil, B. III. 5. a) cc).
[589] Dies trifft in gleicher Weise auf die Höhe des Schmerzensgeldes nach § 195 TwZGB zu. Vgl. *Tseng Lung-hsing*, Modernes Schadensersatzrecht, S. 38 ff.

Fraglich ist dagegen, ob vom Schadensersatzumfang auch solche Vermögensschäden erfasst werden, die allein in der Fehlerhaftigkeit der Sache selbst begründet
sind. Anders als das deutsche Produkthaftungsgesetz oder das chinesische Produktqualitätsgesetz setzt das Verbraucherschutzgesetz nämlich nicht ausdrücklich
voraus, dass der Vermögensschaden außerhalb der fehlerhaften Sache selbst eingetreten sein muss.[590] Angesprochen ist hiermit die Frage, ob der Vermögensbegriff
des § 7 Abs. 2 TwVSG auch das Vermögen als solches umfassen soll oder lediglich
das Eigentum an anderen Sachen.[591]

Schadensposten, die in den Bereich des Vermögens als solches fallen, sind etwa die
in der Fehlerhaftigkeit liegende Wertminderung, die Reparaturkosten zur Behebung
des Fehlers sowie wirtschaftliche Schäden infolge der Nichtverwendbarkeit oder
Zerstörung der fehlerhaften Sache.[592]

Der Begriff „Vermögen als solches" war dem taiwanesischen Recht lange Zeit
fremd. Im Schrifttum wurde er im Zusammenhang mit der Produkthaftung erst 1994
durch *Wang Tze-chien* unter der Bezeichnung „rein wirtschaftlicher Schaden" (*chun
tsui jingji shang sunshi*) behandelt. Anlass hierzu war das Urteil des Obersten Gerichtshofs 1989, Nr. 200 („Fliesen-Fall").[593] In dem Urteil wurde von dem Gericht,
ohne auf die Problematik der Vermögensschäden näher einzugehen, einem Käufer
ein Schaden ersetzt, der in von ihm gezahlten Schadensersatz an Dritte bestand. Eine Eigentumsverletzung lag dagegen nicht vor. Damit wurde von der Rechtsprechung die Frage der Ersatzfähigkeit reiner Vermögensschäden im allgemeinen Deliktsrecht grundsätzlich bejaht. Ob innerhalb der Produkthaftung nach dem Verbraucherschutzgesetz etwas anderes gelten soll, ist vorerst unklar, da die Rechtsprechung insoweit noch keine Gelegenheit zur Stellungnahme hatte.

---

[590] Vgl. § 41 Abs. 1 PQG bzw. § 1 Abs. 1 S. 2 ProdHaftG.

[591] Mittlerweile kann allerdings kaum noch von einem Meinungsstreit in der Literatur gesprochen
werden. Soweit ersichtlich, vertrat vor allem *Chiu Tsung-jr* eine bejahende Haltung gegenüber
dem Ersatz reiner Vermögensschäden, vgl. *Chiu Tsung-jr* in: Vorträge zum Symposium über
rechtliche Probleme des Verbraucherschutzes (1995), S. 195, 217.

[592] Die im deutschen Recht umstrittene Problematik der sog. „Weiterfresserschäden" ist im taiwanesischen Recht gänzlich unbekannt. In der Literatur wird daher auch dann eine Eigentumsverletzung - und damit eine Haftung aus § 7 ff. TwVSG - abgelehnt, wenn ein Fehler in einem funk-
tionell abgrenzbaren Teil des Produkts zur Zerstörung des Gesamtprodukts führt. Siehe *Wang
Tze-chien*, China Law Journal, Oktober 1994, 17 f.

[593] Urteil des Obersten Gerichtshofs, 1989, Nr. 200 („Fliesen-Fall"), abgedruckt in: Auswahl zivil-
und strafrechtlicher Entscheidungen des Obersten Gerichtshofs, Bd. 10/1, S. 57 ff.; siehe zu diesem Fall oben A. II. 3. c).

Die überwiegende Meinung in der Literatur geht indes von einer restriktiven Auslegung des Vermögensbegriffs im Verbraucherschutzgesetz aus. Danach soll unter *caichan* („Vermögen") i.S. des § 7 Abs. 2 TwVSG lediglich das Eigentumsrecht verstanden werden.[594] Dies hat dann zur Folge, dass reine Vermögensschäden nach §§ 7 ff. TwVSG, wie im allgemeinen Deliktsrecht (nach der Literatur),[595] nicht ersatzfähig sind. Begründet wird die restriktive Auslegung des Vermögensbegriffs teilweise damit, dass die Produkthaftung als dem Deliktsrecht zugehörig insbesondere vor Integritätsverletzungen schützen solle, also vor Körper- und Sachschäden, die durch fehlerhafte Produkte entstehen können. Aufgabe des Deliktsrecht sei dagegen nicht, eine ordnungsgemäße Vertragserfüllung zu gewährleisten.[596] Da schon nach allgemeinem Deliktsrecht (§ 184 TwZGB) eine Haftung für reine Vermögensschäden ausgeschlossen sei, dürfe auch für die Produkthaftung nach dem Verbraucherschutzgesetz nichts anderes gelten, zumal das Verbraucherschutzgesetz in § 7 geringere Haftungsanforderungen aufstellt als § 184 TwZGB.[597] Eine einschränkende Auslegung sei auch besser mit der Stellung der §§ 7 ff. TwVSG im Gesetz zu vereinbaren, die sich im Unterkapitel „Gewährleistung von Sicherheit und Gesundheit" befinden. Denn daraus gehe hervor, dass der Zweck der Produkthaftung nach §§ 7 ff. TwVSG vor allem in Schutz der Person liege.[598] Der Schutz des Vermögens als solches trete demgegenüber in den Hintergrund und falle in den Bereich des Vertragsrechts.

Eine Zwischenstellung zwischen dem Normalfall der Eigentumsverletzung durch Beschädigung einer anderen Sache als der fehlerhaften Sache selbst und den rein wirtschaftlichen Schäden nehmen die *Vermögensfolgeschäden* ein. Ein solcher ist anzunehmen, wenn ein Sachschaden einen weiteren Schaden zur Folge hat, der für sich allein betrachtet als reiner Vermögensschaden zu qualifizieren wäre.[599] Vermögensfolgeschäden sind in Taiwan bislang weder im Schrifttum noch in der Rechtsprechung behandelt worden. Jedoch werden Vermögensfolgeschäden ebensowenig wie rein wirtschaftliche Schäden vom engen Vermögensbegriff der h.M. erfasst, da

---

[594] Vgl. *Wang Tze-chien*, China Law Journal, Januar 1995, 13, 19; *Jan Sheng-Lin/Etgen*, *Björn*, PHi 1995, 191, 195; *Chiu Tsung-jr*, Bericht des Sonderausschusses zum TwVSG, S. 63; *Kuo Li-jen*, China Law Journal, Januar 1996, 87, 100.
[595] Siehe oben A. II. 3. c).
[596] *Wang Tze-chien*, China Law Journal, Januar 1995, 13, 19.
[597] *Wang Tze-chien*, China Law Journal, Januar 1995, 13, 19.
[598] *Wang Tze-chien*, China Law Journal, Januar 1995, 13, 19.
[599] Hierzu zählt etwa der Fall, dass durch ein fehlerhaftes Elektrogerät ein Wohnungsbrand entsteht, wodurch die Vermietung der Wohnung unmöglich wird.

insoweit das Integritätsinteresse nicht berührt ist. Konsequenterweise sind daher Vermögensfolgeschäden als Sonderfall der reinen Vermögensschäden ebenfalls vom Schutzbereich des § 7 TwVSG auszuschließen und über das Vertragsrecht geltend zu machen.[600]

3. Strafschadensersatz, § 51 TwVSG

Eine Besonderheit der taiwanesischen Produkthaftung nach dem Verbraucherschutzgesetz ist die Möglichkeit der Geltendmachung von Strafschadensersatz (*chengfaxing sunhai peichang*). Gemäß § 51 TwVSG kann ein Verbraucher, der eine Schadensersatzklage auf der Grundlage des Verbraucherschutzgesetzes erhebt, vom Unternehmer Strafschadensersatz zusätzlich zum regulären Schadensersatz verlangen, soweit ein Verschulden beim Unternehmer vorliegt. Die maximale Höhe des Strafschadensersatzes ist nach § 51 TwVSG abhängig von der Verschuldensart. Sie kann bei Vorsatz bis zum Dreifachen, bei Fahrlässigkeit bis zum Einfachen der tatsächlichen Schadenshöhe betragen.

Die Einführung des aus dem US-amerikanischen Recht stammenden Rechtsinstituts des Strafschadensersatzes stellt ein deutliches Abrücken des taiwanesischen Gesetzgebers vom europäischen Modell dar.[601] Im deutschen bzw. EG-Produkthaftungsrecht existiert nämlich keine entsprechende Regelung. In der Literatur wird § 51 TwVSG zumeist kritisch betrachtet. [602] Nach einer Auffassung widerspreche die in § 51 TwVSG getroffene Regelung dem verfassungsmäßigen Prinzip der Trennung von Privatrecht und Strafrecht, weshalb schon die Verfassungsmäßigkeit des § 51 TwVSG fraglich sei.[603]

Bezweifelt wird im Allgemeinen die Angemessenheit der Gewährung von Strafschadensersatz, vor allem hinsichtlich der fahrlässigen Herbeiführung des Schadens. Im Vergleich zu den *punitive damages* im US-amerikanischen Recht liegen die Anforderungen für einen Anspruch auf Strafschadensersatz nach § 51 TwVSG weit-

---

[600] Anders dagegen das chinesische Produkthaftungsrecht, vgl. oben Erster Teil, B. III. 5. b) bb).

[601] Vgl. *Liu Chun-tang*, Verbraucherschutz und Verbraucherrecht, S. 110.

[602] Vgl. *Chiu Tsung-jr*, Bericht des Sonderausschusses zum TwVSG, S. 70; *Hsu Hsiao-po/Liu Shau-liang* (Hrsg.), Vergleichende Untersuchung, S. 175; *Liu Chun-tang*, Verbraucherschutz und Verbraucherrecht, S. 110; *Liu Wenqi*, Produkthaftung, S. 217.

[603] Vgl. *Liu Chun-tang*, Verbraucherschutz und Verbraucherrecht, S. 111.

aus niedriger. So genügt für § 51 TwVSG bereits der Nachweis leichter Fahrlässigkeit durch den Geschädigten, während punitive damages nach US-amerikanischem Recht i.d.R. nur bei besonders verwerflicher Gesinnung des Schädigers zum Zuge kommen sollen, also mindestens (bedingten) Vorsatz voraussetzen.[604] Es fragt sich hier zu Recht, ob eine Gewährung von Strafschadensersatz in Fällen bloß fahrlässiger Schadensherbeiführung mit dem Argument des Verbraucherschutzes noch zu rechtfertigen ist. Zutreffend ist die Literaturmeinung, die die Regelung in § 51 TwVSG insoweit für verfehlt hält.[605]

Es wird zudem befürchtet, dass bei gleichzeitigem Bestehen von Ansprüchen auf Ersatz immaterieller Schäden (innerhalb des regulären Schadensersatzes) eine Vervierfachung oder Verdopplung dieser Summe zu einer übermäßigen Belastung des Unternehmers führen könne. Dies treffe insbesondere angesichts des Fehlens einer summenmäßigen Haftungsbeschränkung im Verbraucherschutzgesetz zu.[606]

Hinsichtlich der Auslegung des § 51 TwVSG bestehen ebenfalls einige Unklarheiten. So spricht § 51 TwVSG nur vom „Verbraucher" als Anspruchsberechtigten, während für den regulären Schadensersatzanspruch in §§ 7 ff. TwVSG sowohl „Verbraucher" als auch „Dritte", also generell alle Geschädigten anspruchsberechtigt sind. § 51 TwVSG sollte diesbezüglich eng am Wortlaut ausgelegt werden, so dass Dritte, die nicht Benutzer des fehlerhaften Produkts sind, sondern rein zufällig mit dem schädlichen Produkt in Kontakt kommen, von der Möglichkeit der Erlangung von Strafschadensersatz ausgeschlossen sind.[607] Dies erscheint angebracht angesichts des bereits sehr weiten Anwendungsbereichs der Norm. Zudem ist ein Verbraucher hinsichtlich der Gewährung von Strafschadensersatz im Gegensatz zu einem Dritten auch insoweit schutzwürdiger, als der Verbraucher im Normalfall auf den sicheren Gebrauch von Produkten vertraut.

---

[604] Vgl. Restatement (Second) of Torts, section 908 (2): "Punitive damages may be awarded for conduct that is outrageous, because of the defendant's evil motive or his reckless indifference to the rights of others. (...)"; *Grimshaw v. Ford Motor Co.*, 174 Cal. Retr. 348 (1981).

[605] Vgl. *Chiu Tsung-jr*, Bericht des Sonderausschusses zum TwVSG, S. 70; *Hsu Hsiao-po/Liu Shau-liang* (Hrsg.), Vergleichende Untersuchung, S. 175; *Liu Chun-tang*, Verbraucherschutz und Verbraucherrecht, S. 110; *Liu Wenqi*, Produkthaftung, S. 217.

[606] *Hsu Hsiao-po/Liu Shau-liang* (Hrsg.), Vergleichende Untersuchung, S. 175; *Liu Wenqi*, Produkthaftung, S. 218; *Kuo Li-jen*, China Law Journal, Januar 1996, 87, 96, 101.

[607] So auch *Wang Tze-chien*, China Law Journal, Januar 1995, 13, 14.

Fraglich ist auch, ob § 51 TwVSG als Rechtsfolge eine Ermessensentscheidung des Gerichts hinsichtlich der Höhe des zu leistenden Strafschadensersatzes vorsieht und bejahendenfalls nach welchem Maßstab dieses Ermessen auszuüben ist.[608] Der Wortlaut des § 51 TwVSG deutet nicht direkt auf eine Ermessensentscheidung des Gerichts hin, wie dies etwa bei der Haftungsminderung wegen erwiesener Schuldlosigkeit (§ 7 Abs. 3 S. 2 TwVSG) der Fall ist. Es erscheint jedoch wahrscheinlich, dass Gerichte, entsprechend der Praxis beim Ersatz immaterieller Schäden,[609] die vom geschädigten Verbraucher geforderte Strafschadensersatzsumme nach ihrem Ermessen kürzen werden.

4. Keine besonderen Haftungsbeschränkungen

Ähnlich wie das chinesische Produkthaftungsrecht enthalten weder das Verbraucherschutzgesetz noch die Ausführungsverordnung ausdrückliche Haftungsbeschränkungen in Form einer summenmäßigen Haftungshöchstgrenze oder einer Selbstbeteiligung durch den Geschädigten. Insoweit ist dem deutschen Vorbild also nicht gefolgt worden.[610] Ebensowenig ist die Produkthaftung nach §§ 7 ff. TwVSG abhängig von einem privaten Ge- oder Verbrauch der beschädigten Sache durch den Geschädigten.[611] Grundsätzlich können daher auch Unternehmer, wenn in ihrem Betrieb Sachschäden durch fehlerhafte Produkte entstehen, Schadensersatzansprüche nach dem Verbraucherschutzgesetz geltend machen.[612]

V. Beweislastverteilung

Die Frage der Beweislastverteilung ist nur ansatzweise im Verbraucherschutzgesetz bzw. der Ausführungsverordnung geregelt. Es gilt daher nach allgemeinen Beweislastregeln,[613] dass der Geschädigte alle Tatbestandsvoraussetzungen der jeweiligen Anspruchsgrundlage beweisen muss, während der Unternehmer hinsichtlich der

---

[608] *Chiu Tsung-jr*, Bericht des Sonderausschusses zum TwVSG, S. 70.

[609] Vgl. den „Dampfkochtopf-Fall" oben A. II. 3. a).

[610] Vgl. §§ 10, 11 ProdHaftG.

[611] Vgl. im deutschen Recht § 1 Abs. 2 ProdHaftG.

[612] Vgl. *Jan Sen-lin/Feng Jen-yu/Liu Ming-chu*, Einführung in das Verbraucherschutzgesetz, S. 39.

[613] § 277 TwZPG: „Behaupten die Parteien Tatsachen, die ihnen günstig sind, so sind sie für diese Tatsachen beweispflichtig."

Haftungsausschluss- und Haftungsminderungsgründe die Beweislast trägt.[614] Insoweit besteht kein Unterschied zum deutschen oder chinesischen Produkthaftungsrecht.[615]

Im Normalfall der Produkthaftung nach § 7 Abs. 3 TwVSG obliegt dem Geschädigten also, das Vorliegen eines Fehlers, eines Schadens sowie eines Kausalzusammenhangs zwischen Fehler und Schaden zu beweisen. Da sich das Vorliegen eines Fehlers nach § 5 AusfVO bemisst, muss der Geschädigte nachweisen, dass dem betreffenden Produkt die Sicherheit fehlte, die ein durchschnittlicher Verbraucher berechtigterweise erwarten konnte. Fraglich ist, wie sich der Umstand auswirkt, dass § 5 AusfVO den Zeitpunkt des Inverkehrbringens als maßgeblich bezeichnet. Streng genommen müsste der Geschädigte beweisen, dass dem Produkt schon zur Zeit des Inverkehrbringens die gefährliche Eigenschaft anhaftete. Indes dürfte ein solcher Beweis in der Praxis sehr schwer zu erbringen sein. In der Literatur wird für den Beweis des Fehlers daher ein Anscheinsbeweis (*gairan juzheng*) als ausreichend angesehen. [616] Der Geschädigte braucht also nicht die genaue Ursache für die Fehlerbildung zu benennen. Es soll stattdessen genügen, wenn bei Berücksichtigung aller Tatsachen die allgemeine Lebenserfahrung für das Vorliegen eines Fehlers und eines Kausalzusammenhangs spricht.

In einem Urteil des taiwanesischen Obersten Gerichtshofs aus dem Jahre 1996 wurde einem Produktgeschädigten eine Beweiserleichterung unter Hinweis auf den Grundsatz der freien Beweiswürdigung (§ 222 Abs. 2 TwZPG) eingeräumt.[617] In dem Urteil führte das Gerichts aus, für eine Ablehnung eines Schadensersatzanspruchs aus §§ 7 ff. TwVSG sei nicht ausreichend, dass die von einem neutralen Sachverständigen durchgeführte Begutachtung eines Produkts auf Fehler zu keinem Ergebnis kommt. Stattdessen soll gemäß § 222 Abs. 2 TwZPG das Gericht unter Berücksichtigung des gesamten Inhalts der Verhandlung und des Ergebnisses der Beweisaufnahme nach freier Überzeugung entscheiden, ob eine Tatsachenbehaup-

---

[614] *Hsu Hsiao-po/Liu Shau-liang* (Hrsg.), Vergleichende Untersuchung, S. 176 f.; *Jan Sen-lin/Feng Jen-yu/Liu Ming-chu*, Fragen und Antworten zum TwVSG, S. 24; *Kuo Li-jen*, China Law Journal, Januar 1996, 87, 96; *Chu Peh-sung*, National Taiwan University Law Journal, Vol. 24-2 (Juni 1995), 457, 480, 484.

[615] Vgl. oben Erster Teil, B. III. 6.

[616] *Kuo Li-jen*, China Law Journal, Januar 1996, 87, 103; *Chu Peh-sung*, National Taiwan University Law Journal, Vol. 24-2 (Juni 1995), 457, 481, 484 f.

[617] Urteil des Obersten Gerichtshofs, 1996, Nr. 1252, abgedruckt in: *Liu Chao-hsuen* (Hrsg.), Entscheidungssammlung zum Verbraucherschutzgesetz (Bd. 1), S. 3 ff.

tung einer Partei für wahr oder nicht wahr zu erachten ist.[618] In dem betreffenden Fall erlitt ein Verbraucher schwere Verbrennungen als er einen Fonduekocher, zu dem ein Spiritusbrenner gehörte, zum ersten Mal in Betrieb nahm und es dabei zur Explosion des Geräts kam. Beklagte waren der Hersteller und der Verkäufer des Fonduekochers. Eine von beiden Seiten beantragte Begutachtung durch das Warenkontrollamt des Wirtschaftsministeriums führte zu keinem Ergebnis, weil es an einschlägigen staatlichen Produktnormen für Fonduekocher fehlte. Daraufhin wies das Gericht der Ausgangsinstanz die Klage des Verbrauchers ab, mit der Feststellung, dass die Voraussetzungen für einen Schadensersatzanspruch nach § 7 Abs. 3 TwVSG bzw. § 8 Abs. 1 TwVSG nicht vorlägen. Der Oberste Gerichtshof gab der vom Geschädigten eingelegten Revision statt und verwies den Rechtsstreit zur weiteren Aufklärung des Sachverhalts zurück an das Berufungsgericht. Denn dieses habe nicht alle Möglichkeiten der freien Beweiswürdigung ausgeschöpft. Das Urteil des Obersten Gerichtshofs ließ dabei offen, ob tatsächlich ein Anscheinsbeweis für die Annahme eines Fehlers ausreichte und welche Anforderungen an einen solchen Beweis zu stellen sind. Jedoch ist in dem Urteil die Tendenz der Rechtsprechung erkennbar, den Geschädigten grundsätzlich mit Beweiserleichterungen entgegenzukommen.[619] An anderer Stelle steht das Urteil des Obersten Gerichtshofs allerdings deutlich im Widerspruch zum Wortlaut des § 7 Abs. 3 TwVSG. Denn nach Auffassung des Obersten Gerichtshofs habe der beklagte Hersteller zu beweisen, dass im Konstruktions- oder Herstellungsprozess keine Gefahren im Produkt entstanden sind, um eine Haftungsminderung gemäß § 7 Abs. 3 S. 2 TwVSG zu erreichen.[620] Diese Aussage ist in zweifacher Weise nicht zutreffend. Zum einen würde der Beweis der Ungefährlichkeit des Produkts schon zur Verneinung eines Fehlers führen, wodurch eine Haftung erst gar nicht zustandekäme. Zum anderen ist für eine Haftungsminderung nach § 7 Abs. 3 S. 2 TwVSG vielmehr ein Nachweis der Schuldlosigkeit durch den Unternehmer erforderlich.

Ein Verschuldensnachweis durch den Geschädigten erübrigt sich grundsätzlich für die Haftung nach §§ 7 ff. TwVSG. Nur für den Fall, dass der Geschädigte vom Unternehmer die Zahlung von Strafschadensersatz nach § 51 TwVSG verlangt, ist der

---

[618] *Liu Chao-hsuen* (Hrsg.), Entscheidungssammlung zum Verbraucherschutzgesetz (Bd. 1), S. 3, 5.

[619] Urteil des Obersten Gerichtshofs, 1996, Nr. 1252, abgedruckt in: *Liu Chao-hsuen* (Hrsg.), Entscheidungssammlung zum Verbraucherschutzgesetz (Bd. 1), S. 3, 5.

[620] *Liu Chao-hsuen* (Hrsg.), Entscheidungssammlung zum Verbraucherschutzgesetz (Bd. 1), S. 3, 5 f.

Geschädigte aufgefordert, Vorsatz oder Fahrlässigkeit beim Unternehmer nachzu-weisen. Insoweit kommen dem Geschädigten keine Beweiserleichterung zugute. Denn eine restriktive Handhabung der Gewährung von Strafschadensersatz erfordert einen positiven Verschuldensnachweis durch den Geschädigten.[621]

Richtet sich die Klage des Geschädigten gegen einen Vertriebshändler, so ergibt sich für die Beweislast kein Unterschied gegenüber einer Klage gegen den Herstel-ler. Denn notwendig für eine gesamtschuldnerische Haftung des Vertriebshändlers nach § 8 TwVSG ist das Vorliegen der Voraussetzungen des § 7 TwVSG.[622]

Macht der Hersteller die Entwicklungsrisiko-Einrede geltend, so obliegt ihm gemäß § 6 AusfVO zu beweisen, dass das betreffende Produkt zum Zeitpunkt des Inver-kehrbringens dem seinerzeitigen technischen oder fachlichen Standard entsprach. Für eine Haftungsminderung aufgrund fehlenden Verschuldens (§ 7 Abs. 3 S. 2 TwVSG) trägt der Hersteller ebenfalls die Beweislast.

Vertriebshändler, die nicht als Quasi-Hersteller in Anspruch genommen werden, müssen für eine Haftungsbefreiung nach § 8 Abs. 1 S. 2 TwVSG beweisen, dass sie die zur Schadensvermeidung angemessene Sorgfalt beachtet haben oder dass selbst eine Beachtung angemessener Sorgfalt den Schadenseintritt nicht verhindern konnte. Da es hierbei, wie oben gesehen, nicht um die Fehlerentstehung, sondern um den fahrlässigen Verkauf einer fehlerhaften Sache geht, dürften im Vergleich zur Entla-stung des Herstellers nach § 7 Abs. 3 S. 2 TwVSG niedrigere Anforderungen an diesen Beweis zu stellen sein.

VI. Verjährung

Auch hinsichtlich der Verjährung enthalten weder das Verbraucherschutzgesetz noch die Ausführungsverordnung spezielle Vorschriften. In der Literatur wird von der Anwendbarkeit der allgemeinen Verjährungsregeln des Zivilgesetzbuches aus-gegangen.[623] Nach § 197 Abs. 1 TwVSG gilt für deliktsrechtliche Ansprüche eine Verjährungsfrist von zwei Jahren ab Kenntnis des Schadens und des Ersatzpflichti-

---

[621] Vgl. *Yang Chien-hua*, Judicial Weekly, Nr. 679 (29. Juni 1994), S. 3.
[622] Siehe oben III. 2. b).

gen. Unabhängig davon erlöschen deliktische Ansprüche zehn Jahre nach Begehung der unerlaubten Handlung. Innerhalb der Produkthaftung ist der Zeitpunkt der Begehung der unerlaubten Handlung, ähnlich wie in § 13 ProdHaftG, mit dem Zeitpunkt des Inverkehrbringens des Produkts gleichzusetzen.[624]

Im Vergleich zum chinesischen Produkthaftungsrecht besteht eine Übereinstimmung sowohl hinsichtlich der zweijährigen Verjährungsfrist als auch hinsichtlich der zehnjährigen Ausschlussfrist.[625] Im Unterschied zu § 197 Abs. 1 TwVSG beginnt im chinesischen Recht nach § 45 Abs. 2 PQG die Ausschlussfrist erst mit dem Zeitpunkt der Übergabe des Produkts an den ersten Verbraucher, nicht bereits mit dem Inverkehrbringen durch den Hersteller. Die chinesische Verjährungsregelung kann daher als verbraucherfreundlicher angesehen werden. Andererseits liegt der Zweck der zehnjährigen Ausschlussfrist vor allem in einem Schutz des Herstellers vor einer zeitlich unbegrenzten Haftung. Wenn man aber, wie im chinesischen Recht, für den Fristbeginn auf die Empfangnahme des Produkts durch den ersten Verbraucher abstellt, so macht man die Ausschlussfrist vom Verhalten eines Vertriebshändlers abhängig. Mithin bestünde die Gefahr des Leerlaufens dieser Frist, weshalb das Modell des § 13 Abs. 1 ProdHaftG, also ein Abstellen auf den Zeitpunkt des Inverkehrbringens, angemessener erscheint.

VII. Internationale Zuständigkeit und Kollisionsrecht

Die internationale Zuständigkeit inländischer Gerichte ist im taiwanesischen Recht, anders als im chinesischen Recht,[626] nicht ausdrücklich geregelt worden. Es ist jedoch davon auszugehen, dass auch in Taiwan das Prinzip des Gleichlaufs zwischen örtlicher und internationaler Zuständigkeit zur Anwendung kommt, so dass ein örtlich zuständiges taiwanesisches Gericht grundsätzlich auch international zuständig ist.[627]

---

[623] Vgl. *Chiu Tsung-jr* in: Vorträge zum Symposium, S. 195, 237; *Jan Sheng-Lin/Etgen, Björn*, PHi 1995, 191, 197.

[624] Vgl. *Jan Sheng-Lin/Etgen, Björn*, PHi 1995, 191, 197.

[625] Vgl. § 45 Abs. 1 u. 2 PQG; siehe oben Erster Teil, B. III. 7.

[626] Vgl. oben Erster Teil, B. IV.

[627] Diesem Prinzip liegt die Überlegung zugrunde, dass sowohl die örtliche als auch die internationale Zuständigkeit der Bestimmung des räumlich besten Gerichts dient. Vgl. *Kegel/Schurig*, Internationalse Privatrecht, S. 897. Dafür, dass im taiwanesischen Prozessrecht etwas anderes gelten soll, gibt es keine Anhaltspunkte. Vielmehr spricht die Geltung des Tatortprinzips im taiwane-

Nach § 15 des taiwanesischen Zivilprozessgesetzes gilt für Klagen aufgrund unerlaubter Handlungen der besondere Gerichtsstand des Tatorts. Hieraus folgt, dass taiwanesische Gerichte auch international zuständig sind bei Klagen die sich gegen ausländische Hersteller von Produkten richten, soweit die Rechtsgutsverletzung in Taiwan eingetreten ist.

Parallel hierzu bestimmt § 9 des taiwanesischen IPR-Gesetzes (1953), dass für Fälle der unerlaubten Handlung das Recht am Tatort (lex loci delicti commissi) anzuwenden ist. Unter dem Tatort dürfte hierbei nicht nur der Handlungsort, sondern auch der Ort der Rechtsgutsverletzung zu verstehen sein. Insoweit besteht kein grundsätzlicher Unterschied zum IPR in Deutschland oder in der VR China.[628] In dem Fall, dass taiwanesische Staatsangehörige in Taiwan Schäden durch Produkte ausländischer Hersteller erleiden, gilt daher regelmäßig taiwanesisches Recht.

---

sischen Kollisionsrecht (§ 9 IPR-Gesetz) für einen Gleichlauf zwischen örtlicher und internationaler Zuständigkeit.

[628] Hier ist, ähnlich wie beim chinesischen IPR (vgl. oben Erster Teil, B. IV.), anzumerken, dass die Probleme im Zusammenhang mit der Anknüpfung an den Tatort im taiwanesischen Schrifttum bisher kaum diskutiert worden sind. Eine differenzierte Aussage hinsichtlich der Auslegung des Tatortbegriffs in § 15 ZPG und § 9 IPR-Gesetz lässt sich daher nur schwer machen. Es gilt insoweit das bereits oben zum chinesischen IPR Gesagte, siehe oben Erster Teil, B. IV. und Fn. 380.

C. Zusammenfassung des zweiten Teils

In Taiwan begann sich die Rechtswissenschaft seit etwa 1970 mit dem Thema Produkthaftung zu befassen, wobei von Anfang an traditionellerweise großes Augenmerk auf die Entwicklungen im europäischen, insbesondere im deutschen, Recht gelegt wurde. Auslöser für die Entstehung der Produkthaftungsproblematik in Taiwan war der Wandel der taiwanesischen Gesellschaft von einer Agrargesellschaft hin zu einer Industriegesellschaft, was insbesondere durch den Aufstieg Taiwans zu einem bedeutenden Exportland während der 60er und 70er Jahre bedingt war. Die zunehmende Industrialisierung des Landes und der beginnende Massenkonsum brachte typischerweise eine Häufung von produktbezogenen Schadensfällen mit sich, welche schließlich eine Produkthaftungsdiskussion unter taiwanesischen Juristen entfachte. Ein kollektives Verbraucherbewusstsein war zu jener Zeit jedoch kaum vorhanden und begann sich erst später zu entwickeln, weshalb es lange Zeit an Impulsen für die taiwanesische Gesetzgebung fehlte. Von einer taiwanesischen Verbraucherbewegung kann tatsächlich erst seit Mitte der 80er Jahre gesprochen werden. Sie trug maßgeblich zur Schaffung eines Verbraucherschutzgesetzes (TwVSG) bei, das schließlich im Januar 1994 vom taiwanesischen Parlament verabschiedet wurde.

Vor der Einführung des Verbraucherschutzgesetzes konnten Produktgeschädigte regelmäßig nur über den Weg des allgemeinen Deliktsrechts (§ 184 TwZGB) Schadensersatz vom Hersteller verlangen. Eine Geltendmachung vertraglicher Ansprüche kam dagegen in den meisten Fällen mangels vertraglicher Beziehung zwischen Geschädigtem und Hersteller nicht in Betracht.

Ähnlich der Situation in anderen Rechtsordnungen bestand der Hauptnachteil der Produkthaftung nach allgemeinem Deliktsrecht in der Verschuldensabhängigkeit der Haftung, die den Geschädigten von vornehrein in eine schwächere Position gegenüber dem Hersteller versetzte. Anders als in Deutschland billigte die Rechtsprechung in Taiwan dem Geschädigten auch keine Beweiserleichterung in Form einer Verschuldensvermutung über den Weg der richterlichen Rechtsfortbildung zu. Eine angemessene Bewältigung der Produkthaftungsproblematik war daher über das allgemeine Deliktsrecht nicht zu erreichen.

Erst mit dem Inkrafttreten des Verbraucherschutzgesetzes im Januar 1994 und der ergänzend durch den Exekutiv-Yuan im November 1994 erlassenen Ausführungsverordnung hat sich die Position des Verbrauchers im Bereich der Produkthaftung, jedenfalls im Hinblick auf die Gesetzeslage, deutlich verbessert. Wesentliches Merkmal der in §§ 7 ff. TwVSG geregelten Produkthaftung ist deren Verschuldensunabhängigkeit, die in erster Linie auf die Haftung von Herstellern und Importeuren Anwendung findet, während für Vertriebshändler in § 8 Abs. 1 TwVSG für den Regelfall eine Haftung aus vermutetem Verschulden statuiert wird.

Hersteller haften nach § 7 Abs. 3 TwVSG bei Verletzung einer der in § 7 Abs. 1 und 2 TwVSG aufgestellten Herstellerpflichten. Hauptsächliche Bedeutung kommt dabei der Gefahrvermeidungspflicht in § 7 Abs. 1 TwVSG zu, die bei Vorliegen eines Produktfehlers als verletzt gilt. Dagegen spielt die in § 7 Abs. 2 TwVSG geregelte Warn- und Instruktionspflicht eher eine ergänzende Rolle. Entsprechend dem Prinzip der Verschuldensunabhängigkeit kommt es bei der Herstellerhaftung nur auf eine objektive Pflichtverletzung an, die, wie erwähnt, i.d.R. im Bestehen eines Produktfehlers liegt. Eine schuldhafte Pflichtverletzung ist für die Begründung der Haftung als solche nicht erforderlich. Die Frage des Herstellerverschuldens wird dagegen relevant für den Haftungsminderungsgrund nach § 7 Abs. 3 S. 2 TwVSG sowie für die Gewährung von Strafschadensersatz nach § 51 TwVSG. Die Produkthaftung nach dem Verbraucherschutzgesetz kann daher als eine Art „eingeschränkt verschuldensunabhängige Haftung" bezeichnet werden. In diesem Punkt weicht die taiwanesische Produkthaftung deutlich vom europäischen Produkthaftungsrecht in der Form der EG-Produkthaftungsrichtlinie ab, die ansonsten zusammen mit dem deutschen Produkthaftungsgesetz Vorbildfunktion besaß.

Hinsichtlich des vom Verbraucherschutzgesetz gebrauchten Produktbegriffs ist anzumerken, dass er neben beweglichen Sachen auch Immobilien sowie reine Naturerzeugnisse beinhaltet, also wesentlich weiter gefasst ist als der Produktbegriff im deutschen Produkthaftungsrecht.

Der Begriff des Fehlers, der in § 7 TwVSG als „Gefahr für die Sicherheit oder Hygiene" umschrieben wird, folgt dagegen weitgehend dem europäischen Modell. Nach der Legaldefinition in § 5 AusfVO ist unter einer „Gefahr für die Sicherheit oder Hygiene" das Fehlen derjenigen Sicherheit im Produkt zu verstehen, die der Verbraucher normalerweise und vernünftigerweise erwarten kann. Es soll dabei auf die Sicht eines durchschnittlichen, idealtypischen Verbrauchers ankommen. Mithin wird zur Fehlerbestimmung ein objektiver Maßstab angelegt.

Nicht umfassend geregelt sind die auf die Produkthaftung anwendbaren Haftungsausschlussgründe. Eine diesbezügliche Aufzählung enthalten weder das Verbraucherschutzgesetz noch die Ausführungsverordnung. Einzig die aus dem europäischen und US-amerikanischen Recht bekannte Entwicklungsrisiko-Einrede wurde in § 5 Abs. 1 S. 2 AusfVO explizit aufgenommen. Zu beachten ist hierbei, dass eine Einhaltung des seinerzeitigen technischen oder wissenschaftlichen Standards bereits zum Ausschluss eines *Fehlers* führt, ein Anspruch also erst gar nicht entsteht. Problematisch ist die Auslegung des Begriffs „Entwicklungsrisiko" in der taiwanesischen Literatur, da dort die Tendenz erkennbar ist, nicht nur für Konstruktionsfehler, sondern auch für Herstellungsfehler die Entwicklungsrisiko-Einrede zuzulassen. Die Folge hiervon wäre jedoch ein Haftungsausschluss für sog. „Ausreißer", was durch die verschuldensunabhängige Produkthaftung gerade verhindert werden soll.

Für die Frage der Beweislastverteilung enthalten das Verbraucherschutzgesetz bzw. die Ausführungsverordnung (mit Ausnahme des § 6 AusfVO für die Entwicklungsrisiko-Einrede) keine besondere Vorschrift. Nach allgemeinen Beweislastregeln trägt daher der Geschädigte die Beweislast für die Haftungsvoraussetzungen Fehler, Schaden und Kausalität, während der Hersteller etwaige Haftungsausschluss- oder Haftungsminderungsgründe (insbesondere Schuldlosigkeit nach § 7 Abs. 3 S. 2 TwVSG) zu beweisen hat.

Vertriebshändler haften nach § 8 Abs. 1 TwVSG gesamtschuldnerisch mit dem Hersteller, wobei die Voraussetzungen des § 7 Abs. 3 TwVSG durch einen Hersteller erfüllt sein müssen. Der Vertriebshändler kann sich jedoch gemäß § 8 Abs. 1 S. 2 TwVSG von der Haftung befreien, falls er beweisen kann, dass er die zur Schadensvermeidung erforderliche Sorgfalt beachtet hat bzw. dass der Schadenseintritt selbst bei Einhaltung dieser Sorgfalt unvermeidbar gewesen war. Geschuldet ist hierbei eine vertriebshändlerspezifische Sorgfaltspflicht, die nicht auf die Entstehung eines Fehlers, sondern lediglich auf die Erkennbarkeit von Fehlern gerichtet ist. Im Grunde genommen wird von § 8 Abs. 1 TwVSG nur der fahrlässige Weiterverkauf bereits fehlerhafter Produkte erfasst, nicht dagegen Fälle, in denen Produkte erst durch ein Verhalten des Vertriebshändlers fehlerhaft werden. Denn diese Fälle werden weitgehend von § 8 Abs. 2 TwVSG abgedeckt. Danach haftet ein Vertriebshändler wie ein Hersteller, d.h., unter den Voraussetzungen des § 7 TwVSG, falls er Waren neu verpackt oder Verpackungseinheiten ändert. Der Wortlaut ist indes missverständlich, da „neu verpacken" nicht bloß die Verpackung bezeichnet, sondern auch jede Modifizierung der Sache selbst, wie § 8 AusfVO klarstellt.

Der Umfang des Schadensersatzes bestimmt sich mangels spezieller Vorschriften nach den Regeln des allgemeinen Deliktsrecht (§§ 192 ff. TwZGB). Danach sind grundsätzlich Personen- und Sachschäden zu ersetzen. Umstritten ist hierbei, ob auch immaterielle Schäden (bei Personenschäden) sowie reine Vermögensschäden (bei Sachschäden) in der verschuldensunabhängigen Produkthaftung ersatzfähig sind. Die h.M. bejaht erstere Frage. Geschädigte sollen über die Deliktsnormen §§ 194, 195 TwZGB grundsätzlich auch Hinterbliebenentrostgeld bzw. Schmerzensgeld verlangen können.

Reine Vermögensschäden sollen dagegen, im Einklang mit europäischem Recht, nicht nach §§ 7 ff. TwVSG ersetzbar sein. Anders als das Vertragsrecht schütze das Deliktsrecht, zu dem auch die Produkthaftung nach §§ 7 ff. TwVSG gehört, ausdrücklich das Integritätsinteresse, weshalb der hierbei gebrauchte Vermögensbegriff restriktiv auszulegen sei. Deshalb sind beispielsweise solche Schäden nicht zu ersetzen, die lediglich in einer Beschädigung oder Nichtverwendbarkeit der fehlerhaften Sache selbst liegen. Darüberhinaus gilt dies auch für alle übrigen Vermögensschäden, die nicht das tatsächlich bestehende Eigentum betreffen (sog. Vermögensfolgeschäden). „Vermögen" i.S. der §§ 7 ff. TwVSG ist daher i.S. von „Eigentum" zu lesen.

Gegenstand kontroverser Diskussion ist die in § 51 TwVSG vorgesehene Möglichkeit des Strafschadensersatzes auch bei bloß fahrlässiger Schadensverursachung. Gemäß § 51 TwVSG kann der geschädigte Verbraucher vom Unternehmer, zusätzlich zum regulären Schadensersatz, Strafschadensersatz verlangen, soweit er ein Verschulden des Unternehmers nachweisen kann. Die Höhe des Strafschadensersatzes kann bei Vorsatz bis zum Dreifachen, bei Fahrlässigkeit bis zum Einfachen der tatsächlichen Schadenssumme betragen. Die Angemessenheit einer doppelten Belastung des Unternehmers bei nachgewiesener leichter Fahrlässigkeit wird in der Literatur allgemein bezweifelt.

Für Schadensersatzansprüche des Geschädigten nach §§ 7 ff. TwVSG gilt die deliktsrechtliche Verjährungsnorm § 197 Abs. 1 TwZGB. Danach verjähren Ansprüche auf Schadensersatz in zwei Jahren ab Kenntniserlangung des Schadens und des Schädigers. Unabhängig davon erlöschen sie zehn Jahre nach Inverkehrbringen des fehlerhaften Produkts.

Im Gegensatz zum deutschen Produkthaftungsgesetz sehen das Verbraucherschutzgesetz und die Ausführungsverordnung weder eine Selbstbeteiligung des Geschädigten für Sachschäden noch eine Haftungshöchstgrenze bei Personenschäden vor. Genausowenig setzt die Produkthaftung nach §§ 7 ff. TwVSG im Fall von Sachschäden einen privaten Gebrauch der beschädigten Sache voraus, wie dies etwa in § 1 Abs. 1 S. 2 ProdHaftG der Fall ist.

Angesichts der relativen Neuheit des Verbraucherschutzgesetzes und der Tatsache, dass die taiwanesischen Gerichte sich bisher kaum mit Produkthaftungsfällen befasst sahen, ist eine abschließende Bewertung der Produkthaftungsregeln nicht leicht zu treffen. Zunächst ist festzustellen, dass durch das Verbraucherschutzgesetz eine Stärkung der Verbraucherposition eingetreten ist, was ganz der Absicht des Gesetzgebers entspricht. Im Bereich der Produkthaftung ist dies vor allem der Einführung der verschuldensunabhängigen Haftung für Hersteller in § 7 TwVSG zu verdanken, wodurch die frühere verschuldensabhängige Produkthaftung nach allgemeinem Deliktsrechts (§ 184 TwZGB) abgelöst wurde. Hierin ist auch das Hauptverdienst des Verbraucherschutzgesetzes zu erblicken. Denn im Detail betrachtet können die Produkthaftungsregeln des Verbraucherschutzgesetzes nicht recht überzeugen. Zum einen liegt dies in der Unvollständigkeit der Regelung, für die schon die geringe Zahl der Produkthaftungsnormen ein Indiz ist. Zu bemängeln ist in diesem Zusammenhang auch die wenig sinnvolle Verteilung der Vorschriften auf zwei Regelungswerke. Obwohl es zu begrüßen ist, dass in einigen wichtigen Fragen, so insbesondere bezüglich des Fehlerbegriffs, eine nahe Orientierung am europäischen Recht erfolgte, so ergibt sich doch insgesamt der Eindruck, dass die Rezeption fremden Rechts im Verbraucherschutzgesetz bzw. in der Ausführungsverordnung nicht vollständig gelungen ist. Erkennbar ist dies bereits an den teilweise erheblichen Auslegungsschwierigkeiten hinsichtlich des Gesetzestextes.

Als problematisch erweist sich auch das andere Extrem, nämlich das krasse Abweichen vom „Weltstandard" der Produkthaftung. Ein deutliches Beispiel hierfür liefert die Gleichstellung von Dienstleistungen und Produkten in den §§ 7 ff. TwVSG, was angesichts der verschuldensunabhängigen Haftung für Produkte bedenklich erscheint. Ähnlich zu beurteilen ist, wie erwähnt, die in § 51 TwVSG vorgesehene Möglichkeit des Strafschadensersatzes auch bei bloß leicht fahrlässiger Schadensverursachung.

Abschließend ist festzuhalten, dass mit der Einführung der verschuldensunabhängigen Produkthaftung in den §§ 7 ff. TwVSG ein erster wichtiger Schritt hin zu einem effektiveren und verbraucherfreundlicheren Produkthaftungsrecht gemacht worden ist. Wie gesehen, bestehen in den Einzelheiten noch viele Unstimmigkeiten, die letztendlich nur über den Weg der Gesetzesnovelle beseitigt werden können. Ob und inwieweit eine angemessene Behandlung der Produkthaftungsproblematik durch die Regeln des Verbraucherschutzgesetzes und der Ausführungsverordnung gewährleistet wird, hängt zudem auch von der Entscheidungspraxis der Gerichte ab, die bisher kaum in Erscheinung getreten sind.

Dritter Teil: Vergleichende Analyse

Abschließend sollen die Regelungen des chinesischen und taiwanesischen Produkthaftungsrechts gegenübergestellt und verglichen werden. Ziel ist es, Unterschiede und Ähnlichkeiten in den wichtigsten Regelungspunkten zusammenfassend festzuhalten, um zu einer besseren Beurteilung der beiden Systeme zu gelangen.

Der Vergleich soll sich hierbei lediglich auf die in den Jahren 1993 bzw. 1994 eingeführten neuen Produkthaftungsvorschriften im chinesischen Produktqualitätsgesetz (PQG) bzw. taiwanesischen Verbraucherschutzgesetz (TwVSG) einschließlich der dazugehörigen Ausführungsverordnung (AusfVO) beschränken.

A. Vergleich der Art der Regelung und des allgemeinen Verständnisses von Produkthaftung

Zunächst ist festzustellen, dass sowohl das Produktqualitätsgesetz als auch das Verbraucherschutzgesetz (einschließlich der Ausführungsverordnung) nur eine sehr geringe Zahl von Normen enthalten, die sich mit der Produkthaftung i.S. einer zivilrechtlichen Schadensersatzhaftung befassen. In beiden Systemen wird die Produkthaftung nur mit je etwa sieben bis neun Paragraphen bedacht, wodurch bereits die Unvollständigkeit der bestehenden Regelungen sowohl im chinesischen als auch im taiwanesischen Recht erahnbar wird.[629]

Gemeinsam ist beiden Systemen, dass unter dem Begriff „Produkthaftung" im Allgemeinen nicht nur die Herstellerhaftung, sondern auch die Haftung des Vertriebshändlers, also auch des „einfachen Verkäufers" verstanden wird, obwohl die Konsequenzen im Einzelnen unterschiedlich sind. Die in der VR China und in Taiwan gebrauchten Produkthaftungsbegriffe stimmen in ihrer Bedeutung nur in ihrem Kern überein. Denn in der VR China entwickelte sich das heutige Produkthaftungsrecht teilweise aus dem Bereich des Verwaltungsrechts, was auch in der Integrierung der Produkthaftung im Produktqualitätsgesetz deutlich wird, ein Gesetz, das weitgehend öffentlich-rechtlichen Charakter besitzt. Im chinesischen Recht besitzt der Begriff „Produkthaftung" daher teilweise auch einen öffentlich-rechtlichen Aspekt. Dage-

---

[629] Das deutsche Produkthaftungsgesetz enthält im Vergleich dazu ca. 16 Produkthaftungsvorschriften.

gen wurde in Taiwan die Produkt- oder Warenhaftung von Anfang an in einem zivilrechtlichen Sinne verstanden. Im Vergleich zur Rechtslage in der VR China ist die Produkthaftung in Taiwan auch enger mit der Dienstleistungshaftung verbunden, für die eine identische Regelung gilt. Für die Produkthaftung im eigentlichen Sinne ergeben sich daraus aber keine Konsequenzen.

B. Vergleich der Haftungsprinzipien und -grundlagen

Wichtigstes Merkmal der Produkthaftungsregeln in beiden Rechtsordnungen ist die Statuierung einer verschuldensunabhängigen Haftung für den Kernbereich der Produkthaftung, nämlich für die Herstellerhaftung. Die VR China und Taiwan folgen hierbei erkennbar dem Modell der EG-Produkthaftungsrichtlinie. Während jedoch im chinesischen Recht § 41 PQG insoweit eher klarstellende Funktion zum früheren § 122 AGZ zukommt, indem er an der Verschuldensunabhängigkeit nunmehr keinen Zweifel lässt, stellt § 7 TwVSG im taiwanesischen Recht einen bedeutenden Fortschritt zur bisherigen Rechtslage dar. Denn durch § 7 TwVSG wurde erstmals der Wandel von der reinen Verschuldenshaftung des allgemeinen Deliktsrecht (§ 184 TwZGB) zu einer verschuldensunabhängigen Produkthaftung vollzogen.[630]

In gesetzgebungstechnischer Hinsicht unterscheiden sich die jeweiligen Anspruchsgrundlagen der Herstellerhaftung und Vertriebshändlerhaftung (oder Verkäuferhaftung) deutlich voneinander. § 7 TwVSG stellt in den Absätzen 1 und 2 zunächst Herstellerpflichten auf und macht in einem zweiten Schritt in Absatz 3 die Haftung des Herstellers von der Verletzung einer dieser Pflichten abhängig. Insbesondere trägt der Hersteller nach § 7 Abs. 1 TwVSG die Pflicht, für die Gefahrlosigkeit der Produkte zu sorgen. § 7 TwVSG scheint hierin die im Rahmen des allgemeinen Deliktsrecht anerkannte Lehre der Verkehrssicherungspflichten widerzuspiegeln. Ein Verschulden soll aber trotzdem nicht erforderlich sein. Auch soll es an der Verschuldensunabhängigkeit der Haftung nichts ändern, dass die Schuldlosigkeit des Herstellers nach § 7 Abs. 1 S. 2 TwVSG haftungsmindernde Wirkung haben kann.

---

[630] Die mit erheblicher Verzögerung im Jahre 1999 erfolgte Einführung einer Herstellerhaftung aus vermutetem Verschulden nach § 191-1 TwZGB kennzeichnet demgegenüber eine rückläufige Entwicklung, die aber in der Praxis, wegen des Vorrangs des Verbraucherschutzgesetzes, ohne Auswirkung bleiben dürfte.

Demgegenüber beschreitet das chinesische Recht in § 41 PQG einen direkteren Weg zur Begründung der verschuldensunabhängigen Haftung. Denn dort wird die Haftung des Herstellers unmittelbar an das Bestehen eines Produktfehlers angeknüpft. Es kann sich daher gar nicht die Frage eines Verschuldens stellen. Insoweit ist § 41 PQG näher an die EG-Produkthaftungsrichtlinie angelehnt als § 7 TwVSG. In beiden Rechtsordnungen haften mehrere Hersteller bzw. als Hersteller anzusehende Unternehmer auch gesamtschuldnerisch für den entstandenen Schaden.

Während sich § 7 TwVSG und § 41 PQG hinsichtlich des Haftungsprinzips bei der Herstellerhaftung im Ergebnis nicht unterscheiden, bestehen andererseits Differenzen bei der Haftung des Vertriebshändlers nach § 8 TwVSG bzw. §§ 42, 43 PQG.

Im taiwanesischen Recht haften zwar Vertriebshändler gemäß § 8 Abs. 1 TwVSG grundsätzlich gesamtschuldnerisch mit dem Hersteller, jedoch sind sie hiervon befreit, soweit sie die Beachtung angemessener Sorgfalt bzw. die Unvermeidbarkeit des Schadens trotz Beachtung dieser Sorgfalt nachweisen können. Im Gegensatz zum Hersteller haftet der Vertriebshändler also verschuldensabhängig, wobei eine Verschuldensvermutung zu Lasten des Vertriebshändlers aufgestellt wird. Zu beachten ist, dass sich das Verschulden in § 8 Abs. 1 TwVSG, anders als in der chinesischen Regelung in § 42 PQG, nicht auf die Fehlerverursachung bezieht, sondern lediglich auf eine unterbliebene Entdeckung des Fehlers. Gehaftet wird schließlich für den fahrlässigen Weiterverkauf eines bereits fehlerhaften Produkts.

Im chinesischen Recht ist hinsichtlich der Haftung des Vertriebshändlers zu beachten, dass der Gesetzestext der §§ 42, 43 PQG in der Literatur unterschiedlich interpretiert wird. Die h.M. geht von einer gesamtschuldnerischen Haftung des Vertriebshändlers neben dem Hersteller ohne Einredemöglichkeit gegenüber dem Geschädigten aus. Im Ergebnis haften Vertriebshändler also wie Hersteller unabhängig von einem Verschulden. Die h.M. stellt dabei nicht auf § 42 PQG, sondern auf § 43 PQG als maßgebliche Haftungsgrundlage ab. Nach einer einschränkenden Meinung regelt § 43 PQG dagegen lediglich das Innenverhältnis zwischen Hersteller und Vertriebshändler, während für die Haftungsbegründung im Außenverhältnis auf § 42 PQG abzustellen sei. § 42 PQG mache in seinem Wortlaut deutlich, dass Vertriebshändler nur bei schuldhafter Fehlerverursachung haften sollen, in Wirklichkeit also nach einer reinen Verschuldenshaftung ohne Verschuldensvermutung haften. Diese vorzugswürdige einschränkende Auslegung scheint sich aber bisher nicht durchgesetzt zu haben, weshalb in der Praxis von einer verschuldensunabhängigen Haftung des Vertriebshändlers auszugehen ist. So gesehen ist die taiwanesische Regelung deutlich weniger belastend für Vertriebshändler als die chinesische Regelung (nach der h.M.). Abzuwarten bleibt allerdings, wie die Verschuldenshaftung des Vertriebshändlers in der taiwanesischen Rechtsprechungspraxis gehandhabt wird, was vor allem von den Anforderungen an die vertriebshändlerspezifische Sorgfaltspflicht abhängt.

Sowohl das chinesische Produktqualitätsgesetz als auch das taiwanesische Verbraucherschutzgesetz enthalten Regeln für eine Quasi-Herstellerhaftung des Vertriebshändlers. In § 42 Abs. 2 PQG ist dem Modell der EG-Produkthaftungsrichtlinie gefolgt worden. Danach soll der Vertriebshändler anstelle des Herstellers haften, falls er den Hersteller oder Lieferanten des fehlerhaften Produkts nicht benennen kann. Da Vertriebshändler nach h.M. ohnehin verschuldensunabhängig haften, kann diese Vorschrift für die Praxis aber als gegenstandslos angesehen werden. Das taiwanesische Recht sieht in § 8 Abs. 2 TwVSG eine Quasi-Herstellerhaftung des Vertriebshändlers nur für Fälle vor, in denen der Vertriebshändler Veränderungen am Produkt oder seiner Verpackung vornahm. Eine Quasi-Herstellerhaftung in der Art des § 42 Abs. 2 PQG wurde dagegen nicht im Verbraucherschutzgesetz aufgenommen. Eine solche Regelung dürfte sich angesichts der Verschuldensvermutung nach § 8 Abs. 1 S. 2 TwVSG aber erübrigen. Denn zur Beachtung der angemessenen Sorgfalt muss auch die Kenntnis vom Hersteller des Produkts gehören.

C. Vergleich einzelner Regelungspunkte

I. Produktbegriff

Der Produktbegriff, der den sachlichen Anwendungsbereich der Produkthaftung beschreibt, ist in beiden Rechtsordnungen unterschiedlich weit geregelt. Das chinesische Produktqualitätsgesetz, das genau genommen keine wirkliche Definition des Produktbegriffs enthält, bestimmt in § 2 Abs. 2 lediglich, dass für die Produkteigenschaft i.S. des Produktqualitätsgesetzes eine Verarbeitung oder Herstellung vorausgesetzt wird. Unverarbeitete Naturprodukte werden damit vom Anwendungsbereich der Produkthaftung ausgeschlossen. Gleiches gilt nach § 2 Abs. 3 PQG für Gebäude.

Demgegenüber ist der in §§ 7 ff. TwVSG geltende Produktbegriff nach der Definition in § 4 AusfVO erheblich weiter gefasst. Als maßgebliches Kriterium wird dort nicht eine Verarbeitung oder Herstellung einer Sache angesehen, sondern die Eigenschaft der Sache als Gegenstand des Handelsverkehrs. Daher werden auch Produkte der Land-, Forst- und Jagdwirtschaft sowie Fischereiprodukte als Produkte i.S. der §§ 7 ff. TwVSG angesehen. Nach § 4 AusfVO ist für die Produkteigenschaft auch unerheblich, ob es sich um bewegliche oder nicht bewegliche Sachen handelt.

II. Fehlerbegriff

Hinsichtlich des Fehlerbegriffs orientieren sich beide Rechtsordnungen am Fehlerbegriff der EG-Produkthaftungsrichtlinie. Dies zeigt sich vor allem darin, dass für die Feststellung der Fehlereigenschaft sowohl nach § 46 PQG als auch nach § 5 AusfVO ein objektiver Maßstab herangezogen wird, bei dem es in erster Linie auf die Sicht eines durchschnittlichen, idealtypischen Verbrauchers ankommt.

Die entsprechenden Vorschriften im Produktqualitätsgesetz bzw. Verbraucherschutzgesetz/Ausführungsverordnung unterscheiden sich dabei aber deutlich. § 46 PQG spricht vom „Fehler" (*quexian*) und definiert ihn als „unangemessene Gefahr für Leib und Leben oder Vermögen eines anderen". Darüberhinaus soll auch die Nichteinhaltung einschlägiger Produktnormen fehlerbegründend sein. Was aber genau unter einer „unangemessenen Gefahr" zu verstehen ist, geht aus dem Gesetz nicht hervor. In der Literatur wird dieser Begriff entsprechend dem Fehlerbegriff der EG-Produkthaftungsrichtlinie interpretiert als Gefahr, mit der ein normaler Verbraucher vernünftigerweise nicht zu rechnen braucht.

In ähnlicher Weise definiert § 5 AusfVO im taiwanesischen Recht den Begriff „Gefahr für die Sicherheit oder Hygiene", der im Verbraucherschutzgesetz anstelle von „Fehler" gebraucht wird, als Fehlen derjenigen Sicherheit im Produkt, die ein Verbraucher normalerweise und vernünftigerweise erwarten kann.

Im Unterschied zu § 46 PQG macht § 5 AusfVO darüberhinaus auch den Zeitpunkt des Inverkehrbringens zum Bestandteil der Fehlerdefinition, was sich möglicherweise beweiserschwerend für den Geschädigten auswirken kann, in der Literatur und der Rechtsprechung aber ignoriert wird.

Anders als § 46 PQG lässt § 5 AusfVO für die Fehlerbestimmung auch etwaig einschlägige Produktnormen unberücksichtigt. Die Nichteinhaltung von Produktnormen kann daher allenfalls im Rahmen der verschuldensabhängigen Deliktshaftung nach § 184 Abs. 2 TwZGB eine Haftung begründen.

Eine Besonderheit des taiwanesischen Fehlerbegriffs ist außerdem darin zu sehen, dass nach § 5 Abs. 2 AusfVO die Entwicklungsrisiko-Einrede fehlerausschließende Wirkung hat, also bereits auf der Ebene des Haftungstatbestands zu berücksichtigen ist (s.u.).

III. Haftungsausschluss- und Haftungsminderungsgründe

In der Frage der Haftungsausschlussgründe orientiert sich das Produktqualitätsgesetz in § 41 Abs. 2 erneut nah am Modell der EG-Produkthaftungsrichtlinie. Demnach ist die Haftung des Herstellers ausgeschlossen, wenn (1) der Hersteller das Produkt nicht in den Verkehr brachte, (2) der Fehler zum Zeitpunkt des Inverkehrbringens noch nicht im Produkt existierte oder (3) der damalige Stand von Wissenschaft und Technik eine Entdeckung des Fehlers nicht ermöglichte.

Demgegenüber enthält das taiwanesische Recht weder im Verbraucherschutzgesetz noch in der Ausführungsverordnung eine vergleichbare Vorschrift. Alle drei in § 41 Abs. 2 PQG genannten Haftungsausschlussgründe finden aber in §§ 4 und 5 AusfVO eine Parallele. Mangelndes Inverkehrbringen schließt nach § 4 AusfVO bereits ein „Produkt" i.S. der §§ 7 ff. TwVSG aus, da es nach § 4 AusfVO entscheidend auf die Eigenschaft der Sache als Gegenstand des Handelsverkehrs ankommt. Und § 5 Abs. 1 AusfVO setzt für die Annahme eines Fehlers schon per Definition eine Gefahr zum Zeitpunkt des Inverkehrbringens voraus, so dass eine separate Regelung sich erübrigt.

Eine mit § 41 Abs. 2 Nr. 3 PQG vergleichbare Entwicklungsrisiko-Einrede ist in der taiwanesischen Produkthaftung an systematisch anderer Stelle, nämlich auf der Ebene des Fehlers geregelt worden. Nach § 5 Abs. 2 AusfVO führt nämlich die Einhaltung des technischen oder fachlichen Standards durch das Produkt zu einer Verneinung der Fehlereigenschaft unabhängig von der in § 5 Abs. 1 AusfVO verlangten berechtigten Verbrauchererwartung. Inhaltlich unterscheidet sich die Entwicklungsrisiko-Einrede des § 5 Abs. 2 AusfVO nicht von derjenigen des § 41 Abs. 2 Nr. 3 PQG. Allerdings ist zu beachten, dass die taiwanesische Literaturmeinung zu einer weiten Auslegung des Begriff „Entwicklungsrisiko" neigt, indem sie ihn nicht nur auf Konstruktionsfehler sondern auch auf Herstellungsfehler anwendet, was einen Haftungsausschluss auch bei sog. Ausreißern zur Folge hat. In der VR China wird hingegen, soweit ersichtlich, einer engeren - näher an das europäische Produkthaftungsrecht angelehnten - Auslegung der Vorzug gegeben.

Die in § 41 Abs. 2 PQG enthaltene Aufzählung von Haftungsausschlussgründen hat gegenüber der taiwanesischen Regelung neben der größeren Übersichtlichkeit vor allem den Vorteil, dass sie gleichzeitig die Beweislast hinsichtlich der Haftungsausschlussgründe klar dem Hersteller zuordnet. Eine Klarstellung der Beweislastverteilung wurde in der taiwanesischen Produkthaftung lediglich in § 6 AusfVO für die Entwicklungsrisiko-Einrede verwirklicht, wonach hierfür der Hersteller beweispflichtig ist. Für das Inverkehrbringen und den Zeitpunkt des Inverkehrbringens fehlt dagegen eine entsprechende Regelung. Da beide Merkmale vom Produkt- bzw. Fehlerbegriff umfasst werden, müsste streng genommen der Geschädigte auch hierfür die Beweislast tragen. Jedoch wird von der Literatur und der Rechtsprechung in Taiwan allgemein eine Lockerung der Geschädigtenbeweislast favorisiert, so dass im Ergebnis kein Nachteil im Vergleich zur chinesischen Regelung in § 41 Abs. 2 PQG zu erwarten ist.

Haftungsmindernd kann sich in beiden Rechtsordnungen nach allgemeinen zivilrechtlichen Normen (§ 131 AGZ bzw. § 217 Abs. 1 TwZGB) ein Mitverschulden des Geschädigten auswirken. Darüberhinaus sieht § 7 Abs. 3 S. 2 TwVSG eine Haftungsminderung bei fehlendem Verschulden des Herstellers vor, während derselbe Umstand auf seiten des Vertriebshändlers einen Haftungsausschlussgrund für den Vertriebshändler darstellt, § 8 Abs. 1 S. 2 TwVSG. Eine vergleichbare Regelung kennt das chinesische Produkthaftungsrecht nicht.

IV. Ersatzfähige Schäden

Die Frage der im Rahmen der Produkthaftung ersatzfähigen Schäden wird im chinesischen Recht in § 44 PQG. Das taiwanesische Recht enthält diesbezüglich (mit

Ausnahme des § 51 TwVSG für Strafschadensersatz) keine speziellen Vorschriften im Verbraucherschutzgesetz oder in der Ausführungsverordnung, weshalb für den

Haftungsumfang die allgemeinen deliktsrechtlichen Normen §§ 192 ff. TwZGB herangezogen werden müssen.

Beide Rechtsordnungen regeln den Ersatz für Körper- und Vermögensschäden, ohne dass eine summenmäßige Haftungshöchstgrenze oder eine Selbstbeteiligungspflicht des Geschädigten aufgestellt wird.

Der Ersatz immaterieller Schäden ist sowohl in der chinesischen als auch in der taiwanesischen (verschuldensunabhängigen) Produkthaftung nicht unumstritten. Die h.M. bejaht aber in beiden Rechtsordnungen die Ersatzfähigkeit immaterieller Schäden. Im Falle der Tötung einer Person können Hinterbliebene demnach gemäß § 44 PQG bzw. § 194 TwZGB vom Unternehmer eine angemessene Entschädigung (sog. Trostgeld) fordern. Dem am Körper Verletzten steht unter Umständen auch ein Anspruch auf Schmerzensgeld zu. Ein solcher Anspruch ergibt sich in Taiwan aus § 195 TwZGB. In der VR China kann Schmerzensgeld nach § 41 VSG nur in der Form der Behindertenentschädigung geltend gemacht werden. Die Gewährung von Schmerzensgeld soll nach der Absicht des Gesetzgebers also nur für besondere Härtefälle vorbehalten sein. Dagegen soll nicht jede mit Schmerzen verbundene Körperverletzung oder Gesundheitsbeeinträchtigung zu Schmerzensgeld berechtigen. Die Anforderungen an einen Schmerzensgeldanspruch liegen im chinesischen Recht damit von vorneherein höher als im taiwanesischen Recht, wo der Begriff des Schmerzensgelds weniger restriktiv verstanden wird.

Hinsichtlich der ersatzfähigen Vermögensschäden stimmen beide Rechtsordnungen darin überein, dass unter Vermögensschäden jedenfalls Sachschäden i.S. von Schäden am Eigentum zu verstehen sind. Das chinesische Produkthaftungsrecht konkretisiert diesbezüglich in § 41 Abs. 1 PQG, dass nur Schäden außerhalb des fehlerhaften Produkts selbst von der Haftung erfasst werden. Eine entsprechende Regelung enthält das taiwanesische Produkthaftungsrecht nicht. In Anlehnung an das deutsche Recht wird von der Literaturmeinung aber überwiegend vertreten, dass Sachbeschädigungen am fehlerhaften Produkt selbst lediglich auf vertraglicher, nicht jedoch auf deliktischer Ebene ersetzbar sind. Damit verbunden ist die Frage der Ersatzfähigkeit reiner Vermögensschäden. Im taiwanesischen Schrifttum wird der

Vermögensbegriff innerhalb der Produkthaftung (vgl. § 7 Abs. 2 TwVSG) äußerst restriktiv ausgelegt. Ersetzbar sind demnach nur Integritätsverletzungen am übrigen Eigentum. Reine Vermögensschäden (z.B. solche aufgrund der Nichtverwendbarkeit des Produkts) sollen genauso wie Vermögensfolgeschäden (etwa Vermögensschäden aufgrund der Nichtverwendbarkeit einer *anderen* beschädigten Sache) nach §§ 7 ff. TwVSG nicht ersetzbar sein. Im Gegensatz dazu hat die Rechtsprechung in Taiwan die Tendenz gezeigt, auch reine Vermögensschäden zu ersetzen.

Ähnliches trifft auch auf die Rechtsprechung in der VR China zu. Allerdings wird dort der Vermögensbegriff auch von der Literatur etwas weiter ausgelegt als in der taiwanesischen Literatur. In der chinesischen Produkthaftung sind daher Vermögensfolgeschäden regelmäßig ersetzbar, nicht dagegen reine Vermögensschäden, die ausschließlich in der Fehlerhaftigkeit des betreffenden Produkts liegen. Eine Einschränkung des Vermögensbegriffs erfolgt in der VR China also direkt durch die Regel in § 41 Abs. 1 PQG, wonach nur Schäden außerhalb des fehlerhaften Produkts von der Produkthaftung erfasst werden. Darüberhinaus wird der Vermögensbegriff nicht weiter eingeschränkt.

Schließlich kann in Taiwan der Geschädigte nach § 51 TwVSG auch Strafschadensersatz geltend machen, der neben den regulären Schadensersatz hinzutritt. Diese Regelung, die auch im taiwanesischen Recht ein absolutes novum darstellt, findet, was nicht erstaunt, keine Parallele im chinesischen Recht.

V. Beweislastverteilung

Die Beweislastverteilung ist im chinesischen wie im taiwanesischen Produkthaftungsrecht nur unvollständig geregelt. Sie kann in beiden Rechtsordnungen daher nur anhand allgemeiner Beweislastregeln i.V.m. mit den Produkthaftungsnormen ermittelt werden. Grundsätzlich stimmen die jeweiligen h.M. in der VR China und in Taiwan darin überein, dass der Geschädigte die Haftungsvoraussetzungen Fehler, Schaden und Kausalzusammenhang beweisen muss, während der Unternehmer die Voraussetzungen für etwaige Haftungsausschluss- oder Haftungsminderungsgründe darzulegen und zu beweisen hat.

In beiden Rechtsordnungen werden jedoch hinsichtlich des Fehler- und Kausalitätsbeweises Beweiserleichterungen zugunsten des Geschädigten befürwortet. In aller Regel soll demnach ein Anscheinsbeweis genügen. Der Geschädigte muss also keineswegs die genaue Ursache und die Entstehung des Fehlers nachweisen können. In der Praxis der chinesischen Gerichte wird dieses Prinzips in Produkthaftungsprozessen bereits regelmäßig angewendet. Die Beweisanforderungen für den Geschädigten bestehen dort oftmals lediglich in einer Glaubhaftmachung eines Produktfehlers und eines typischen Kausalverlaufs.

Noch nicht ganz absehbar ist dagegen die Haltung der taiwanesischen Gerichte bezüglich einer Beweiserleichterung zugunsten des Geschädigten. In der Vergangenheit haben taiwanesische Gerichte im Rahmen der traditionellen deliktischen Produkthaftung keine Neigung gezeigt, dem Geschädigten den Beweis, etwa durch eine Beweislastumkehr, zu erleichtern. In einer Entscheidung des taiwanesischen Obersten Gerichts aus dem Jahre 1996 scheint sich diese Haltung zugunsten des Geschädigten verändert zu haben, da dort andeutungsweise eine Beweislastumkehr bezüglich des Fehlers aufgestellt wird. Als gefestigt kann diese Meinung jedoch noch nicht bezeichnet werden.

D. Abschließende Beurteilung

Die VR China und Taiwan haben sich durch die Reform ihres jeweiligen Produkthaftungsrechts in den Jahren 1993 bzw. 1994 dem internationalen Trend, der hin zu einer verschuldensunabhängigen Haftung geht, angeschlossen. Damit gehören sie im asiatisch-pazifischen Raum zu einem noch kleinen, aber wachsenden Kreis von Ländern, welche im letzten Jahrzehnt, vor allem unter dem Einfluss der EG-Produkthaftungsrichtlinie von 1985, eine derartige Reform des Produkthaftungsrechts durchgeführt haben. Der Einfluss des europäischen - und im Fall Taiwans insbesondere auch des deutschen - Produkthaftungsrechts ist in den einschlägigen Normen des Produktqualitätsgesetzes bzw. des Verbraucherschutzgesetzes und der Ausführungsverordnung deutlich wahrnehmbar.

Im Vergleich zur früheren, d.h. vor 1993 bzw. 1994 geltenden Rechtslage, haben die in der VR China und Taiwan erlassenen neuen Gesetze in unterschiedlichem Umfang Veränderungen bewirkt. Während die Regeln des Produktqualitätsgesetzes für die chinesische Produkthaftung hauptsächlich klarstellende und konkretisierende Funktion besitzen und keine grundlegenden Veränderung brachten, stellt der Erlass des Verbraucherschutzgesetzes und der Ausführungsverordnung einen klaren Fortschritt für das taiwanesische Produkthaftungsrecht dar. Begrüßenswert ist in beiden Rechtsordnungen die allgemeine Festschreibung der verschuldensunabhängigen Produkthaftung, wodurch ein klares Zeichen in Richtung auf größeren Verbraucherschutz gesetzt wurde. Daran ändert auch die insgesamt weniger konsequente Befolgung des Prinzips der Verschuldensunabhängigkeit im taiwanesischen Verbraucherschutzgesetz nichts.

Gleichzeitig werden bei näherer Betrachtung der einschlägigen Vorschriften nicht unerhebliche Schwächen des chinesischen und taiwanesischen Produkthaftungsrechts erkennbar. Zu bemängeln ist zunächst die fehlende Vollständigkeit der Regelungen. Die wenigen für die Produkthaftung relevanten Normen des Produktqualitätsgesetzes bzw. des Verbraucherschutzgesetzes und der Ausführungsverordnung können kaum als umfassende Regelung der Produkthaftung bezeichnet werden. Regelungslücken bestehen bezüglich wichtiger Fragen, weshalb eher von einer Mindestregelung zur Frage der Produkthaftung zu sprechen ist.

Als noch schwerwiegender erweist sich aber die in beiden Rechtsordnungen zu beobachtende geringe Abstimmung der einzelnen Vorschriften aufeinander. Dies trifft sowohl für die Abstimmung innerhalb eines Gesetzes als auch für die Abstimmung zwischen Vorschriften verschiedener Gesetze zu. Unmittelbare Folge dieser Schwächen sind vielfältige Zweifel in der Auslegung in der Literatur und der Rechtsprechung, worunter schließlich die Rechtssicherheit leidet.

In den taiwanesischen Produkthaftungsnormen kommen zudem die gegensätzlichen Bemühungen des Gesetzgebers zum Ausdruck, einerseits das europäische Modell möglichst treu nachzuahmen, andererseits aber auch von diesem Modell abweichende eigene Ideen zu integrieren. Das Ergebnis ist unharmonisch und kann insgesamt nicht überzeugen, was insbesondere angesichts der langen Zeit, die vom ersten Entwurf des Verbraucherschutzgesetzes bis zu seiner Verabschiedung verstrichen ist, enttäuschend ist. Im Produkthaftungsrecht der VR China wirkt sich dagegen ein Festhalten der Literatur und Rechtsprechung an die frühere, durch § 122 AGZ bestimmte, Produkthaftungsdogmatik nachteilig aus. Ein Beispiel hierfür ist die zwei-

felhafte Annahme einer verschuldensunabhängigen Haftung auch des Vertriebshändlern ohne Einredemöglichkeit gegenüber dem Geschädigten.

Abschließend ist festzuhalten, dass die in beiden Rechtsordnungen statuierte verschuldensunabhängige Produkthaftung des Herstellers aus Sicht des einzelnen Verbrauchers sicherlich eine Verbesserung seiner Position darstellt. Zumindest in typischen Produkthaftungsfällen, in denen Herstellungsfehler für Schäden ursächlich
sind, ist davon auszugehen, dass Schadensersatzklagen gegen den Hersteller nunmehr häufiger als früher erfolgreich sein werden.[631] Wie gesehen, haben allerdings
die neuen Produkthaftungsnormen sowohl in der VR China als auch in Taiwan
ebensoviele Fragen wie Antworten hervorgebracht, wodurch Unternehmer wie Verbraucher verunsichert sein müssen. In einer Gesellschaft, die sowohl auf dem chinesischen Festland als auch in Taiwan traditionell wenig prozessfreudig ist, stellt die
mangelnde Rechtssicherheit ein nicht zu unterschätzendes Manko dar, wenn dadurch Verbraucher von einer Klageerhebung abgehalten werden. Die verschwindend
geringe Zahl der Produkthaftungsklagen, die seit 1993 vor Gericht gekommen sind,
scheint dies zum Teil zu bestätigen.[632] Schließlich liegt es an den Gerichten, die
Produkthaftungsnormen mit Blick auf einen gerechten Interessenausgleich zwischen
Verbraucher und Unternehmer auszulegen und anzuwenden, um auf diese Weise
Rechtssicherheit herzustellen.

---

[631] Dies trifft vor allem auf das taiwanesische Produkthaftungsrecht zu, das durch § 7 TwVSG die
traditionelle verschuldensabhängige Produkthaftung nach § 184 TwZGB abgelöst hat.

[632] Die geringe Zahl der Produkthaftungsprozesse ist sicherlich zu einem Teil auch darauf zurückzuführen, dass Verfahren der außergerichtlichen Streitschlichtung in der chinesischen (und taiwanesischen) Gesellschaft traditionell stärker in Anspruch genommen werden als etwa im westlichen
Kulturkreis, so dass es in vielen Fällen im Vorfeld einer Klage zu einer Einigung kommt. Für Taiwan gilt außerdem, dass einzelne Produkthaftungsfälle, in deren Mittelpunkt schwere Körperverletzungen oder Gesundheitsschäden stehen, häufig schnell von den Massenmedien aufgegriffen
werden, noch bevor es zu einer Klage kommen kann. Durch den auf diese Weise aufgebauten
öffentlichen Druck verzichten insbesondere bekanntere Unternehmen regelmäßig auf einen
Rechtsstreit, um das Firmenimage nicht zu gefährden.

Anhang: Übersetzung produkthaftungsrechtlich relevanter Vorschriften des chinesischen und taiwanesischen Rechts[*]

A) Vorschriften des chinesischen Rechts

I. Allgemeine Grundsätze des Zivilrechts (AGZ)

§ 106 (1) Bürger und juristische Personen, die gegen einen Vertrag verstoßen oder andere Verpflichtungen nicht erfüllen, haben die zivilrechtliche Haftung zu übernehmen.

(2) Bürger und juristische Personen, die durch ihr Verschulden Staats- oder Kollektivvermögen oder das Vermögen oder den Körper anderer Personen beschädigen, haben die zivilrechtliche Haftung zu tragen.

(3) Fehlt ein Verschulden, so ist trotzdem die zivilrechtliche Haftung zu tragen, sofern das Gesetz dies bestimmt.

§ 117 (1) Jeder, der Staats- oder Kollektivvermögen oder das Vermögen einer anderen Person widerrechtlich vereinnahmt, ist verpflichtet, das Vermögen zurückzugeben; falls es nicht möglich ist, das Vermögen zurückzugeben, so soll wertentsprechender Ersatz geleistet werden.

(2) Jeder, der Staats- oder Kollektivvermögen oder das Vermögen einer anderen Person beschädigt, ist verpflichtet, den ursprünglichen Zustand wiederherzustellen.

(3) Erleidet der Geschädigte infolgedessen [infolge der Vereinnahmung oder Verletzung des Vermögens] einen übrigen schweren Verlust, so hat der Schädiger auch diesen Verlust zu ersetzen.

---

[*] Übersetzung des Verfassers. Eckige Klammern kennzeichnen Ergänzungen des Verfassers.

§ 119 Jeder, der den Körper eines Bürgers verletzt und Schäden herbeiführt, ist verpflichtet, die Heilungskosten, jede Einkommensminderung wegen Arbeitsversäumnis sowie im Falle körperlicher Behinderungen auch Unterhaltskosten zu ersetzen. Wird der Tod verursacht, so hat der Schädiger die Beerdigungskosten und die erforderlichen Lebenshaltungskosten für die vom Verstorbenen zu Lebzeiten unterhaltenen Personen sowie andere Kosten zu bezahlen.

§ 122 Wenn infolge der nicht normgemäßen Qualität eines Produkts ein anderer Schaden am Vermögen oder am Körper erleidet, so sollen der Produkthersteller und der Vertriebshändler dem Recht gemäß die zivilrechtliche Haftung übernehmen. Sind Transporteure oder Lagerhalter insoweit verantwortlich, so sind Produkthersteller und Vertriebshändler berechtigt, Ersatz des Verlustes zu verlangen.

§ 131 Trifft den Geschädigten an der Entstehung des Schadens ebenfalls ein Verschulden, so kann die zivilrechtliche Haftung des Schädigers gemindert werden.

II. Produktqualitätsgesetz (PQG)

§ 1 Dieses Gesetz wird erlassen, um die Überwachung und Verwaltung der Produktqualität zu stärken, um die Produktqualitätshaftung klarzustellen, um die legitimen Rechte und Interessen von Verwendern und Verbrauchern zu schützen und um die sozio-ökonomische Ordnung zu bewahren.

§ 2 (1) Aktivitäten der Herstellung und des Vertriebs von Produkten auf dem Gebiet der VR China unterliegen diesem Gesetz.

(2) Produkte i.S. dieses Gesetzes sind Produkte, die eine Verarbeitung oder Herstellung durchlaufen haben und für den Vertrieb bestimmt sind.

(3) Auf das Bauwesen finden die Vorschriften dieses Gesetzes keine Anwendung.

§ 3 Hersteller und Vertriebshändler haften nach den Vorschriften dieses Gesetzes für die Produktqualität.

§ 40 [= § 28 PQG a.F.] (1) Liegt einer der nachfolgenden Umstände vor, ist der Vertriebshändler verpflichtet, das verkaufte Produkt zu reparieren, zu ersetzen oder zurückzunehmen; entsteht dem Verbraucher, der das Produkt gekauft hat, ein Schaden, so hat der Vertriebshändler den Schaden zu ersetzen.

1. Das verkaufte Produkt besitzt nicht die Gebrauchseigenschaften, die es besitzen sollte, worauf nicht im voraus hingewiesen worden ist.
2. Das verkaufte Produkt erfüllt nicht den Produktstandard, der auf dem Produkt oder der Verpackung angegeben ist.
3. Das Produkt entspricht in seiner Qualität nicht den Angaben in der Produktbeschreibung oder der Qualität von Produktmustern.

(2) Ist der Hersteller oder ein anderer Vertriebshändler, der dem Vertriebshändler das Produkt verkauft hat (im folgenden: Lieferant), haftbar, so ist der Vertriebshändler berechtigt, nachdem er im vorangehenden Absatz geregelte Verpflichtung zu Reparatur, Umtausch oder Schadensersatz erfüllt hat, von dem Hersteller oder Lieferanten Ersatz zu verlangen.

(3) Falls der Vertriebshändler nicht gemäß Absatz 1 eine Reparatur, einen Umtausch oder Schadensersatz leistet, so hat das Amt für die Überwachung der Produktqualität oder das Amt für Industrie und Handel die Angelegenheit zu regeln.

(4) Wurde in Kaufverträgen über Produkte oder in Verträgen über die Weiterverarbeitung von Produkten zwischen Herstellern, zwischen Vertriebshändlern oder zwischen Herstellern und Vertriebshändlern etwas anderes bestimmt, so haben die Vertragsparteien nach diesen Verträgen zu verfahren.

§ 41 [= § 29 PQG a.F.] (1) Wenn infolge eines in einem Produkt bestehenden Fehlers Schäden an Leib oder Leben einer Person oder an Vermögen außer am fehlerhaften Produkt selbst (im folgenden „Vermögen eines anderen") entstehen, so soll der Hersteller auf Schadensersatz haften.

(2) Kann der Hersteller das Vorliegen einer der unten aufgeführten Umstände beweisen, haftet er nicht auf Schadensersatz:

1. Er hat das Produkt nicht in den Verkehr gebracht.
2. Zum Zeitpunkt der Inverkehrgabe des Produkts bestand der schadenverursachende Fehler noch nicht.
3. Der zum Zeitpunkt der Inverkehrgabe bestehende Stand von Wissenschaft und Technik ermöglichte noch nicht, den Fehler zu entdecken.

§ 42 [= § 30 PQG a.F.] (1) Bestehen aufgrund eines Verschuldens des Vertriebshändlers Fehler in einem Produkt, wodurch Schäden an Leib oder Leben einer Person oder am Vermögen eines anderen verursacht werden, so soll der Vertriebshändler auf Schadensersatz haften.

(2) Kann der Vertriebshändler weder den Hersteller noch den Lieferanten des fehlerhaften Produktes angeben, so soll der Vertriebshändler auf Schadensersatz haften.

§ 43 [= § 31 PQG a.F.] Verursacht ein Fehler in einem Produkt Schäden an Leib oder Leben einer Person oder am Vermögen eines anderen, so kann der Geschädigte vom Hersteller des Produktes Schadensersatz verlangen; er kann auch vom Vertriebshändler des Produktes Schadensersatz verlangen.

Ist der Hersteller des Produktes haftpflichtig, und wurde der Schadensersatz vom Vertriebshändler geleistet, so ist der Vertriebshändler des Produktes berechtigt, den Hersteller des Produktes in Regress zu nehmen. Ist der Vertriebshändler des Produktes haftpflichtig, und wurde Schadensersatz vom Hersteller des Produktes geleistet, so ist der Hersteller des Produktes berechtigt, den Vertriebshändler des Produktes in Regress zu nehmen.

§ 44 [Neufassung des § 32 PQG a.F.] (1) Verursacht ein Fehler in einem Produkt körperliche Schäden beim Geschädigten, so hat der Schädiger die Heilungskosten, die Kosten für die Krankenpflege sowie jede durch Arbeitsversäumnis bedingte Einkommensverringerung zu ersetzen. Bei Verursachung einer körperlichen Behinderung hat er auch die Kosten für Hilfsmittel des Behinderten, die Kosten zur Unterstützung der Lebenshaltung, eine Invalidenentschädigung sowie die erforderlichen Lebenshaltungskosten für die vom Behinderten unterhaltenen Personen zu tragen. Wird der Tod verursacht, so hat der Schädiger die Beerdigungskosten, eine Todesentschädigung sowie die erforderlichen Lebenshaltungskosten für die vom Verstorbenen zu Lebzeiten unterhaltenen Personen zu tragen.

(2) Verursacht ein Fehler im Produkt einen Vermögensverlust beim Geschädigten, so hat der Schädiger den ursprünglichen Zustand wiederherzustellen oder einen wertentsprechenden Schadensersatz zu zahlen. Erleidet der Geschädigte sonstigen schweren Verlust, so hat der Schädiger auch diesen Verlust zu ersetzen.

§ 45 [= § 33 PQG a.F.] (1) Die Verjährungsfrist für Schadensersatzansprüche aufgrund fehlerhafter Produkte beträgt zwei Jahre, gerechnet ab dem Zeitpunkt, zu dem die betroffene Partei von der Verletzung ihrer Rechte wusste oder hätte wissen müssen.

(2) Das Recht, Ersatz des durch ein fehlerhaftes Produkt verursachten Schadens zu verlangen, erlischt zehn Jahre nach Übergabe des fehlerhaften Produkts an den ersten Benutzer oder Verbraucher. Dies gilt nicht, falls ein deutlich angegebener Zeitraum des sicheren Gebrauchs noch nicht überschritten wurde.

§ 46 [= § 34 PQG a.F.] Fehler i.S. dieses Gesetzes sind im Produkt bestehende unangemessene Gefahren für die körperliche Unversehrtheit oder das Vermögen eines anderen. Gelten für das Produkt nationale oder gewerbliche Standards zum Schutz der Gesundheit, der körperlichen Unversehrtheit oder des Vermögens, so bedeutet „Fehler" die Nichteinhaltung dieser Standards.

§ 47 [= § 35 PQG a.F.] Entsteht infolge der Produktqualität eine zivilrechtliche Streitigkeit, so können die Parteien mittels Verhandlung oder Schlichtung den Streit beilegen. Sind die Parteien nicht willens, den Streit durch Verhandlung oder

Schlichtung beizulegen, oder bleibt die Verhandlung oder Schlichtung erfolglos, so kann aufgrund einer Vereinbarung beider Parteien bei einem Schiedsorgan ein Schiedsspruch beantragt werden. Haben die Parteien keine dahingehende Vereinbarung getroffen, so kann eine Klage bei einem Volksgericht erhoben werden.

§ 48 [= § 36 PQG a.F.] Schiedsorgane oder Volksgerichte können die in § 11 dieses Gesetzes vorgesehenen Organe zur Kontrolle von Produktqualität beauftragen, die Qualität des betreffenden Produkts zu prüfen.

III. Gesetz zum Schutz der Verbraucherrechte (VSG)

§ 40 Unternehmer sollen, falls beim Anbieten von Waren oder Dienstleistungen einer der folgenden Umstände vorliegt, gemäß dem PQG und anderen einschlägigen Gesetzen und Verordnungen die zivilrechtliche Haftung übernehmen, es sei denn, dass dieses Gesetz etwas anderes bestimmt:

1. Die Ware enthält einen Fehler.
2. Die Ware besitzt nicht diejenigen Gebrauchseigenschaften, die sie besitzen soll, wobei eine diesbezüglich Erklärung unterblieben ist.
3. Die Ware entspricht nicht denjenigen Produktstandards, die auf der Ware oder ihrer Verpackung angegeben ist.
4. Die Ware entspricht nicht der durch die Produktanleitung oder eines Musters angegebenen Qualität.

(...)

§ 41 Unternehmer, die Waren oder Dienstleistungen anbieten und dabei die körperliche Unversehrtheit von Verbrauchern oder anderen Geschädigten verletzen, haben die Heilungskosten, die Kosten für die Krankenpflege sowie jede durch Arbeitsversäumnis bedingte Einkommensverringerung zu ersetzen. Bei Verursachung einer körperlichen Behinderung sind Unternehmer außerdem verpflichtet, die Kosten für Hilfsmittel des Behinderten, die Kosten zur Unterstützung der Lebenshaltung, eine

Invalidenentschädigung sowie die erforderlichen Lebenshaltungskosten für die vom Behinderten unterhaltenen Personen zu tragen. (...)

§ 42 Unternehmer, die Waren oder Dienstleistungen anbieten und dadurch den Tod von Verbrauchern oder anderen Geschädigten verursachen, haben die Beerdigungskosten, eine Todesentschädigung sowie die erforderlichen Lebenshaltungskosten für die vom Verstorbenen zu Lebzeiten unterhaltenen Personen zu tragen. (...)

§ 44 Unternehmer, die Waren oder Dienstleistungen anbieten und dadurch das Vermögen von Verbrauchern schädigt, haben gemäß dem Verlangen des Verbrauchers die zivilrechtliche Haftung für Reparatur, erneute Herstellung, Umtausch, Rücknahme, Auffüllen der Produktmenge, Rückerstattung des Kaufpreises oder der Dienstleistungskosten und Schadensersatz zu übernehmen. Ist zwischen dem Verbraucher und dem Unternehmer etwas anderes vereinbart worden, so ist nach der Vereinbarung zu erfüllen.

B) Vorschriften des taiwanesischen Rechts

I. Zivilgesetzbuch (TwZGB)

§ 184 (1) Wer vorsätzlich oder fahrlässig ein Recht eines anderen widerrechtlich verletzt, ist zum Schadensersatz verpflichtet. Das Gleiche gilt für denjenigen, der in einer gegen die guten Sitten verstoßenden Weise einem anderen vorsätzlich Schaden zufügt.

(2) Wer gegen ein den Schutz eines anderen bezweckendes Gesetz verstößt und dadurch bei einem anderen ein Schaden herbeiführt, ist ersatzpflichtig. Dies gilt nicht, falls bewiesen werden kann, dass kein fahrlässiges Handeln vorliegt.

§ 188 (1) Wenn ein Dienstpflichtiger in der Ausführung des Dienstes das Recht eines anderen widerrechtlich verletzt, so haften der Dienstherr und der Dienstpflichtige als Gesamtschuldner auf Schadensersatz. Die Schadensersatzpflicht des Dienstherrn tritt nicht ein, wenn er bei der Auswahl des Dienstpflichtigen und seiner Überwachung bei der Ausführung des Dienstes die angemessene Sorgfalt walten ließ oder wenn der Schaden auch bei Anwendung dieser Sorgfalt entstanden wäre.

(2) Kann der Geschädigte gemäß vorangehenden Absatz keinen Schadensersatz erlangen, so kann das Gericht auf Antrag des Geschädigten, unter Berücksichtigung der wirtschaftlichen Verhältnisse des Dienstherrn und des Geschädigten, dem Dienstherrn die Auflage erteilen, den Schadensersatz ganz oder teilweise zu leisten.

(3) Hat der Dienstherr den Schadensersatz geleistet, so behält er einen Regressanspruch gegen den Dienstpflichtigen, der die unerlaubte Handlung begangen hat.

§ 191-1 (1) Warenhersteller haften für den Ersatz derjenigen Schäden, die ein anderer infolge des üblichen Gebrauchs oder Verbrauchs ihrer Waren erleidet. Die Ersatzpflicht tritt nicht ein, wenn bei der Herstellung, der Weiterverarbeitung und der Konstruktion keine Fehler gemacht wurden oder der Schaden nicht auf einen solchen Fehler zurückzuführen ist oder wenn die zur Schadensvermeidung angemessene Sorgfalt bereits beachtet wurde.

(2) Warenhersteller im Sinne des Abs. 1 ist derjenige, der Waren konstruiert, herstellt oder verarbeitet. Derjenige, der sich als Konstrukteur, Hersteller oder Verarbeiter ausgibt, indem er sein Warenzeichen oder andere unterscheidungskräftige Kennzeichnungen auf der Ware anbringt, gilt ebenfalls als Warenhersteller.

(3) Entspricht die Produktion, Herstellung, Konstruktion oder Verarbeitung der Ware nicht dem Inhalt der Gebrauchsanleitung oder der Werbung, so ist dies als Fehler anzusehen.

(4) Warenimporteure haften in gleicher Weise wie Warenhersteller.

§ 192 (1) Wer einen anderen widerrechtlich verletzt und dadurch dessen Tod herbeiführt, ist gegenüber den Personen, die die Bestattungskosten bezahlen, ebenfalls zum Schadensersatz verpflichtet.

(2) War der Geschädigte Dritten gegenüber kraft Gesetzes unterhaltspflichtig, so ist der Schädiger auch diesen Dritten gegenüber schadensersatzpflichtig.

§ 193 (1) Wer einen anderen widerrechtlich am Körper oder an der Gesundheit verletzt, hat für den Verlust oder die Minderung der Erwerbsfähigkeit oder eine Erhöhung der Lebenshaltungskosten die Schadensersatzpflicht zu tragen.

(2) Den Schadensersatz nach dem vorangehenden Absatz kann das Gericht auf Antrag der Parteien als Geldrechte festsetzen. Jedoch muss hierfür dem Schädiger eine Sicherheitsleistung auferlegt werden.

§ 194 Wird durch eine widerrechtliche Verletzung eines anderen dessen Tod herbeigeführt, so können die Eltern, die Kinder sowie der Ehegatte des Geschädigten auch hinsichtlich des Schadens, der kein Vermögensschaden ist, eine Entschädigung in angemessener Höhe verlangen.

§ 195 (1) Im Falle einer widerrechtlichen Verletzung des Körpers, der Gesundheit, des Rufs oder der Freiheit eines anderen, kann der Geschädigte auch hinsichtlich des Schadens, der kein Vermögensschaden ist, eine Entschädigung in angemessener Höhe verlangen. (...)

(2) Der im vorangehenden Absatz genannte Anspruch kann nicht abgetreten oder vererbt werden. Ausgenommen hiervon sind Ersatzansprüche, die bereits vertraglich versprochen waren oder wegen denen ein Verfahren rechtshängig ist.

§ 196 Wer widerrechtlich eine Sache eines anderen beschädigt, ist verpflichtet, dem Geschädigten die durch die Beschädigung eingetretene Wertminderung der Sache zu ersetzen.

§ 197 (1) Der Anspruch auf Schadensersatz wegen unerlaubter Handlung verjährt in zwei Jahren von dem Zeitpunkt an, in welchem der Verletzte von dem Schaden und der Person des Ersatzpflichtigen Kenntnis erlangt hat, ohne Rücksicht auf diese Kenntnis in zehn Jahren von der Begehung der Handlung an.

(2) (...)

§ 216 (1) Soweit das Gesetz nichts anderes regelt und keine anderslautenden vertraglichen Vereinbarungen bestehen, beschränkt sich der Schadensersatz auf den Ausgleich des beim Gläubiger eingetreten Schadens und entgangenen Gewinns.

(2) Als entgangener Gewinn gelten alle unter normalen Umständen oder sonst nach einem festen Plan oder einer festen Vorbereitung vorhersehbaren Gewinne.

§ 217 (1) Ist dem Geschädigte an der Entstehung oder Verschärfung des Schadens ebenfalls Fahrlässigkeit vorzuwerfen, so kann das Gericht die Höhe des zu leistenden Schadensersatzes mindern oder den Schadensersatzanspruch ganz ausschließen.

(2) Mitverschulden ist die nicht genügende Beachtung der Sorgfalt hinsichtlich der Vermeidung oder Verringerung eines Schadens, wenn eine erhebliche, dem Schuldner nicht bekannte Schadensursache vorliegt.

§ 227 Leistet der Schuldner nicht oder nicht vollständig, so kann der Gläubiger die gerichtliche Zwangsvollstreckung beantragen; daneben kann er auch Schadensersatz verlangen.

§ 360 Fehlt der verkauften Sache eine vom Verkäufer zugesicherte Qualität, so kann der Käufer statt der Wandlung oder der Minderung Schadensersatz wegen Nichterfüllung verlangen. Gleiches gilt, falls der Verkäufer vorsätzlich den Mangel verschwiegen hat.

§ 388 Wird ein Kauf nach Muster vereinbart, so ist dies als Zusicherung des Verkäufers anzusehen, dass das übergebende Objekt von gleicher Qualität wie das Muster ist.

II. Verbraucherschutzgesetz (TwVSG)

§ 1 (1) Dieses Gesetz wurde geschaffen, um die Rechte und Interessen von Verbrauchern zu schützen, um die Sicherheit des nationalen Verbraucherlebens zu fördern und um die Qualität des nationalen Verbraucherlebens zu verbessern.

(2) Fragen des Verbraucherschutzes sind gemäß diesem Gesetz zu behandeln. Soweit dieses Gesetz keine Regelung enthält, sollen andere Gesetze anwendbar sein.

§ 2 Begriffsdefinitionen zu diesem Gesetz:

1. „Verbraucher" sind Personen, die zum Zwecke des Verbrauchs Geschäftshandlungen vornehmen, Waren benutzen oder Dienstleistungen annehmen.
2. „Unternehmer" sind Personen, die ein auf die Konstruktion, Produktion, Herstellung, Einführung oder den Vertrieb von Waren oder Dienstleistungen gerichtetes Gewerbe betreiben.

(...)

§ 7 (1) Unternehmer, die in den Bereichen Konstruktion, Produktion oder Herstellung von Waren oder dem Anbieten von Dienstleistungen tätig sind, sollen gewährleisten, dass die von ihnen angebotenen Waren oder Dienstleistungen frei von Gefahren für die Sicherheit oder Hygiene sind.

(2) Waren oder Dienstleistungen, die das Leben, den Körper, die Gesundheit oder das Vermögen von Verbrauchern gefährden können, sollen an deutlich sichtbarer Stelle Warnzeichen und Methoden der Behandlung von Notfällen aufweisen.

(3) Unternehmer, die gegen obige zwei Absätze verstoßen und dadurch Schäden bei Verbrauchern oder Dritten herbeiführen, sollen gesamtschuldnerisch auf Schadensersatz haften. Kann jedoch ein Unternehmer beweisen, dass er nicht fahrlässig handelte, so kann das Gericht den Umfang der Schadensersatzpflicht verringern.

§ 8 (1) Unternehmer, die im Bereich des Vertriebs tätig sind, sollen für Schäden, die durch ihre Waren oder Dienstleistungen entstehen, gesamtschuldnerisch mit konstruierenden, produzierenden, herstellenden oder Dienstleistungen anbietenden Unternehmern auf Schadensersatz haften. Haben sie jedoch hinsichtlich der Vermeidung von Schäden bereits eine angemessene Sorgfalt aufgewendet oder war der Eintritt des Schadens trotz angemessener Sorgfalt nicht zu vermeiden, so haften sie nicht.

(2) Falls die im vorangehenden Absatz genannten Unternehmer Waren neu verpacken oder umverpacken [d.h. in kleineren Einheiten verpacken] oder den einer Dienstleistung verändert, gelten sie als Unternehmer i.S. des vorangehenden Paragraphen [d.h. Hersteller i.S. des § 7].

§ 9 Unternehmer, die Waren oder Dienstleistungen einführen, gelten als Waren konstruierende, produzierende und herstellende Unternehmer oder Anbieter von Dienstleistungen und unterliegen der Herstellerhaftung nach § 7 dieses Gesetzes.

§ 10 (1) Unternehmer, denen hinreichend Tatsachen bekannt sind, dass ihre Waren oder Dienstleistungen eine Gefahr für die Sicherheit und Gesundheit von Verbrauchern darstellen, sind verpflichtet, die betreffenden Waren unverzüglich zurückzurufen bzw. die betreffenden Dienstleistungen einzustellen. Dies gilt jedoch nicht für Unternehmer, die das Notwendige getan haben, um die Gefahr abzuwenden.

(2) Auf Waren oder Dienstleistungen, die eine Gefahr für das Leben, den Körper, die Gesundheit oder das Vermögen von Verbrauchern darstellen und die weder Warnzeichen noch Hinweise auf die Methode zur Behandlung von Gefahrensituationen haben, findet der vorherige Absatz entsprechende Anwendung.

§ 50 (1) Eine Verbraucherschutzorganisation kann bei einer Angelegenheit, bei der aus gleichem Grund eine Vielzahl von Verbrauchern einen Schaden erlitten haben und sofern mehr als 20 Verbraucher ihre Ansprüche an die Verbraucherschutzorganisation abgetreten haben, im eigenen Namen Klage erheben. Die Verbraucher können vor Ende der mündlichen Verhandlung die Abtretung der Schadensersatzansprüche widerrufen; sie müssen hiervon das Gericht in Kenntnis setzen.

(2) Die im vorangehenden Absatz genannte Abtretung der Schadensersatzansprüche schließt die nichtvermögensrechtlichen Ansprüche nach §§ 194, 195 Abs. 1 TwZGB ein.

§ 51 Bei einer Klage nach diesem Gesetz kann der Verbraucher für den Schaden, der auf Vorsatz des Unternehmers beruht, Strafschadensersatz in Höhe bis zum Dreifachen der Schadenssumme verlangen; beruht der Schaden dagegen auf Fahrlässigkeit, so kann er Strafschadensersatz bis zum Einfachen der Schadenssumme verlangen.

III. Ausführungsverordnung zum Verbraucherschutzgesetz (AusfVO)

§ 2 Ein „Gewerbe" i.S. des § 2 Nr. 2 TwVSG setzt keine Gewinnerzielungsabsicht voraus.

§ 4 „Waren" i.S. des § 7 TwVSG sind unbewegliche und bewegliche Sachen, die Gegenstand des Geschäftsverkehrs sind, u.a. Endprodukte, Halbprodukte, Grundstoffe und Einzelbestandteile.

§ 5 (1) Waren, die zum Zeitpunkt der Markteinführung oder Dienstleistungen, die zum Zeitpunkt ihres Anbietens nicht die normalerweise und vernünftigerweise zu erwartende Sicherheit besitzen, stellen eine Gefahr für die Sicherheit oder Hygiene i.S. des § 7 Abs. 1 TwVSG dar. Ausgenommen hiervon sind jedoch Waren oder Dienstleistungen, die bereits dem seinerzeitigen technischen oder fachlichen Standard entsprachen.

(2) Ein Fehlen der normalerweise und vernünftigerweise zu erwartenden Sicherheit i.S. des vorangehenden Absatzes soll unter Berücksichtigung folgender Umstände festgestellt werden.

1. Kennzeichnungen und Erklärungen an der Ware bzw. Dienstleistung
2. der zu erwartende vernünftige Gebrauch der Ware bzw. die zu erwartende vernünftige Inanspruchnahme der Dienstleistung
3. der Zeitpunkt der Markteinführung der Ware bzw. der Zeitpunkt des Anbietens der Dienstleistung.

Waren oder Dienstleistungen sollen nicht allein deswegen als eine Gefahr für die Sicherheit oder Hygiene angesehen werden, weil später verbesserte Waren oder Dienstleistungen erscheinen.

§ 6 Unternehmer, die behaupten, dass ihre Waren zur Zeit des Inverkehrbringens oder ihre Dienstleistungen zur Zeit des Anbietens dem seinerzeitigen technischen oder fachlichen Standard entsprachen, tragen hierfür die Beweislast.

§ 7 Die Schadensersatzhaftung des Unternehmers gegenüber Verbrauchern oder Dritten gemäß § 7 Abs. 3 TwVSG kann nicht im voraus durch Vereinbarung beschränkt oder ausgeschlossen werden.

§ 8 Der Begriff „Neuverpacken" i.S. des § 8 Abs. 2 TwVSG bezeichnet jede qualitative oder quantitative Veränderung eines Produkts gegenüber der ursprünglichen Konstruktion, Produktion oder Herstellung sowie jede Veränderung der Verpakkung.

§ 42 Das TwVSG ist auf Waren, die vor dem Inkrafttreten des TwVSG in den Verkehr gebracht wurden bzw. auf Dienstleistungen, die vor diesem Zeitpunkt angeboten wurden, nicht anwendbar.

Katharina Siegel

Produkthaftung im polnischen, tschechischen und slowenischen Recht

Frankfurt/M., Berlin, Bern, Bruxelles, New York, Oxford, Wien, 2002. XIII, 166 S.
Saarbrücker Studien zum Privat- und Wirtschaftsrecht.
Herausgegeben von Michael Martinek. Bd. 26
ISBN 3-631-36958-1 · br. € 35.30*

Das Ziel dieser Arbeit besteht darin, die Rechtslage in der Republik Polen, der Tschechischen Republik sowie in der Republik Slowenien im Hinblick auf die Haftung für fehlerhafte Produkte darzustellen. Es wird untersucht, inwieweit eine Rechtsangleichung an das EU-Recht im Bereich der Produkthaftung in Polen, der Tschechischen Republik und Slowenien bereits erfolgt ist, erfolgen soll oder überhaupt erfolgen kann. Die Betrachtungen erfolgen insbesondere unter dem Aspekt, daß sowohl die Republik Polen als auch die Tschechische Republik und die Republik Slowenien einen Beitritt zur Europäischen Union anstreben.

Aus dem Inhalt: Polen – Die Haftung für fehlerhafte Produkte · Tschechische Republik – Die Haftung für fehlerhafte Produkte · Slowenien – Die Haftung für fehlerhafte Produkte · Gesamtbewertung der Vorschriften über die Produkthaftung in Polen, Tschechien und Slowenien · Anhang – Gesetzestexte

Frankfurt/M · Berlin · Bern · Bruxelles · New York · Oxford · Wien
Auslieferung: Verlag Peter Lang AG
Jupiterstr. 15, CH-3000 Bern 15
Telefax (004131) 9402131

*inklusive der in Deutschland gültigen Mehrwertsteuer
Preisänderungen vorbehalten
Homepage http://www.peterlang.de